贾鹏涛 撰

耿淡如先生编年事辑

上海人民出版社

耿淡如

（1898—1975）

江苏海门人。复旦大学教授。中国世界史学科的开创者之一，中国西方史学史学科的奠基人。著有《西方史学史散论》《耿淡如先生国际论文集》等，译有《十九世纪历史学与历史学家》《近世世界史》等。

青年耿淡如先生

中年耿淡如先生

晚年耿淡如先生

耿淡如先生夫妇

耿淡如先生全家照

耿淡如先生手稿

目　录

"编年事辑"：打开学人心路历程的窗户

——序《耿淡如先生编年事辑》

2023 年春日,我站在阳台上眺望,鸟儿在蓝天飞翔,花儿在窗下绽放。三年抗疫,我们消退了静默,不,告别了安宁,让世人有勇气回望历史,有能力面对现实,有信心展望未来。

笔者作为耿淡如先生的关门弟子,葳蕤春意遍于华林时,收到贾鹏涛博士的新撰《耿淡如先生编年事辑》,拜读之后,百感交集,撷拾一二,书于如兹。

一、回延安

> "心口呀莫要这么厉害地跳,
> 灰尘呀莫把我眼睛挡住了……
> 手抓黄土我不放,
> 紧紧儿贴在心窝上。
> 几回回梦里回延安,
> 双手搂定宝塔山。
> 千声万声呼唤你,
> 母亲延安就在这里!
> ……"

1956 年,诗人贺敬之重回革命圣地延安,他满怀深情地写下了名篇《回延安》。文首即引开篇的诗句,为的是对题。鹏涛是道道地地的延安市黄陵县人。

"手抓黄土我不放",哺育着他成长,他深深眷恋这片黄土地。十多年前,大学毕业后,南下深造,拜华师名师,植耕史苑,在丽娃河畔留下了他的踪影。2016年5月,我参加了他的博士学位论文《论叙事中的历史想象》的答辩,获得了评委老师们的一致好评。学成北归,曲折迤逦,终在2019年3月重返故乡,落户于延安大学。

大雁北飞,不对,应是大鹏北归,且等春来归。"千声万声呼唤你,母亲延安就在这里!",诗人的《回延安》,牵动了多少人的情怀,也揉碎了一位年轻学者的心。宝塔山啊延河水,振奋了他的史学之魂,滋润了他的精神世界,"几回回梦里回延安",接壤了那丝丝缕缕的乡愁……,浦江与延安紧相连,他立鸿鹄之志,又脚踏黄土地,教书育人,史学研究,奋进在新时代的征途上……

二、奋进中

疫情前。

2019年岁末,我得贾鹏涛的大作《杨宽先生编年事辑》,通览之后,半是赞叹,半是惊奇。赞叹的是一位刚博士毕业三年多的历史学人,竟然有如此业绩;惊奇的是,与他的博士学位论文《论叙事中的历史想象》相较,从思辨转向叙事,而有大成。

真是无巧不成书。杨宽先生是吾系前辈,专注于中国古史研究,著作等身,乃史学大家。在杨先生92年漫长的学术生涯中,我们可以从鹏涛撰写的编年事辑中,看到了他的转向,如学者胡文辉所言:杨氏由上古史转向战国史,由想像的历史转向实际的历史。无独有偶,由想像的历史转向实际的历史,鹏涛与他的前辈的文脉是相通的。

思之若何?解开这"斯芬克斯之谜",一看《杨宽先生编年事辑》就可知起因。他在"后记"中说："这原本不在他学术研究的计划之内，列入计划端赖吾师张耕华。"他写道："每个星期，张老师都会请自己的学生到办公室'聊天'，'聊天'的主要内容是修改学生所写的硕博士论文或者习作，大到论文的框架，小到字词的使用，张老师都会逐一修正。'聊天'偶尔谈及其他，如对社会时事的评论、出版新著的介绍、学生的生活和学习状况等。张老师的学生无不从'聊天'中获益良多。在'聊天'中，张老师多次提到杨宽先生，认为杨先生及其学问值得研究。于是，平时我就留心搜集有关杨先生的材料。"2014年3月，他在台湾政治大学人文中心研修时，除全力搜集与博士论文相关的材料，也有意搜集与杨宽先生的有关资料，他的"计划之外"的设想得到了学界众多友人的支持与帮助，终成硕果，交由中华书局出版。这个平素沉默寡言者，不鸣则已，一鸣惊人，他的书问世后声震史林，影响甚远。

我以为，鹏涛由历史想像转向编年事辑，不啻是一个明智且又成功之举，趁着尚年轻，通过编年事辑的历练，进一步打好扎实的搜集与考证史料的能力，为日后更深层的史学理论研究，自然也包括他的"论叙事中的历史想像"在内，就更成熟，也更有发言权了。史学之路曲折坎坷，前行中借助外力是必须的，而且往往是它的起因，但最根本的一条还是要修炼内功，即在外因作用下转化为一种强大的内在动力，我想他的这一转向，也契合他个人的心志与趣向，舍此则将一事无成，鹏涛的成功转向可为之范例。

我十分赞同学者李天飞之言："编年事辑在学术研究中很重要，它可以反映一个学者的心路历程。"例如杨宽先生作《战国史料编年辑证》，它伴随着他半个世纪，学海沉浮，世态炎凉，尽在心底。他不辞辛劳，劳作了50多年，从编年事辑的考订，终于写成了"划时代的著作"（许倬云语）——《战国史》。

由此可见,向先贤学习,敬重前辈,敬畏学术,从中汲取智慧和力量,从而转化为一种内在的动力,无论从史学方法到史学思想,都会产生一种潜移默化的影响,不是吗?

三、谱新篇

疫情后。

2023 年 5 月,从陕北望江南,正是上海好风景,此时贾鹏涛进入百花盛开的复旦园,走在望道路上。他千方百计,四处寻找新撰《耿淡如先生编年事辑》一书的材料,增补修订,精益求精,力求在传承中创新。

细心的读者从书中可以发觉笔者与耿先生的师生情、学术缘。为不重复,下面特录 2007 年 3 月 28 日我在北京师范大学历史学院为该校师生作学术报告的一段开场白作补充,与鹏涛,也与广大读者分享。

作为前辈学者,耿师给我们留下了一份珍贵的精神遗产,我从他那里懂得了为人之道,他的"谦虚做人,谦虚治学"更成了我毕生牢记的格言;耿师还给我们留下了一笔丰赡的史学遗产,我从他那里懂得了为学之道,敬重先贤,敬畏学术。从老师那里,也不只学到了西方史学史的专业知识,更重要的是培养了独立思考的能力,学会了分析问题和解决问题的方法,这正是"授人以鱼,不如授人以渔。"

有同学问:老师在中国新时期之初,怎能"单枪匹马"地前行?

我答曰:简言之,主要是得益于耿师的精神遗产的指引,以及他的史学遗产的哺育,促使我在中国新时期,肩负起重振复旦西方史学史学科的使命和担当。

平实而言,我为耿师这二份遗产的传承与发扬,做过一些工作,这从这本书中可见一斑,特别是我写的散文体的文字,通过报刊和新媒体的传播,在坊间广为流传,这是我颇为欣慰的。我时常对我的学生说:"师荣生亦荣,反之亦然"。很明显,这也是一句励志和哲理的话,喻意鼓励当下一路同行的师生,奋发有为,相映成辉,争取新的成就。

观览《耿淡如先生编年事辑》,如同扑面的春风,先生鲜活的形象,从书中向我们走来:19、20世纪交替之际的时代变革,民国时期的风云变幻,新中国发展的曲折前行,先生77年的编年事辑,为我们打开了一扇认识与研究耿淡如先生心路历程的窗户,再现了这位中国第一代世界史学科的先行者、中国西方史学史学科的主要奠基者的风貌。

《耿淡如先生编年事辑》一书出版,着实为学界做了一件有意义的好事,它助推耿淡如史学思想的研究,给力于中国西方史学史的学科建设,作为耿氏弟子,自然是格外高兴,为鹏涛的大作写序,我自当义不容辞,责无旁贷的。

最后,我还是要重复说的是,希望鹏涛仍要笃行耿先生的"谦虚做人,谦虚治学"的教导,继续奋发进取,不断拿出新成果,为新时代中国历史学的研究添砖加瓦,至所望焉!

是为序。

张广智
癸卯夏日于复旦书馨公寓

凡　　例

一、本书尽可能详尽准确地收集使用有关耿淡如先生生平、思想、著述、社交以及社会活动等方面的资料,记述耿淡如先生一生的行迹。各年之间,内容详略,均视资料多少而定。

二、本书以公元纪年,后注干支。正文大致按年、月、日编排。一年之中,凡无日可考者,系于月,无月可考者,系于年,以"是年"标明于该年之末。

三、本书所辑录的材料,均按原稿或手稿节录。引文以脚注形式注明资料出处,格式为作者、书名或篇名、原刊物、出版单位、出版年月、页码,档案资料则标明所收藏单位、档案名称、档案编号。凡引录的资料,第一次引用时注明完整信息,其后仅注作者、题目或篇目、页码。凡引录材料中有无法辨认之字迹,一律用□代替。

卷一　1898—1911 年

1898 年戊戌　先生一岁

3 月 27 日,先生生于江苏省海门县汤家乡虹桥镇,名佐军,字淡如、澹如。

父亲耿彦参,母亲耿陆氏,育有二男二女,先生排名第二。耿氏《自传》曰:"父母靠种田过活,都不识字,住于茅屋中,属中农阶级。"[1]

1899 年己亥　先生二岁

1900 年庚子　先生三岁

1901 年辛丑　先生四岁

1902 年壬寅　先生五岁

1903 年癸卯　先生六岁

1904 年甲辰　先生七岁

---

[1]　耿淡如著,张广智编:《西方史学散论》,复旦大学出版社,2015 年,第 336 页。

1905 年乙巳　先生八岁

先生入私塾受教。

《自传》曰:"一九〇五年进入附近私塾,莫名其妙地读完了《三字经》《千家诗》《孝经》《中庸》《论语》《孟子》。这些书当时只能背诵,不能了解,但后来,对于我的思想,确曾产生了相当作用。"①

1906 年丙午　先生九岁

1907 年丁未　先生十岁

5 月 7 日,齐思和②出生。

1908 年戊申　先生十一岁

转入一所新式初等小学,从一年级重新读起。

《自传》曰:"那时开始了解字句,不久就能缀句,因而对读书发生了兴趣。父亲受着不识字的痛苦,时加鼓励,所以我的进步很快。"③

1909 年己酉　先生十二岁

---

① 耿淡如著,张广智编:《西方史学散论》,第 336 页。
② 齐思和(1907—1980),河北宁津人。1921 年考入天津南开中学,1927年考入南开大学,1928 年考入北平燕京大学,1931 年秋考入美国哈佛大学,1935 年获得哈佛大学历史哲学博士学位,回国后任教于北平师范大学、燕京大学等。新中国成立后任教于燕京大学、北京大学。齐思和中西兼通,著有《西周地理考》《战国制度考》《西洋史教学之基本问题》《中国与拜占庭帝国的关系》等。主编《中外历史年表》《世界中世纪史讲义》等。
③ 耿淡如著,张广智编:《西方史学散论》,第 337 页。

1910 年庚戌　先生十三岁

1911 年辛亥　先生十四岁

先生升高小一年级,与刘英士①、施孔怀(孔范)等同班。当时学制,高等小学系三年制。②

——————

① 刘英士(1899—1985),江苏海门人。1920 年赴美留学,获哥伦比亚大学学士、硕士。1925 年回国后,任教于国立政治大学、东吴大学、安徽大学,1931 年被聘为教育部编审。1940 年任职于中央宣传部、教育部,1949 年赴台。著有《欧洲的向外发展:帝国主义研究之一》《教育计划与经济和社会发展》等,译有《波兰的过去与现在》《妇女解放新论》。

② 参见秦贤次:《"新月在台三老"之一:刘英士年表》,《传记文学》1984 年第 50 卷第 4 期。

卷二　1912—1948 年

1912 年壬子　先生十五岁

1913 年癸丑　先生十六岁

4 月,吴于廑①出生。

1914 年甲寅　先生十七岁

秋,先生与刘、施两人插班考入旧制海门中学二年级肄业。当时学制,中学系四年制。②

1915 年乙卯　先生十八岁

1916 年丙辰　先生十九岁

---

① 吴于廑(1913—1993),安徽休宁人。1935 年东吴大学历史系毕业,1941 年赴美留学,获哈佛大学哲学博士学位。1947 年回国任教于武汉大学。新中国成立后历任武汉大学副教务长、副校长。著有《古代的希腊和罗马》《略论关于封建主义基本经济规律的几个问题》《从中世纪前期西欧的法律和君权说到日耳曼马克公社的残存》等,主编《世界通史》《世界通史资料选辑》《外国史学名著选》。
② 参见秦贤次:《"新月在台三老"之一:刘英士年表》,《传记文学》1984 年第 50 卷第 4 期。

　　是年,黄照青任海门中学校长,为了提升海门中学的师资,他聘请了很多著名大学毕业生任教海门中学,据宋问渔说:

　　　　"名师出高徒",黄照青对此深有体味。他就任私立海中校长后的第一件要事,就是聘请好老师。当时大学毕业生凤毛麟角,他到处打听,先拉住才华横溢的南阳公学高材生钱介夫任教务主任,继请作风严肃认真的徐丕扬当学监,再聘文武双全的季文教体育,上海教会大学毕业生沈思义教外语,清朝秀才袁秉奎教国文。此外,耿澹如、钱恭甫、汤范第、孙仰夫、黄子敬、施惠周等教师均是大学毕业生。……

　　　　黄照青从民元起长校十四年,为高一级学校输送了不少合格人才,……施孔怀和著名经济学家耿澹如等一批穷苦学生,从中学到大学,或是免费上学,或是黄设法资助而后成材的。①

1917 年丁巳　先生二十岁

　　是年,先生考入上海复旦大学文科。

　　《自传》曰:"在入学考试成绩中,数学一百分,英文九十分,因而获得李校长(李登辉)之注意。我把学费七拼八凑地交纳一部分后,遂踏进复旦大学的大门。三十多年的复旦生活,从此发轫了。"②

1918 年戊午　先生二十一岁

　　秋,复旦大学部分戊午级同学发起戊午阅书社,各同学捐洋

①　宋问渔整理:《热心教育事业的黄照青》,中国人民政治协商会议江苏省句容县委员会、文史资料研究委员会编,《句容文史资料　第6辑》,1988年,正余中学印刷厂,第44—46页。
②　耿淡如著,张广智编:《西方史学散论》,第337页。

二元购置书籍。先生负责图书保管,何葆仁为主任,程学愉为会计,瞿宣颖为书记。①

1919 年己未　先生二十二岁

11 月 16 日,海门旅沪学生会成立,先生被选举为副会长。

> 海门旅沪学生会,前星期日假西门外中华职业学校外宿舍开成立大会,到者四十余人,公推樊筱嵩为临时主席,由蒋汝舟纪录。开会程序如次:(一)振铃开会;(二)主席报告开会宗旨,旋宣布简章,少有讨论通过;(三)选举职员。今将职员姓名列下:樊筱嵩(正会长),耿佐军(副会长),王云君、季德馨(会计),季新德(文牍),黄建初、蒋汝舟(书记),沈茂桐、杨雪清、黄允亨(干事),徐学俊、戴居正、毛莲生、姜祖诒、陈宝祚、沈贻祖、黄企周(评议);(四)讨论会务进行方法;(五)假也是园摄影以留成立纪念,至六时始散会。②

1920 年庚申　先生二十三岁

1 月 1 日,《复旦季刊》第 8 期出版,先生以"耿佐军"之名负责英文部 Personal Notes 板块。

4 月 1 日,《复旦季刊》第 9 期出版,先生以"耿佐军"之名负责英文部 Personal Notes 板块。

先生在复旦求学,由于家境贫寒,继续以勤工俭学的方式维持学业,至大学三年级时,一度中止学业,回故乡海门中学任教,

---

① 钱京娅、史卫华主编:《复旦大学图书馆百年纪事(1918—2018)》,复旦大学出版社,2018 年,第 3 页。

② 《海门旅沪学生会成立》,《申报》1919 年 11 月 22 日第 11 版。

任英文、西史教员。①

是年,先生与唐秀卿结婚,共育有二男三女。

1921 年辛酉　先生二十四岁

7 月 1 日,《复旦》第 10 期出版,先生发表 *THE VALUE OF STUDYING HISTORY*,现将此文翻译如下:

> 课程中的每个科目都有其特殊价值。数学是精确计算的科学;自然科学使我们能够理解自然现象;逻辑学教我们如何正确推理;而心理学对人类思维的运作进行分类和分析,这是理解人类行为的起点。但历史学的价值是什么呢?一些欠考虑的人经常说历史是无用的,因为他们认为历史只是对过去发生的已经逝去的一些事件的记录。这种说法绝对是谬论。历史学和其他学科一样有价值。学习历史对所有聪明人来说都是必不可少的。
>
> 首先,历史使我们不仅能够了解过去的事实,而且能够解释现在的状况。现在的状况是过去条件的必然结果,过去是现在的背景。如果我们不知道清末的腐败和外交政策的失败,我们就不知道中国现在如此虚弱和贫穷的原因。如果我们不知道上个世纪的政治思想变化和不同的政治革命,我们就无法解释过去五十年内民主的迅速发展。如果我们没有研究过工业革命和世界范围内交通运输系统的发展,我们怎么能理解现代工商业发展的原因呢? 因此,一个没有历史知识的人无法理解现代社会从何而来。
>
> 此外,对历史的研究使我们能够根据过去的事件预测未来。通过归纳法,我们可以从不同的已知事实中发现一

① 耿淡如著,张广智编:《西方史学散论》,第 337 页。

般性原则,而且很容易从三段论的大前提和小前提中得出一个结论。同样,我们也可以从过去的历史中预测未来的状况,尽管这并不准确。例如,由于列强之间的嫉妒和对自身至高无上的地位的追求,历史学家清楚地看到一场大战即将爆发;腐败专制的俄国政府将被一场大革命所推翻。现在这些预言都成了事实。同样,从过去的发展和现在的迹象来看,我们可以说,日本很快就会成为一个共和国,并迟早会在远东问题上与美国发生一场大战。为什么呢?因为每一个发展变化都有一个总的趋势:原因产生结果,结果又反过来作用于原因。除非我们阅读历史,否则我们无法知道一个举国关注的事件的起因。这样看历史学是多么有价值啊!

上面所说的内容是要表明,研究历史可以增加我们的知识储备,将我们的视野拓展到未来。另一个方面,它对我们的性格也有很大影响。历史一方面饱含对英雄、政治家、爱国者和圣人的记录;另一方面也充满了对叛徒、专制者和腐败者的记载。此外,我们认识了许多成功的领导人,也认识了许多不成功的领导人。有些人失败是由于不道德或不诚实;有些人是由于不利的条件;有些人是由于懦弱、暴政或报复的欲望。相反,许多人的成功是因为他们诚实、品行端正、有耐心、勇敢和有公德心。阅读伟大的历史事件会塑造我们的道德标准。合上书本,稍作思考后,我们自然会问自己以下问题:谁是好人,谁是坏人?谁值得尊重和钦佩,谁要被谴责和指责?我们应该模仿谁,避免成为谁?以上的这些想法对一个人的性格有很大的影响。

再进一步说,历史给我们提供了实用的和有用的知识。事实上,历史是一门通过实例研究哲学的学问。熟读历史的学生有一双更敏锐的眼睛,既可以找到引发一个行为发生的原因,也可以发现这个行为导致的最细微的影响:他能更好地理解,行为只有在与支配它们的环境和动机相联系的情况下才能得到恰当的判断。他意识到世界上有许多苦难是由软弱造成的而不是邪恶。此外,他更严格地将恶标记为恶,将善标记为善;并对作恶者进行审判。因此,对历史进行合理、明智的研究,可以提高思考、分析和比较的准确性。

总之,一个想要成为有用的、聪明的、有思想的人必须研究历史,不仅要研究自己国家的历史,还要研究整个世界的历史。对历史的无知是危险的。正是由于对世界历史的无知导致清朝在 1901 年依靠义和团向八国联军宣战。也正是由于对英国历史的无知,才导致了 1899 年南非的布尔战争和 1859 年印度兵变。因此,历史应该被尽可能地阅读和研究。①

9 月 2 日,先生大女儿耿慧光出生,后改名耿治弇。

1922 年壬戌　先生二十五岁

秋,先生重返复旦就学。据应业仁言:"及去秋以十二人入四年级,耿君佐军,旧同学也。去岁复来,成十三人。人人各有面,面如其心。心不同心,心心明白。而自修自治二者,尤为本级之潜德。夫在位以政为务,在野以德为荣,在校以学为职。本级同人,尽明斯旨。故不特校课成绩,斐然可观。而课外学业,亦多心得。如王世颖君陈正昌君之对于合作主义,伍范君耿佐军君之对于哲学……"②

---

① Kan Tsou Chung[耿佐军]:THE VALUE OF STUDYING HISTORY,《复旦》第 10 期。
② 应业任:《癸亥年文科级史》,《复旦年刊》1923 年第 5 期。

1923 年癸亥　先生二十六岁

3 月，先生自复旦大学毕业，获得文科特等奖。①

6 月，《复旦年刊》第 5 期出版，先生为"英文"部分编辑主任，为该期撰写英文序言、英文告别词、英文"级歌"，署名皆为"T.C.Keng"。

有署名"D.S.Huang"对先生撰有英文评价，现翻译如下：

耿佐军，文学学士，江苏

"一滴墨水像露珠般滴在思想之上，它使无数人展开了思维的翅膀。"

——拜伦

耿先生颇具哲学头脑，总是在寻找普通事物的深层含义。他汲取了丰富的知识，是一位天赋异禀的学生。他的一切行为无不展现出深刻的思考和批判的态度，但他并不拘囿于某种学说，而是尽取精华；他心胸开阔，不会因怀疑主义而使眼界受限。

像所有真正的学者一样，他对自己的非凡成就丝毫不感到骄傲，也不会心怀偏见。

他在中英文写作方面也表现出色，他的文学风格，就像自身生活一样，简单质朴，但正因为如此，两者都力量十足。虽然他从不追求雄辩效果，但阅读他发表在校刊和其他期刊上的文章，任何人都会感受到强烈的审美愉悦。

他心地善良，笑容可掬，身边总是围着一群热情的朋友，他们都非常珍惜这份友谊。他恪守正道，尽管诱惑呈现出天堂的样貌，但这绝不会使他偏离美德和高尚之路。

---

① 《复旦大学毕业补志》，《申报》1923 年 7 月 3 日第 14 版。

此外,还有对先生的中文评价,录之如下:

> 耿佐军字澹如,江苏海门人,年二十六岁,文学士。澹如秋水贫中味,和似春风静后功。——吴康斋

> 君天赋极厚,而绝不自负其天赋;学力极深,而绝不自负其学力。不以物之微而忽其理,不以事之细而废其思。其心广,故其所治者多;其心静,故其所治者精。——业任①

9 月 20 日,先生大儿子耿鹏程出生。

秋,先生回海门中学任教。《自传》写道:"在课余之后,翻阅中国古籍及西洋名著,边教边读,获得了很多进步。"②

1924 年甲子　先生二十七岁

1925 年乙丑　先生二十八岁

3 月,先生为复旦大学图书馆捐洋二元。③
8 月至次年 11 月,先生重回上海,任职复旦附中。④

1926 年丙寅　先生二十九岁

9 月 2 日,先生二女儿耿慧馨出生。

1927 年丁卯　先生三十岁

4 月 27 日,国民党三区十二部开全体党员改组大会,出席者 30 余人,先生当选为执行委员。

---

① 《复旦年刊》1923 年第 5 期,第 57 页。
② 耿淡如著,张广智编:《西方史学散论》,第 338 页。
③ 《上海复旦大学图书馆捐款报告》,《申报》1925 年 3 月 22 日第 11 版。
④ 耿淡如著,张广智编:《西方史学散论》,第 338 页。

三区十二部于二十七日开全体党员改组大会，出席者三十余人。主席潘世维，记录耿淡如。议程如下：㈠恭读遗嘱；㈡报告：（甲）主席报告开会宗旨，（乙）市党部代表报告政治方面及党务方面，（丙）区党部代表报告清党意义；㈢改选。结果潘世维、耿淡如、朱有璈为执行委员，孔维新、张亨为候补执行委员，至下午六时散会。①

5月17日下午，上海市六区教育协会开支部代表会议，先生作为第三支部代表参加会议。

上海市六区教育协会，刻已正式成立八支部，九、十、十一三支部，正在组织中。该会于十七日下午，开支部代表会议。到会者第二支部代表罗侠，第三支部代表谢季康、耿淡如，第六支部代表李德辉，第七支部代表王同福，第八支部张增泰。推耿淡如为临时主席，张增泰为纪录。主席报告开会宗旨后，选举执行委员蒋汝舟、罗侠、李德辉、耿淡如、张增泰，当选王同福、谢季康为候补委员，推耿淡如为常务委员，并推王同福、罗侠、张增泰三君为出席于上海市教育协会成立会之代表。执行委员会，每月举行一次，本区会员大会日期，将由执会定之。②

6月，先生为国立中央大学松属学会吴光田烈士纪念碑捐款大洋一元。③

6月4日，为整顿复旦同学会，先生作为复旦同学会之一员发布公告，敬请在沪同学参会，此公告分别刊登于《申报》是日和

---

①　《国民党各区部消息》，《申报》1927年4月29日第13版。

②　《六区教育协会开支部代表会纪》，《申报》1927年5月19日第7版。

③　《国立中央大学松属学会吴光田烈士纪念碑筹备会经济委员会募捐报并谢捐户》，《申报》1928年6月17日第2版。

次日。①

7月28日,海门县党部特别委员会召开第七次会议,先生参加。

> 海门县党部特别委员会于七月二十八日开第七会议,出席者李天翼、耿淡如、吴公辕、张修、叶冠千,由吴公辕主席。开会秩序如仪,常务委员报告事项:一、特派员转来党部组织部通令调查党员数目,及勿干党外事务。二、省党部组织部通令各级党部勤作报告。三、省党部组织部通令调查以下三项:甲、各特别委员分部工作表。乙、各工作人员及各种委员会名单履历。丙、办理或筹备各民众运动人员、党员或非党员、名单及履历。议决事项:选派区特别委员案。议决:第六区陆书升,第二区蔡荫恩、胡永安,第四区沈朴真、叶元吉。二、增加听讲党化教育学员旅费案。议决:每人定二十元,先付十元,待听讲回来,报告确有成绩者,再付十元。②

8月2日,海门县党部特别委员会召开第九次会议,先生参加。

> 海门县党部特别委员会,于八月二日开第九次会议,出席者李天翼、张修、吴公辕、叶冠千、耿淡如,记录沈子贤,李天翼主席,行礼如仪。议决事项如下:一、讨论龚继君等雇佣勤务两名,请备案,议决,准予备案,并函公安局查照。二、江导峨函复指定悦兴镇为第十区党部办公地点案,议决,函请公安局转商垦牧公司拨给地点。三、学联会筹备员与原案不符,如何处理案,议决,由青年了派员前往指导。

① 《复旦同学公鉴》,《申报》1927年6月4日第1版。
② 《海门县党部特讯》,《民国日报》(上海)1927年8月2日第8版。

四、秦冠夫等呈请撤销翟秀峰、倪约求、龚宝铨等区特别委
员案,议决,请该区特别委员及该代表一同招来详加审查。
五、审查党员之办法案,议决,照原有审查会条例办理。六、
省党部函复商协会等备员王绍之等四人,仰候特派员查明
真相后,再行核办案,议决,函请特派员查明转呈具复。七、
上海工会组织统一委员会,为大生纱厂工人压迫颇重,请本
会设法解放案,议决,交工商部函致总工会筹备处查复办
理。八、欢迎施县长案,议决,由本会召集各机关团体,定于
本月四日上午十时开欢迎筹备会。①

8月11日,海门县特别委员会召开第十一次会议,先生
参加。

　　海门县党部特别委员会,于八月十一日召开第十一次
会议,出席者李天翼、吴公辕、张修、叶冠千、耿淡如,记录沈
子贤,主席叶冠千,开会如仪。常务委员报告事项:一、省部
指令农商各协会经费,向有会金收入,似无筹拨之必要。
二、省部指令教协会成立,可接收前教育会经费。三、省部
训令,开除王极、王宪五、张景惠三人党籍。四、倪相如、施
迪光、秦冠夫、杨之俊等,呈请撤销第五区特委员翟秀峰、倪
约求等。五、商协会开具职员名单,呈请审查。六、第七区
特委员王冰如辞职。七、省部训令酌量津贴听讲员旅费。
八、商协会函请添派筹备员。九、省妇女运动训练速成班,
函请保送学生二名,前往肄业,并由县党部津贴旅费。决议
事项:一、省党部指令教育协会暨农工商各协会教费案,议
决,由本会秘书处通知各该部长查明具复。二、省党部训令
开除王极、王宪五、张景惠三人党籍,如何办理案,议决,转

① 《海门县特委会议》,《民国日报》(上海)1927年8月6日第8版。

令各级党部知照。三、倪相如、施迪光等呈请撤销第五区特委员翟秀峰等案,议决,该区特委员业经准予辞联,所请撤销,应无庸议。四、第五区党部特委员既已完全辞职如何设法办理案,议决,由本会张修、叶冠千、公辕三人负责办理,并由本会通知该区各党员,凡送缉填写调查表者,限日来会补填。五、第七区特委员王冰如辞职案,议决,准予辞职,另委张凤仪接办。六、省部训令酌量津贴听讲员旅费案,议决,由本会函商教育局拨给。七、培英小学校函请拨给学校地点案,议决,由农民部通知农协会,将该校原有校舍完全让还。八、建议县政府组织治理地方公款公产委员会案,议决通过。①

是年,先生与李天翼、张修、叶冠千、吴公辕一起被选举为江苏海门民众训练委员会特别委员。②《海门县图志》大学及高等专门学校毕业生表中有:耿佐军,上海复旦大学、美国哈佛大学硕士。③

1928 年戊辰　先生三十一岁

2 月,先生被复旦大学附中聘为兼职教员,主讲"人生哲学"。④

7 月 29 日,先生二儿子耿鹏飞出生。

1929 年己巳　先生三十二岁

12 月 10 日,复旦大学中学部欢送先生赴美留学。

① 《海门特委会消息》,《民国日报》(上海)1927 年 8 月 16 日第 6 版。
② 《海门县图志　卷九党务志》,民国抄稿本,第 257 页。
③ 《海门县图志　卷六教育志》,民国抄稿本,第 200 页。
④ 《复旦中学章益任校长》,《申报》1928 年 2 月 8 日第 11 版。

　　本埠徐家汇，复旦大学中学部史学专任教员耿淡如君，定于本月十四日乘大来公司之格兰脱总统号放洋，详情已送志本报。兹悉该校校长李登辉氏，特于前日（星期二）在中学部大礼堂召集全体教职员学生开会欢送。行礼如仪后，首由李校长报告，中学部殷主任及教职员、学生等相继演说，末由耿淡如君致谢词。散会后即在操场摄影以志纪念。①

12月14日，先生将赴美留学，复旦大学附中同学发起壮行公饯。文言：

　　本校中学部历史专任教员耿淡如先生，民国十二年（1923年）以第一名毕业于本校文科史学系，旋任海门中学教务主任。后由徐家汇中学部聘为史学专任教员，迄今垂五年之久，与同学间感情颇称融洽。近耿先生因鉴国内史学专家及市政人才之缺乏，故立志往美国哈佛大学研究院，专攻史学及市政两科。现护照行装等手续，均已办理妥贴（帖），定于十二月十四日，由上海乘格兰脱总统号启途，预定抵美后过新年。中学部同学周钰、王大鹗、张处德、严恭庆等四人特发起公饯，以壮行色，征求同学加入云云。②

《复旦大学附中年刊》有欢送耿淡如先生赴美摄影一张，内有序文如下：

　　淡如先生，于民国十二年毕业大学部文科史学系，名列前茅，素为同学敬仰，旋任海门中学教务主任，翌年，本校即

<hr>

①　《复中欢送耿淡如君》，《时事新报》（上海）1929年12月12日第8版。
②　《中学部史学教员耿淡如放洋有期》，《复旦周刊》1929年12月16日第3版。

聘为专任教员。先生为人诚恳,富情感,重信义;沉默寡言,好学不倦,淡泊名利,清廉可风,以研究学术为终身职志,诚一纯粹学者也。屡思远涉重洋,更求深造;惟以事与愿违,难酬壮志。十八年冬,得友人资助,先生即毅然赴美,入哈佛大学研究院,专攻历史与市政两科,以偿夙愿。异日学成归国,造福吾邦,正未可限量。钰等程门久侍,春风时雨,深沐熏陶,当先生行将出国之际,能无依依!乃设席公饯,合摄一影,聊表仰慕之忱,并资纪念云尔。

周钰谨识①

先生将赴美学习,上海的《申报》《时事新报》《新闻报》《民国日报》刊有报道。②赴美留学由富商郁震东支持,杨清馨曾评论郁震东:"郁震东先生,江苏海门籍,其尊人苣生世伯在日,干练有为,与南通张季直先生齐名。中国商人之能入英国伦敦商会为会员者,自开海禁以来,苣生世伯为第一人,其经营万端以此可见。震东先生继先人之志,弱冠时,即任理繁剧,不论巨细,必躬亲之。沉毅果断,言不轻发,对故业之整理发扬,不惮竭其心力,思想细密,计划井然,有领袖之才识。遇事则出之于恬静,而从无富贵骄人之态。余奔走大江南北几廿年,见世家子弟,类多嬛薄。自识君后,叹为异才,以故订交既久,彼此相知最深。其历任江南银行董事长,上海印染公司董事长,震兴公司经理暨其他商业航业公务,于每日办公时间,必躬与视事,绝不假手于人,实为难能可贵。最近对于实业颇饶兴味,于本公司尤多

① 周钰:《序文》,《复旦大学附中年刊》1930年第1期。
② 《耿淡如留学美国》,《申报》1929年12月6日第10版。《时事新报》1929年12月7日第8版刊有《耿淡如留学美国》,《新闻报》1929年12月7日第12版刊有《耿淡如赴美留学》,《民国日报》1929年12月6日第13版刊有《耿淡如赴美留学》。

擘画,盖先生夙有抱负,长才大展,会当有时,世之知先生者可拭目俟之耳。"①

1930 年庚午　先生三十三岁

5 月 3 日,先生三女儿耿慧明出生。

1931 年辛未　先生三十四岁

1932 年壬申　先生三十五岁

是年至 1940 年 7 月,先生兼任复旦附中教员。②

5 月,先生获哈佛大学政治学硕士学位,回到上海。

7 月至 1933 年 7 月,先生被聘为暨南大学讲师。③

9 月,江湾复旦大学自一·二八之后,遭日军蹂躏,近已整理就绪,迁回江湾原址上课,先生被聘为政治系教授。④

1933 年癸酉　先生三十六岁

4 月,先生在《外交评论》刊发《太平洋委托治理地问题之另一观察》,开启研究国际问题之先河,这一发不可收拾。后《东方杂志》《新中华》《复旦学报》等期刊均刊相关论文,又在《正言报》《新闻报》等报纸上刊发时评。⑤

---

① 清馨:《郁震东〈本位的向上〉——介绍词》,《拂晓月刊》1932 年第 1 期。

② 耿淡如著,张广智编:《西方史学散论》,第 339 页。

③ 《暨大聘廿一年度教职员》,《申报》1932 年 7 月 21 日第 9 版。

④ 《复旦迁回江湾原址开课》,《申报》1932 年 9 月 17 日第 10 版。

⑤ 为纪念耿淡如先生百年诞辰,这些成果大部分由其子耿鹏程和学生于 2000 年辑录成《耿淡如先生国际论文集》(上、下册),计 190 余篇,近百万字,繁体印行。

9 月,先生到光华大学任职。任职履历表抄录如下:

> 耿淡如,江苏海门人。履历:美国哈佛大学政治学硕
> 士,曾任暨南大学、复旦大学教授。廿二年九月到校,廿五
> 年八月任政治系主任。担任学程:政治学。①住址为:本市
> 姚主教路树德坊一弄七号,电话:76047。②

是月,因清华大学准备南迁,何炳棣曾短暂在上海的光华大
学“借读”,他晚年回忆道:“光华的师资和图书其实相当不错。
文学院院长钱基博、历史系吕思勉等位都是著名学者,教西洋史
的耿淡如是翻译名家,政治系也还有一两位好教授”。③

又,先生与沙牧卑合译美国历史学家海斯与蒙合著的《近世
世界史》由上海黎明书局出版。节录“译者序”如下:

> 今之编纂通史者多矣。考其内容,往往堆砌事实,线索
> 不明。论其记载,非不翔实,论其见解,非不透辟,然欲求全
> 书一贯之目标,中心之论题,则渺然不易捉摸。一般学子,
> 以为苦焉。夫通史而无中心之问题,犹诸行路而无目标,东
> 顾西盼,徘徊道左。犹诸航海而无南针,乘风漂泊,不知所
> 届。今海蒙二氏之《近世世界史》,属于通史一类,搜集广
> 博,而无散漫支离之弊,洵通史中之佳作。

> 本书之中心论题,即在民主政治。著者自言,对于民主
> 政治之发展,特感兴味,且特觉重要,故采为中心论题(见原
> 序)。又云社会、经济、政治有密切连锁之关系。故一方面
> 论述民主政治之萌芽、发育,及其所遭狂风暴雨之摧残;

---

① 张耕华主编:《光华大学编年事辑》,华东师范大学出版社,2015 年,第
   136 页。
② 教务处编印:《光华大学教职员一览》,1936 年,第 2 页。
③ 何炳棣:《读史阅世六十年》,中华书局,2019 年,第 119 页。

一面即检讨社会、经济之变迁，及其对于政治上之影响。著者叙述史事，以政治为经，以社会、经济为纬；经纬错综，蔚成近五十万言之历史。首编《近世史》之背境，指示民主政治之胚胎；次编专制时期，阐明专制淫威下之民众反动，开辟大革命之途径；三编大革命时期，申叙革命潮流之泛滥，民主政治之成立；四编民主时期，说明民治精神之继长增高，民主制度之逐渐改进；五编欧洲之侵略政策，传布民治思想于"落后国家"；六编大战中东欧专制与西欧民主之混战，战后民主政治之发扬，及其当前之危机。前后六编，有条不紊；而社会、经济状况之对于政治的影响，又复剖析详尽。最后，更示以解决民主政治问题之根本原则。

民治政治，至于今日，已处于四面楚歌之中。社会主义者指为中产阶级把持之趋剧；国家主义者则以其行动迟缓，效力脆弱，及偏重个人主义而力施抨击。墨索里尼称：一七八九年之原则，已为"剥蚀之古董"。又云：所谓民主国者，"直背后无真面目之假面具耳"！事实上，意、俄、德三大国，已转入"迭克推多"之途；东欧小国之民主共和，亦杌陧不安。另一方面，民主政治，在英、美、法三国，尚能保持其坚固之壁垒，屹然不动。民主政治与"迭克推多"两种势力之互相激荡，盖犹方兴未艾也。

如何维护民主政治，即为著者所欲解决之问题；亦以史事指导读者以维护民主政治之根本原则。著者于引言中云"民主政治，有赖于公民之品格，因造成政府者，即公民也。"于结论复云："民主政治之根本问题，为教育。非人民知如何善用其投票、其资财、其机器、其印刷、其电影，民主政治之前途，将有可怖之厄运。"又云："今日世界之所需者，智慧与道德；备此两项品性者，即为最良之公民。"民主政治之成功，有赖于民智民德；语虽陈旧，而从史事证明，实为不刊之论断。

我国政制,迭经变更。孙中山先生提倡三民主义,以期造成民有、民治、民享之政府。今政府起草宪法,实施三民主义,将由训政时期而入宪政时期矣。政权开放,则人民责任之重大,不言可知。吾人对于西方民主政治之先例,及其成败之原委,须有相当之认识;而宪政之当前问题,即为明智之如何提高,民德之如何培养。海蒙二氏之《近世世界史》,关于此旨,阐辟详尽。……

《申报》刊有此书广告一则:

近世世界史

耿淡如、沙牧卑合译　精装三元六角

廉价期间概售八折

Hayes & Moon MODERN HISTORY

(一)本书原文为欧美流行最广之中学课本,且经多次修正。

(二)译者在美国哈佛大学专攻历史,现任复旦大学史学教授,译笔信达流畅,无与伦比。

(三)书内五色版,铜牌,锌版插图数十幅,精美绝伦,启人深思。

(四)所有地图均经译成中文,重绘制版,清晰无比。

(五)每章之末均加习题,不仅便于教学,对于自修者更多启示。①

10月,《外交评论》杂志上刊有先生报道一则:前据复旦大学教授耿淡如先生来函云,复旦大学法学院所设之时事问题研究班,已采用《外交评论》为主要教材。②

---

① 《申报》1933 年 9 月 8 日第 4 版。
② 《小小的声明》,《外交评论》1933 年第 2 卷第 10 期。

11月2日,上海市中等学校教职员联合会召开第三次常务理事会,先生当选为中学教本研究会委员。

> 上海市中等学校教职员联合会,昨午后四时开第三次常务理事会,到全体常务理事,主席吴志骞,记录许性初,决议如下:㈠通过本会理事会组织规程草案暨常务理事会组织规程草案,议决,修正通过,理事会组织规程草案,提请理事会再行通过。㈡章树钦理事函陈浦东中学校长徐韫知侮辱教员人格,无故解除其职务,请主持正义案,议决,甲、据情转呈市教育局查明惩处。乙、函请徐韫知先生答覆。㈢组织童子军教育研究会案,议决,除研究部陶、徐、盛三主任当然委员外,聘请瞿越、汪刚、冷雪樵、赵慰祖、许性初、陈济成为委员,指定徐泽予召集第一次会议。㈣组织中学教本研究会案,议决,推胡朴安、徐则骧、何宪琦、盛叙功、耿淡如、徐泽予、严瀚宣、廖兆骏、吴子谦、陈济成、朱有瓛、许性初、陶百川、顾继武、张鹤群、陆铁明为委员,并指定吴志骞召集第一次会议。㈤通电慰劳剿匪将士案,议决通过。①

1934年甲戌　先生三十七岁

7月1日,光华大学政治学会所办《政治学报》第5期出版,先生担任期刊编辑委员会顾问,先生文《职团国之基本理论》刊于是期第2篇。学校大部分老师为学报捐助,先生捐助经费洋5元,校长张寿镛捐助洋50元,院长钱基博捐助洋10元,潘光旦捐助洋5元。

8月至1943年7月,先生兼任上海市南洋模范中学教员。②

---

① 《中教联组织　童军教育研究会　及中学教本研究会　聘胡朴安等为委员》,《时事新报》(上海)1933年11月3日第7版。
② 耿淡如著,张广智编:《西方史学散论》,第339页。

9月12日下午2时,光华大学第一次校务会议在校长室召开,出席者为:张咏霓、朱公谨、容启兆、薛迪靖、廖茂如、钱子泉、胡其炳,主席为张咏霓,记录为陈学儒,议决先生与张咏霓、蒋竹庄、汪梧封、陈一百、吴泽霖、钱钟书、张耀翔、廖茂如、黄应荣、卢于昉、许复、章友三、邬翰芳、谢霖甫、周元孙、胡宁生、江振声、黄庚祥、徐仁铣、杨荫溥、伍纯武等为《光华大学半月刊》特约撰述。①

10月19日下午2时,光华大学第五次校务会议在校长室召开,出席者有:张咏霓、朱公谨、吕诚之、伍纯武、容启兆、胡其炳、钱子泉(蒋竹庄)代,主席为张咏霓,记录为陈学儒。议决先生与黄应荣②为政治学会导师,与吕思勉③为历史学会导师。④

10月20日,先生被选为上海各大学教联会学术委员会委员。

上海各大学教职员联合会,昨日下午在爱麦虞限路中华学艺社会所,举行第十二次常务会议。到江镇三、黄宪章、陈高傭、韩觉民、康选宜、孟寿椿、朱章宝等,主席康选

① 《校闻》,《光华大学半月刊》1934年第3卷第1期。
② 黄应荣(1905—1978),广东梅县人,生于新加坡。获东吴大学法学学士,美国乔治华盛顿大学法理学博士。1930年后,历任东吴大学、中央大学、暨南大学、光华大学教授。1949年回新加坡,1955年后任南洋大学政教系教授、系主任、南洋大学副校长等。著有《遗产征税范围之法律的检讨》《美国排华之历史的透视》等。
③ 吕思勉(1884—1957),江苏武进人。曾先后任教于苏州东吴大学、常州府中学堂、沪江大学、光华大学等,新中国成立后任教于华东师范大学。著有《先秦史》《白话本国史》等。华东师范大学张耕华编有《吕思勉全集》26册,2015年由上海古籍出版社出版。
④ 《校闻》,《光华大学半月刊》1934年第3卷第3期。

宜,纪录徐尚觉,讨论议案如下:㈠函催胡委员其炳将向五全大会建议改善高等教育方案草案,赶送本会,提交第四次执监会议讨论案,议决交文书股办理;㈡本会应否与教授作家合作办理学术讲座案,议决,共同办理。(办法)一、定于本月二十八日下午五时,由本会召集两会学术讲座委员联席会议。二、除假公共地点举行演讲外,并举行无线电播音演讲,详细办法候教两会学术讲座委员联席会讨论。三、推蒋委员建白及陈委员高傭,向本埠各公共场所及无线电台接洽。㈢改组学术委员会案。议决推定容启兆、姚名达、陈振鹭、张定夫、朱通九、潘白山、郭智石、胡其炳、陈宪谋、孔德、奚玉书、陈盖民、王去非、钟行素、张寿镛、杜钢百、宋崇九、倪文亚、韩玉珊、胡朴安、江镇三、廖茂如、林众可、康选宜、朱公谨、王孝通、汪馥炎、孟寿椿、黄宪章、张凤、杜灵俊、吴子敬、朱章宝、张瑞珍、余绍武、章衣萍、雷国能、孙博、张素民、黎照宝、章益、梁园东、余楠秋、崔九卿、耿淡如、杨幼炯、李渊若、林和民、程树仁、张云伏、陈柱尊、周谷城、张耀翔、张票原、龙榆生、钱基博、林玉霖等为学术委员,并推定康选宜为主席委员,负责执行上届学术委员会各议决案。末康委员选宜提出改良大学教职员待遇两办法:㈠减少授课时间。㈡聘约改两年一任。获得多数委员同意,将于下届执监联席会议时讨论议决云。①

11 月 2 日下午 2 时,光华第六次校务会议在校长室召开,出席者:张咏霓、朱公谨、容启兆、钱子泉(蒋竹庄代)、廖茂如、吕诚之、伍纯武、胡其炳,主席张咏霓,记录包玉珂。议决先生

---

① 《大学教联会组织学术委员会　与教授作家协会合作》,《申报》1934年 10 月 21 日第 16 版。

与沈立人①为新闻学会导师。②

1935 年乙亥　先生三十八岁

3 月,《外交评论》第 2 期出版。在该期目录之前有《外交评论》编辑部启事一则,内言:"本刊为充实内容起见,每期特请国内著名专家撰著论文,以副读者期望之殷。兹除原任特约撰述者外,复约定下列诸君长期著文,以光篇幅,望读者注意焉。"先生名列其中,附注:光华大学政治学系主任。先生文《美国与国际法庭》刊于此期。

6 月,光华大学政治学会所办十周年纪念特刊《政治学报》第 5 期出版,先生与黄应荣为期刊编辑委员会顾问,先生文《十年来之欧洲》刊于是期第 6 篇。

7 月,先生继续在光华大学任教授。③先生为上海筹募各省水灾义振会捐国币四元二角四分。④

11 月 30 日,光华大学举行英文作文比赛,由先生与胡其炳⑤监试。

12 月,中国文化建设协会主办之读书竞进会第一期将届满,积极筹备考试事宜,吴醒亚、陶百川、童行白、章友三、陈高

---

① 沈立人(1896—1953),浙江嵊县人。毕业于金陵农学院,后留学法国。归国后,先后任教于暨南大学、光华大学、上海商学院。新中国成立后任江南大学教授、校长。著有《审计学》《中国与国联技术合作》《遗产之会计及课税》。

② 《校闻》,《光华大学半月刊》1934 年第 3 卷第 3 期。

③ 《光华大学下学期新猷》,《申报》1935 年 7 月 15 日第 14 版。

④ 《上海筹募各省水灾义振会鸣谢广告》,《申报》1935 年 12 月 14 日第 2 版。

⑤ 胡其炳(1871—1938),江西九江人。早年游学德国、美国,毕业于德国凡客佛学校,获美国比利亚大学神学博士,1909 年回国,1920 年后任职于中华大学、武汉大学、光华大学。

備、李熙谋、郑章成、孙寒冰、耿淡如、蒋建百、吴骐、何炳松、张世禄、樊仲云、王新命、邬翰芳等十六人为总会考试委员会委员，吴醒亚为主任委员，一切命题阅卷复试等事项，均由该会负责办理。①

1936 年丙子　先生三十九岁

1月1日，先生与王宗武合译《欧洲新政府》由商务印书馆发售。广告言："《欧洲新政府》系美国著名政治学校蒲尼尔R.L. Buell 原著，由王宗武、耿淡如两君译为中文，系孙寒冰君选定，对于欧洲民主政治之危机及症结，与意、德、俄三国之组织及背景，详为分析，为留心现代世界政治动向者不可不读之书。"②

6月，光华大学政治学会所办《政治学报》第6期出版，先生与葛受元③为期刊编辑委员会顾问，先生文《土耳其设防海峡之意义》刊于是期第4篇。

6月8日至12日，光华大学进行毕业考试，聘请大同大学校长曹会群、复旦大学秘书长金通尹为校外委员，聘请先生、朱公谨、钱子泉、杨石湖、吕诚之、伍纯武、黄庚祥等担任校内委员，校长自任主席。④

---

① 《文化建设协会函告各分会　亟应负责办理读书考试》，《时事新报》（上海）1935年12月4日第6版。

② 《商务印书馆星期标准书　本年继续举办》，《申报》1936年1月1日第27版。

③ 葛受元，湖南湘乡人。获美国克尔顿大学政治经济学士、哈佛大学硕士，回国后历任大夏大学、光华大学、复旦大学教授，新中国成立后在复旦大学图书馆作外文分类工作。著有《美国对外投资政策之回顾》《美国对外投资之传统政策》等。

④ 张耕华主编：《光华大学编年事辑》，第189页。

6月26日,复旦大学附中在登辉堂举行第二十五次毕业典礼,余楠秋①与先生作为复旦大学大学部代表参加。②

7月,先生和孙寒冰、章友三、伍蠡甫、李炳焕等被复旦高级中学聘为下学期教员。③

8月,先生开始在光华大学任欧洲外交史课程教授。④先生为北西藏路开封路北上海急救时疫医院捐国币一元。⑤

9月,外交评论社主编的《外交丛书 意阿问题与国际关系》由正中书局出版,先生之《意阿冲突之分析》一文收入其中。

10月,光华大学训育委员会决定实行新生导师制,先生被聘定为新生导师,其他导师还有张寿镛、朱公谨、钱基博、容启兆、谢霖、伍纯武、廖世承、汪梧封、吕诚之、胡其炳、赵志游、徐承谟、周哲肫、金游六、雷绍籍、罗树声、历太康、萧达、倪若水、沈昭文、朱有骥、陆上之、薛迪符,负责指导新生二十人,导师工作分集合谈话、个别谈话及宿舍询问三种,以期潜移默化,收精神教育之效。⑥

11月30日,光华大学举行英语作文比赛,由先生与胡其炳监试,结果为第一名李鹏翔,第二名郑德銮,第三名詹泽鉴。⑦

是年,先生与王宗武编《高级中学外国史》上、中、下三册,由

---

① 余楠秋(1897—1968),湖南长沙人。1921年毕业于美国伊利诺伊大学文学院,曾任湖南商业专科学校校长、湖南大学文学院院长、复旦大学文学院院长兼外国文学系主任。著有《德意统一及今日中国》《演说学 ABC》等,译有《英国史》《欧洲近现代史》《史学概论》等。

② 《复旦附中毕业礼》,《大公报》(上海版)1936年6月26日第5版。

③ 《复旦高中状况》,《申报》1936年7月25日第15版。

④ 《光华大学教师》,《申报》1936年8月24日第13版。

⑤ 《北西藏路开封路北上海急救时疫医院八月份捐款志谢》,《申报》1936年9月2日第6版。

⑥ 《校闻》,《光华大学半月刊》1936年第5卷第1期,第77页。

⑦ 滕柄枢编纂:《光华年刊》,1936年。

正中书局出版。在"编辑大意"中,编著者指出:

　　一、本书依照二十一年十一月教育部所颁布之《高级中学外国史课程标准》编制。

　　一、本书内容始于远古,止于现时,分订上、中、下三册,全书足供高中第四、五、六学期外国史学程之用。

　　一、本书为使每学期教材可以平均分配,各册并不以时代为画分,因历史分期事实多少不一,不适用于分册。教者对于此点,须请注意。

　　一、本书目的在使学生得到外国历史的基本知识,以了解现代的国际情势。故申叙史事的背景与其因果关系,提纲挈领,力求简明。至对于促进文明的因素及民族复兴的先例,尤为注意。

　　一、本书尽量显示历史的继续性与统一性,纵的方面,过去政治经济等史事之有影响于现代社会者,特别指出,以示现代问题的由来。横的方面,东西局势之相互影响者,予以阐明,以示世界文化有交辉互映的关系。

　　一、本书中插入地图多幅,使学生按文索图,可以了然于史事的地理背景,更附有人物图照,藉以增加读者的兴趣。

　　一、本书每章之末,附有复习题以备学生温习之用,同时以培养学生自修的习惯及其判断的能力。

　　一、本书所用专门名词,采用余祥森编《标准汉译外国人名地名表》,凡该书所未备者,则采取各书报所通用的译名。

　　一、凡有价值而不能列入正文的材料,或必须补充的注释,均冠以数字,附于章末,正文内亦插入同样数字,以便检查。①

------

①　耿淡如、王宗武:《高中外国史》上册,正中书局,1935 年,编辑大意第 1—2 页。

1937 年丁丑　先生四十岁

1 月 25 日下午 3 时,国际问题研究会假银行工会举行座谈会,邀请时任外交部情报司司长李迪俊演讲一年来外交情形,到会者 50 余人,先生参与讨论,至下午 6 时散会。7 时半,举行晚宴。①

2 月,光华大学政治学会所办《政治学报》第 7 期出版,先生与金通艺为期刊编辑委员会顾问,先生文《莱茵问题与欧洲政局》刊于是期之首。

3 月 1 日,《光华大学半月刊》编辑委员会举行会议,先生作为编辑委员与会,还有其他编委如朱公谨、钱子泉、吕诚之、姚舜钦等,朱公谨为主席,会议讨论本学期编辑方针、革新计划,并添聘黄仲苏、张宗麟、郭佩弦、郭景芳、周仰汶、袁际唐、安绍云、武渭清、李黄孝贞、王源章、司徒木、万云骏、卜坤一、陈德荣、管道中、郑德鎏、宋孟康、刘龙光、黎祥荣、戴义钟等为特约撰述。②

5 月,《外交丛书·希特勒执政后的德意志》由正中书局出版,先生《德国外交政策之前瞻与后顾》一文收入其中。本书将希特勒执政后关于德意志庶政之改善,以及外交方面之成就,阐述至为详尽。③

5 月 22 日,唯生学会举行宴会,浦东大厦为该会会所,为推进学术工作,宴请该会各研究会导师,计到会导师胡敦复、李权时、廖茂如、张素民、林祖欢、金国宝、潘颖昌、樊仲云、丘汉平、程

---

①　《国际问题研究会昨日举行座谈会　外部情报司长李迪俊讲演一年来外交情形》,《申报》1937 年 1 月 26 日第 13 版。

②　《校闻》,《光华大学半月刊》1937 年第 5 卷第 6 期,第 75 页。

③　《正中书局最近新书》,《申报》1937 年 7 月 9 日第 3 版。

绍德、孙晓楼、郤爽秋、李熙谋、刘明汤、沈百英等。由该会理事长潘公展,暨常务理事蒋建白、顾继武、朱有瓛、高杰、叶灵凤,秘书范家标,学术部主任许性初、顾凤城,及陈月江等招待。先生亦为该研究会导师。①

5月24日,陈立夫在唯生学会演讲。次日午间,在杏花楼举行欢迎宴会,先生作陪,至下午2时宴散。②

7月,先生赞助上海市私立实用张才速记传习所。③

8月28日,先生被选为上海市各界抗战敌后援研究组和编审组成员。④

"七七"卢沟桥事变爆发,"八一三"淞沪战事继起。其后,复旦校舍遭日寇破坏,无法上课,师生之一部分内迁,在重庆北碚立校,另一部分无法西迁的师生员工滞留上海。先生因母亲年迈多病,遂栖居"孤岛"。是年,从上海吴兴路迁入天平路288弄7号,此后一直居住于此。⑤

1938年戊寅　先生四十一岁

1月,《上海女子大学招生简章》中列有该校教职员名录,先生名列其中,先生为文学院教员,简介言:美国哈佛大学硕士,曾任暨南大学、复旦大学教授,现任光华大学政治系主任兼历史系

① 《唯生会欢宴导师　推进学术研究工作》,《申报》1937年5月23日第12版。
② 《陈立夫在唯生学会演讲　并应潘局长欢宴》,《申报》1937年5月26日第15版。
③ 《上海市私立实用张才速记传习所面函授部招男女生》,《申报》1937年7月9日第3版。
④ 上海市档案馆编:《上海抗敌后援会》,档案出版社,1990年,第221—223页。
⑤ 耿淡如著,张广智编:《西方史学散论》,第340页。

教授。①

3 月，复旦沪校在上海市区赁屋复校。先生仍在复旦、光华等校任职。其间作有多篇诗词，以抒爱国情怀，存稿毁于"文革"，甚为可惜。②

7 月，国光中学聘定先生主讲下学期的国际关系讲座。

11 月 13 日，《蒋维乔③日记》："午刻陈君颢泉招饮于其家，座有沈尅民父子及郑紫卿诸君。二时席散，假陈君汽车至张君歆海处讨论文学院课程，吕诚之、耿陵如④、沈有乾至，金以光华课程暂时照旧，待部颁修正课程发表后再议。三时散归。"⑤

1939 年己卯　先生四十二岁

1 月，先生为上海难民救济协会捐款 2 元。⑥又为大夏大学节约救难会捐款 1 元。⑦

1 月 18 日，先生在国光中学讲授国际问题，取材新颖，尤为

① 《上海女子大学招生简章》，1938 年，第 9 页。
② 耿淡如著，张广智编：《西方史学散论》，第 340 页。
③ 蒋维乔(1873—1958)，字竹庄，江苏武进人。7 岁入私塾，1892 年中秀才，1922 年 7 月，被任命为江苏省教育厅厅长。1929 年 9 月，任上海私立光华大学哲学系教授。1938 年 8 月，兼任正风文学院院长。太平洋战争爆发后，担任诚正文学社主任。抗战胜利后，任该校教务长兼文学院院长及中文系主任。新中国成立后任气功疗养院院长、上海中医文献馆馆员等职。著有《中国近三百年哲学史》《中国佛教史》《因是子静坐法》等。
④ "陵"应为"淡"。——编者注
⑤ 蒋维乔著，林盼、胡欣轩、王卫东整理：《蒋维乔日记》第 6 册，上海人民出版社，2021 年，第 2727 页。
⑥ 《上海难民救济协会收款汇报第十一号》，《申报》1939 年 1 月 16 日第 17 版。
⑦ 《节约救难会　收款征信报告卅九》，《申报》1939 年 1 月 30 日第 11 版。

学生所欢迎。①

5月31日，《蒋维乔日记》："午后一时半赴光华，二时授佛教概论。三时在休息室阅《史记》，等候耿君淡如，四时偕耿君至正风，四时半请耿君为学生讲演，题为'全能国战线与民主国阵线于欧洲大势'，指示了了，甚有兴味，五时半毕，即归。"②此次讲演内容以《全能阵线的真面目》为名发表于《新闻报》1939年6月5日，据记录者说：

> 耿先生是美国哈佛大学的政治学硕士，现在在光华大学担任政治系主任。他的丰富学识，早已无庸介绍的了。这次到校里来星期演讲，原来的题目是《全能阵线与民治阵线》。他用精□的眼光，详细的分析得非常清楚，使我们得一睹这两个阵线的真正面目。但实在太长了，笔者不得不把民治阵线的部份无理由的割爱，而换上了这个题目。这当然是一件很痛惜的事。还希望耿先生的宽恕并指正。③

7月，先生被聘为光华大学政治系主任。④

8月下旬，新学期即将开始，复旦大学沪校教师增至64人，校系两级负责人也陆续配齐：名誉校长李登辉（校长缺，以渝校校长为校长）、教务长应成一、训导长孙绳曾、总务长叶秉孚。中文系系主任应功九、外文系系主任顾仲彝、教育系系主任陈科美、化学系系主任戴岂心、土木工程系系主任金通尹（或称"理工

---

① 《学校调查 国光中学》，《文汇报》1939年1月18日第8版。
② 蒋维乔著，林盼、胡欣轩、王卫东整理：《蒋维乔日记》第6册，第2784页。
③ 耿淡如先生讲，陆永明记：《全能阵线的真面目》，《新闻报》1939年6月5日第6版。
④ 《学校汇讯 光华大学》，《申报》1937年7月30日第8版。

学院筹委会主任委员"）、政治系系主任耿淡如、法律系系主任施霖、经济系系主任王恭谋、社会系系主任应成一（兼）、银行系系主任朱斯煌、会计系系主任袁际唐。①

12 月 30 日，《蒋维乔日记》："六时赴太仓中学顾校长之招至梁园晚餐，座有喻兆麟、耿淡如、朱秉衡诸君，九时回。"②

是年，先生任复新中学暨小学部幼稚园主席校董。③

复新中学暨小学部幼稚园招生

年级　初中部一二年级、幼儿园及小学部各级春季新生及插班生

报名　即日起

考期　一月廿日、卅日两天

校址　白克路梅白格路口永年里内

附启　本校为救济失学青年起见，中小学各设免费生及半费生各廿名。小学部教职员均由前市立引溪小学教职员担任，一切设施仍本市立学校办理。

主席校董　耿淡如

校长　蔡振寰

1940 年庚辰　先生四十三岁

是年 9 月至 1946 年 6 月，先生任大夏大学教授，兼任历史社会系主任。④

① 《复旦大学百年纪事》编纂委员会编：《复旦大学百年纪事（1905—2005）》，复旦大学出版社，2005 年，第 102 页。
② 蒋维乔著，林盼、胡欣轩、王卫东整理：《蒋维乔日记》第 6 册，第 2830 页。
③ 《复新中学暨小学部幼稚园招生》，《申报》1937 年 1 月 15 日第 5 版。
④ 耿淡如著，张广智编：《西方史学散论》，第 340 页。

春,先生曾邀请董霖①在复旦大学兼课。据他回忆:

> 当年母校复旦大学除在内地北碚复校外,上海方面暂由江湾迁至英租界赫德路上课。政治系主任是我中学时代的业师耿淡如先生,他请我去兼教宪法和中国政府等课。复旦的学生运动向居东南领导地位;但此时此地,在敌伪监视下,只得暂时压抑爱国热情,潜心学业。②

是年,先生为光华大学提出如何充实政治学系的意见,内容如下:

> 政治系现在所开之学程,大部依照教育部之规定,约可分为三类:(一)政治思想,(二)政治制度,(三)国际关系。所以应开之学程,大致已备。惟为力求进步起见,我们须更注意于下列各点:(一)调整各学程之教材,使适合于实际情形。(二)鼓励学生自动研究,促进其读书的兴味。(三)添办关于政治之书籍,收集关于政治之材料,以供参考。(四)讨论实际问题,使学生得到正确的认识。总之,政治系之改进,一部份赖于教授之努力指导,一部份赖于学生之勤勉好学,而图书之添置亦为急切之需要。③

---

① 董霖(1907—1998),江苏海门人。1928 年毕业于复旦大学,后辗转官场多年。1936 年留美入意利诺大学研究院,获硕士、博士学位。1941年回国后,任教于上海基督教联合大学(沪江大学、圣约翰大学、东吴大学、之江大学联合办学)、复旦大学。1943 年后,踏上外交舞台。1957 年后,任教于纽约圣若望大学、纽约市立大学,出版著作英文七种及中文多种,著有《帝国主义与中华民族》《中国战前之宪政制度》《中国与国际问题论著》《顾维钧与中国战时外交》等。

② 董霖:《"教""学"天涯五十年——七十退休忆往》,《传记文学》1978年第 33 卷第 1 期。

③ 耿淡如:《充实政治学系之意见》,《光华大学十六周纪念特刊》1941年,第 4 页。

1941 年辛巳　先生四十四岁

2 月 15 日，署名"G.S."发表有《耿淡如先生》一文，录之如下：

耿淡如先生和吕思勉先生，是我们学校里教授政治和历史的两位教授，现在先说耿先生。

耿先生戴着眼镜，有时穿着西装，有时穿着中装。

从耿先生的年龄上揣测，大概该有四五十岁了吧。

不信，请看：他的头顶偏前额的地方，不是有一小块已经是秃顶了么？虽然从远处看去，白头发是看不见的，可是那几株黑色的头发呀，也许是为了思想过度吧，已经是那么稀疏。在头发和头发的空隙处，可以看出他的淡黄色的头皮。当再过几年以后，我想，必然地，他的头发会变得更加稀疏的。

这是耿先生许多显著的老态中的一点，还有一点，就是他戴着的眼镜。那是一副远视的眼镜。走路的时候，休息的时候，那副眼镜不能离开耿先生的眼睛，可是，当他看着点名簿的时候，读着他手里的笔记的时候，他可非得把眼镜取下，方能看见。因此这动作告诉我们：耿先生的年纪和他的眼睛的远视程度，正与时俱增。而从耿先生的这种动作上，又明确地显示出他那浓郁的老态。

即使从耿先生的教学的姿态上，也可以充分地看出他的"老成"。我曾经选过耿先生的许多学科，但所有这些学科的教授法，都是完全相同的，就是：慢慢地读着他的笔记。他的声音不高也不低，正可以配得上一个课室的全体的听觉。而那种话语的音调，却又显得那么地稳定、坚韧、清晰和切要。

记着耿先生的笔记，无可遗忘，是这样两个优点：第一,他念的要言不繁。无论是西洋通史、政治学、西洋政治思想史或中国外交史,他把整块的材料划成许多章,分成许多节,再每节予以简洁明确的叙述。即使是战争的经过吧,例如经过三番四覆的鸦片之战,在耿先生的口里,却是寥寥数语,但这几句话又能概括了故事的全体。所以,这是他的高贵的技巧,是值得我们称誉的;其次,乃是他的条例的分明。每一章和每一节的产生及其排列,几乎都有它的必不可少的需要,而且经过他的排列以后,使看的人读来一目了然,帮助了学习的人的记忆。

但是耿先生的讲解并不是毫无缺点的。最最显著的缺点,是他那种纯粹土音的海门话。有时候他的话语,在听的人听来,一不小心便弄得完全误解。这未免是一个很大的缺陷。为了要补救这个缺陷,便"难为"了耿先生的一双手了:它们忙着把同学们听不清的字眼一一写下来。因此,以经济学的目光看,是颇有浪费时间的毛病的。

此外,耿先生的语法也十分特别。当每念一句讲义的时候,开首数字,总是重复念出。譬如他要说"不过中国军队……"的,他必先说"不过——不过",先来了这两个"不过",然后再旁及其他。再如说到国家的定义,照例应说"国家是一个……"的,然而他必先说"国家是——国家……"这种语法,在那些新同学的笔记本上,将一定会这样写着:"国家是国家"的。

耿先生是国内研究政治学的有数的学者。战前曾在各大杂志上发表著作甚多,可是在我们教室里,他却好像英雄无用武之地似的,丝毫不能自由发挥他的才略。他只是按着钟点,把他的老讲义一句复一句地念着,令人觉得相当的枯燥和乏味。即使有时候偶尔谈及时事,但也只是一般地浮面的分析,谈不上十分钟或一刻钟的。

至于耿先生的生活,看来似乎很是朴素。他穿着上青的哔叽西装,但那件衬衫的领头却是污秽的,卷皱的。在夏季的时候,他更简单:穿着一件普通的夏布长衫,洋布布衫,除了带有一方抹汗的手帕,此外,恐怕是一无所有。

他就是这样的一位朴质而稳重的人物。①

7 月 31 日,《蒋维乔日记》:"晚李君宝森邀往素餐,其客两桌,与我同坐者有闻兰亭、卢晋侯、耿淡如、顾廉臣诸君,八时后回。"②

8 月,太平洋战争爆发,日军进入上海租界,为应变计,光华大学停办,而设诚正文学社、格致理商学院、壬午补习社,为大中学生继续课业,诚正文学社由蒋维乔主持,在证券大楼开课。③

12 月 7 日,经先生与钱慈念介绍,鲁继曾证明,并经双方家长同意,杨孝达与李勤权在沪订婚。④

1942 年壬午　先生四十五岁

1 月 27 日,《蒋维乔日记》:"上午约光华文学院各系主任孙贵定、耿淡如、吕诚之诸君来寓开会,讨论办理存文学塾事宜至十二时,周其勋君托我代表姚君舜钦列席记录。"⑤录此次会议记录如下:

---

① 　G.S.:《耿淡如先生》,《新中国报》1941 年 2 月 15 日第 7 版。收入李孝迁、任虎编校:《近代中国史家学记》上,上海古籍出版社,2018 年,第 200—202 页。
② 　蒋维乔著,林盼、胡欣轩、王卫东整理:《蒋维乔日记》第 6 册,第 2947 页。
③ 　张耕华主编:《光华大学编年事辑》,第 264—265 页。
④ 　《杨孝达、李勤权订婚启事》,《申报》1941 年 12 月 7 日第 6 版。
⑤ 　蒋维乔著,林盼、胡欣轩、王卫东整理:《蒋维乔日记》第 6 册,第 2983 页。

诚正文学社创立会议议案

日期：中华民国三十一年一月二十七日。

地点：新大沽路永庆坊五十八号。

出席者：吕诚之、耿淡如、孙贵定、蒋竹庄、周其勋（蒋代）。

主席：蒋竹庄。

纪录：姚舜钦。

（甲）报告事项：

蒋竹庄先生报告，为救济失学青年，拟设一学社，使曾在光华大学部文学院肄业之学生，对于纯粹学术上之研究工作不致中断，因此，今日特邀请诸位先生来此共同讨论如何进行办法。

（乙）议决事项：

（一）本委员会应如何组成案。

光华大学沪部业经停顿，文学院一切事宜亟须办理善后，爰由该院院长蒋竹庄先生召集文学院各系主任共商善后事宜，今议决即就到会人组织诚正文学社行政委员会，凡五人，每周开常会一次，遇必要时召集临时会议。本会公推蒋竹庄先生为主席，吕诚之先生为副主席，负责办理对外事宜。社内一切事宜并公推正副主席蒋竹庄先生、吕诚之先生主持办理之，以期收行政上统一调整之效果。

（二）诚正学社主要任务如何规定案。

本社专任办理文学院及理、商两学院各生在文学院必修或选修学程等一切事宜。

（三）本社简章应如何规定案。

照所拟草案略加修正通过。

（四）本社地址应如何择定案。

本社之地址决定设于证券大楼，与理、商学社分区设立，以免人数太多不易管理。

（五）本社行政组织应如何规定案。

本社主要事宜有教务、训育、会计、事务，公推蒋竹庄兼会计，姚舜钦为秘书兼教务，沈延国为训育兼事务，其余职员由主席聘定，暂以三人为限。

（六）本社经济应如何分配案。

一、任课钟点之酬报暂定每小时五元，国、英基本课钟点报酬与其他各课之报酬相同，惟每篇作文得另给酬费，并规定一年级每周作文一次，二年级两周作文一次。

二、委员之酬报俟注册后再议。

三、负责办理行政、事务人员之酬报，主任暂定月薪二百元，职员薪水八十元，膳费另贴。

（七）各期拟开课程应如何规定案。

向在光华大学文学院应开各课概由本社开设，光华文学院学生向来应在理、商学院选习必修，各学程概由格致理、商学社开设，各期应开课程请各委员先分别拟就，交主席整理后公布。

（八）任课教师应如何聘请案。

各课教师由本社负责人尽先担任，各教师概俟报名截止后再行聘定，惟虽经聘定，倘所任学程，以人数不足而不开班，则聘约取销。

（九）议决事项应如何推行案。

上列各条议案，由主席面请张咏霓先生核定后实施，并作为本社嗣后发展之基本要则。

主席：蒋竹庄

纪录：姚舜钦①

---

① 曹辛华、钟振振选编：《清末民国旧体诗词结社文献续编》38，国家图书馆出版社，2015 年，第 215—220 页。

1月28日,诚正文学院发布招生广告。

> 迳启者,本社为使文学院同学继续其学业起见,而设立
> 由该院原有各系主任蒋、吕、耿、孙、周诸教授主持,业经商
> 准学校当局,凡文学院各系同学来社肄业者,得承认其学
> 籍,惟定额有限,且各学程之人数亦有规定,只能依报到学
> 生之先后而定去留,如贵子弟愿在本社肄业,务于二月三日
> 至六日,每日下午二至五时至本社(汉口路证券大楼八楼光
> 华原址)报到,随缴留额金廿元为荷,此致
> 贵家长
>
> 诚正文学社启
> 三十一年一月廿八日①

1月30日,《蒋维乔日记》:"上午周其勋、耿淡如来谈,并交
到外文、政治两系课程表。"②

2月1日,《蒋维乔日记》:"上午开诚正文学社行政委员
[会],决定各系课程。"③先生参会,录会议记录如下:

第二次会议议案
日期:中华民国三十一年二月一日。
地点:新大沽路永庆坊五十八号。
出席者:蒋竹庄、孙贵定、吕诚之、耿淡如、周其勋。
主席:蒋竹庄。
纪录:姚舜钦。

---

① 曹辛华、钟振振选编:《清末民国旧体诗词结社文献续编》38,第
301页。
② 蒋维乔著,林盼、胡欣轩、王卫东整理:《蒋维乔日记》第6册,第
2984页。
③ 蒋维乔著,林盼、胡欣轩、王卫东整理:《蒋维乔日记》第6册,第
2985页。

（甲）报告事项：

蒋先生报告筹备经过。

姚舜钦报告教务事项。

（乙）议决事项：

（一）拟开课程如何决定案，议决照姚舜钦所拟办法通过，嗣后推行时如有困难问题再行讨论。

（二）训育处如何推定主任案，议决公推吕诚之先生兼训育主任，沈延国先生为副主任。

主席：蒋竹庄

纪录：姚舜钦①

2 月 8 日，《蒋维乔日记》："三时在家开诚正学社行政委员会，到孙贵定、周其勋二君，吕诚之由我代表，耿淡如由姚舜钦代表，沈延国亦列席，四时半散会。"②录会议记录如下：

第三次会议议案

日期：中华民国三十一年二月八日。

地点：新大沽路永庆坊五十八号。

出席者：蒋竹庄、周其勋、孙贵定、耿淡如(舜钦代)、吕诚之(竹代)。

列席者：沈延国、姚舜钦。

报告事项：

蒋先生报告学生报到经过。

议决事项：

凡四年级之学生，缺必修科者应至本社继续肄业以补足

① 曹辛华、钟振振选编：《清末民国旧体诗词结社文献续编》38，第221—222 页。

② 蒋维乔著，林盼、胡欣轩、王卫东整理：《蒋维乔日记》第 6 册，第2986 页。

所缺学程,如有特殊情形,由蒋先生会同系主任商量办理。

　　主席:蒋竹庄

　　纪录:姚舜钦①

　　2月17日,太平洋战争爆发前,复旦大学沪校与渝校主要通过香港联络。现香港沦陷,与渝校联系中断。为应付日益恶化的局势,沪校决定成立校务委员会并召开第一次会议,实行集体负责制,成员有:李登辉、金通尹、叶季纯、李权时、顾仲彝、周德熙、耿淡如、应成一、袁际唐、戴岂心、陈科美、施霖。②

　　3月1日,《蒋维乔日记》:"午后三时开诚正学社行政委员会,到孙、耿、周、姚、沈诸君。四时后散会。"③录会议记录如下:

　　　　　　　第四次会议议案

　　日期:中华民国三十一年三月一日。

　　地点:新大沽路永庆坊五十八号。

　　出席者:蒋竹庄、孙贵定、耿淡如、周其勋。

　　列席者:沈延国、姚舜钦。

　　报告事项:

　　蒋先生报告注册经过及学生实到人数。

　　议决事项:

　　(一)第一期预算案,照拟定预算案略就加修正通过。

　　(二)例假是否照放案,例假照放,惟遇星期日,例假不补放。

---

① 曹辛华、钟振振选编:《清末民国旧体诗词结社文献续编》38,第223—224页。

② 《复旦大学百年纪事》编纂委员会编:《复旦大学百年纪事(1905—2005)》,第108页。

③ 蒋维乔著,林盼、胡欣轩、王卫东整理:《蒋维乔日记》第6册,第2990页。

（三）第二期各事如何筹备推进案，议决如下：

（1）三月十六日将第二期拟开学程公布于在校诸生，并函知第一期未复学诸生。

（2）限于三月二十三、四、五日办理缴纳留额金，并填写选课单。

（3）四月一日将决定开班学程及时间表公布，并令学生于四月二、三、四日确定选科，同时领取缴费单。

（4）四月六、七两日办理注册。

（5）不按期缴留额金或注册者，须缴罚金各五元正。

（6）第二期拟开课程及任课教师，请各系主席于三月十日前拟定后，交蒋先生汇齐整理发表。

（四）第二期各项收费是否有增加案，议决照第一期收费。

主席：蒋竹庄

纪录：姚舜钦①

3 月 29 日，《蒋维乔日记》："午后二时开诚正校务行政委员会。"②先生参会，录会议记录如下：

第五次会议议案

日期：中华民国三十一年三月二十九日。

地点：新大沽路永庆坊五十八号。

出席者：蒋竹庄、吕诚之、周其勋、耿淡如（舜钦代）。

列席者：沈延国、姚舜钦。

报告事项：

（一）第一期经济情形。

---

① 曹辛华、钟振振选编：《清末民国旧体诗词结社文献续编》38，第 225—227 页。

② 蒋维乔著，林盼、胡欣轩、王卫东整理：《蒋维乔日记》第 6 册，第 2996 页。

（二）第二期学生报到情形。

议决事项：

（一）第二期学生所缴各费如何规定案，议决学杂费照旧，即日出布告。

（二）第二期教职员待遇如何规定案，议决照蒋先生所拟计划书通过。

（三）第二期决定开班学程如何规定案，议决与各系主任商定开班。

（四）第二期上课时间如何规定案，议决照旧。

（五）第一期不及格学生如何举行补考案，议决俟开学后定期举行。

诚之文学社第二期计画书

日来沪上百物腾贵，法币无形贬值，因之本社教员生活益见困难，理应提高待遇，以减轻生活上之苦痛，惟学生本学期所缴各费之倍于往昔，如再行增加，家长亦多不胜负担，势必使失学者愈见增多，兹就管见所及，试拟一两全之法如下：

一、上课时间。第一期每学分，每周上课三节，每节四十分钟，共计一百二十分。拟自第二期起改为一百十分钟，两小时犹缺十分钟，实际仅减少十分钟，此一百十分钟分为两节上课，每上课一节休息十分钟或五分钟。

二、教员待遇。凡选课学生人数在十五人以上之学程，每小时致送九元，以实足授课时间计算。

凡选习人数满十人以上之学程，每小时致送八元，以实足授课之时间计算。

凡选习不满十人之学程，而该科必须开班，不克展缓者，则令选习该科之学生凑足十人，所纳之学费数目，教员之待遇仍仿第二条办理。

因上课时间较前减少，务请教员补足缺课。如教员不愿补授缺课,则以教员自愿减少酬金论。

因上课时间较前减少,务请教员勿迟到早退,并尽量指导学生课外工作,以补授课时间之不足。

三、职员待遇。院长及系主任之月薪较第一期增加百分之五十。

各主任及职员月薪照旧,视时有无盈余再设法贴补,惟于膳贴方面,每月再增加全膳者八十元。

津贴大中学职员及校工之款照旧,惟本校之校工一人每月增加二十元。

四、收支方面。如第二期人数照旧,所纳费总数与上期同,而于杂支项下,竭力节省削,即不加学杂费亦能使收支勉强相抵。倘有不足,则以第一期盈余项下拨补之。

主席:蒋竹庄

纪录:姚舜钦①

5月6日,《蒋维乔日记》:"四时开行政委员会议。"②先生参会,录会议记录如下:

第六次会议议案

日期:中华民国三十一年五月六日。

地点:新大沽路永庆坊五十八号。

出席者:蒋竹庄、周其勋、耿淡如、孙贵定、吕诚之。

列席者:姚舜钦、沈延国。

报告事项:

蒋先生报告本社近况。

---

① 曹辛华、钟振振选编:《清末民国旧体诗词结社文献续编》38,第228—233页。

② 蒋维乔著,林盼、胡欣轩、王卫东整理:《蒋维乔日记》第6册,第3004页。

讨论事项:

社务如何维持案,议决本社继续进行。

主席:蒋竹庄

纪录:姚舜钦①

5月12日,《蒋维乔日记》:"四时开诚正文学社行政委员会,吕君诚之主张第二期即行结束,因其唱高调,余人亦皆无辞。既而吕君先退,周、耿、孙三人均不赞成吕之说。但余不便对外作代表,后来想请唐君庆增为主席,专任对外;余退为总务长,仍主持内部。缘唐君既为格致学社主席,又早加入大学教育协会,对外极其相宜,遂以电话请唐君来,公推为行政委员兼主席,准吕君诚之辞去本、兼各职,社事乃定,并叫和菜一席,留各人在家便饭,八时后方散。"②录会议记录如下:

第七次会议议案

日期:中华民国三十一年五月十二日。

地点:新大沽路永庆坊五十八号。

出席者:蒋竹庄、孙贵定、周其勋、耿淡如、吕诚之。

列席者:姚舜钦、沈延国。

议决事项:

本社第二期如何结束案,议决定于五月十五日左右结束。

主席:蒋竹庄

纪录:姚舜钦③

---

① 曹辛华、钟振振选编:《清末民国旧体诗词结社文献续编》38,第234—235页。

② 蒋维乔著,林盼、胡欣轩、王卫东整理:《蒋维乔日记》第6册,第3005页。

③ 曹辛华、钟振振选编:《清末民国旧体诗词结社文献续编》38,第236—237页。

5月13日,诚正文学社召开临时会议,先生参会,录会议记录如下:

临时会议

日期:中华民国三十一年五月十三日。

地点:新大沽路永庆坊五十八号。

出席者:唐庆增、孙贵定、周其勋、耿淡如、蒋竹庄。

列席者:姚舜钦、沈延国。

一、公推临时主席案,议决公推唐庆增先生为主席。

二、本社第三期如何处理案,议第三期继续举办,并添聘唐庆增先生为商专主任,并推兼任本社主任,专职办理一切对外事宜。原有本社主任蒋竹庄先生改任本社总务长,吕诚之先生准辞本兼各职。

主席:唐庆增

纪录:姚舜钦①

6月21日,《蒋维乔日记》:"午后三时开诚正行政委员会,讨论三十一年度第一学期各种待决问题。五时散会,即赴张咏霓校长处报告。"②先生参会,录会议记录如下:

第八次会议议案

日期:中华民国三十一年六月二十一日。

地点:新大沽路永庆坊五十八号。

出席者:蒋竹庄、耿淡如、唐庆增、孙贵定、周其勋。

列席者:姚舜钦、沈子玄。

---

① 曹辛华、钟振振选编:《清末民国旧体诗词结社文献续编》38,第239—240页。

② 蒋维乔著,林盼、胡欣轩、王卫东整理:《蒋维乔日记》第6册,第3013页。

报告事项:蒋先生报告第三期经济状况及下年度校舍事宜。

议决事项:

一、本社于三十一年度开始时应如何改组案,议决公推唐庆增先生为本社行政委员,嗣后会议时行政委员轮流主席,唐庆增先生对外负责,蒋先生对内负责。

二、本校招生简章如何拟行案,议决照拟定招生简章稿修正通过。

三、三十一年度第一期课程如何开设案,议决请各系主席开定公布。

四、四年级生请求作报告应如何规定案,议决凡所修得学分不满一百四十学分以上者,不得请求作报告。

五、本学期三期不及格学生如何举行补考案,议决俟三十一年度第一期开始后再定期举行补考,惟四年级毕业生有不及格学程可提前举行补考。

主席:蒋竹庄

纪录:姚舜钦①

7月12日,《蒋维乔日记》:"午后三时诚正行政委员会在余宅开会,议决八月二十七日正式上课,本月二十七日第二次招收新生。五时散会。"②先生参会,录会议记录如下:

第九次会议议案

日期:中华民国三十一年七月十二日。

地点:新大沽路永庆坊五十八号。

---

① 曹辛华、钟振振选编:《清末民国旧体诗词结社文献续编》38,第241—243页。

② 蒋维乔著,林盼、胡欣轩、王卫东整理:《蒋维乔日记》第6册,第3018页。

出席者:蒋竹庄、孙贵定、耿淡如、周其勋。

列席者:姚舜钦、沈子玄。

报告事项:

蒋先生报告第一次招生情形。

议决事项:

一、三十一年度第一期正式上课日期是否须展缓案,议决展缓至八月二十四日,正式上课时间改为每日下午授课。

二、第二次招生如何进行案,议决第二次招生日期定于七月二十七日举行。

主席:蒋竹庄

纪录:姚舜钦①

8 月 18 日,《蒋维乔日记》:"上午蔡君尚思、耿君淡如先后来谈。"②

9 月 27 日,《蒋维乔日记》:"午后二时开诚正行政委员会,到唐庆增、耿淡如、周其勋、孙贵定、姚舜钦、沈延国诸君,决议下期各重要问题,五时始散会。"③录会议记录如下:

第十次会议议案

日期:中华民国三十一年九月廿七日。

地点:新大沽路永庆坊五十八号。

出席者:唐庆增、周其勋、蒋竹庄、孙贵定、耿淡如。

列席:沈子玄、姚舜钦。

---

① 曹辛华、钟振振选编:《清末民国旧体诗词结社文献续编》38,第 244—245 页。

② 蒋维乔著,林盼、胡欣轩、王卫东整理:《蒋维乔日记》第 6 册,第 3025 页。

③ 蒋维乔著,林盼、胡欣轩、王卫东整理:《蒋维乔日记》第 6 册,第 3033 页。

报告事项：

蒋先生报告本社三十一年度第一期学生人数及近况。

议决事项：

一、郭万青、卢桐柏、沈百中、潘其濬、吕寿瑾毕业问题应如何解决案，议决准该生作报告再行核定。

二、三十一年度上学期第二期学历应如何规定案，十月十九、二十、二十一日注册，每迟注册一日须缴罚金壹元，十二月二十九日正式上课，至一月十三日结束，中间放假一周，自十二月三十一日至一月六日止。

三、三十一年度上学期第二期每节授课时间及教师待遇应如何规定案，每节授课时间改为七十五分钟，每学分每周授课一节，十周授毕，至教师待遇，每节致送教薪十五元，以实足时间计算。

四、三十年度上学期第二期学生选读学分数及纳费应如何规定案，议决纳费照旧，一年级生除规定应读学分外，可加选三学分，其他各级学生至少须选读十二学分。

五、三十一年度上学期第二期拟开课程应如何规定案，议决请各系主任开定公布。

六、三十年度上学期第二期招收新生应如何进行案，议决登新闻，而对于商专招生登小广告及分类广告，并招收具有同等学历之选读生，选读学分每期每生只少选读三学分。

七、临时动议案，议决推姚舜钦为本社委员。

主席：唐庆增

纪录：姚舜钦①

---

① 曹辛华、钟振振选编：《清末民国旧体诗词结社文献续编》38，第 246—249 页。

1943 年癸未　先生四十六岁

3 月 31 日,《蒋维乔日记》:"午后三时诚正文学社在余家开社务会议,决定第二期所开功课。"①先生参会,录会议记录如下:

第廿二次会议议案

日期:中华民国三十二年三月三十一日。

地点:新大沽路永庆坊五十八号。

出席者:蒋竹庄、孙贵定、周其勋、唐庆增、耿淡如、姚舜钦、沈子玄。

报告事项:

蒋先生报告三十一年度第一期学生人数及助学金募捐概况。

议决事项:

(一)三十一年度下学期第二期校历如何规定案,定四月廿九日、三十日缴费注册,五月三日正式上课,七月十一日结束。

(二)下期招生事宜应如何办理案,定四月十六、十八、廿一、廿三日分别登申、新两报招生,四月十九至廿四日报名,四月廿五日招考。

(三)下期课程应如何开设案,照各系主任拟开学程公布。

(四)本社附设商科应如何另行筹划案,决定另行筹划。

(五)本社自下一学年起是否须添设法律系案,拟设法

---

① 蒋维乔著,林盼、胡欣轩、王卫东整理:《蒋维乔日记》第 6 册,第 3073 页。

开设。

主席：蒋竹庄

纪录：姚舜钦①

4月25日，《蒋维乔日记》："午后四时约周其勋、耿淡如、姚舜钦、沈子玄来家商议组织立诚号事，至六时方散。"②

6月20日，《蒋维乔日记》："五时在家开诚正校务会议，到孙贵定、唐庆增、耿淡如、周其勋、姚舜钦、沈延国诸君，议决下学期应办各事，留之晚餐，九时后散。"③录会议记录如下：

第二十三次会议议案

日期：中华民国三十二年六月二十日。

地点：新大沽路永庆坊五十八号。

出席者：蒋竹庄、孙贵定、唐庆增、姚舜钦、耿淡如、周其勋、沈子玄。

报告事项：

蒋先生报告三十一年度下学期第二期学生人数。

沈先生报告三十一年度经济情形。

议决事项：

一、三十二年度校历如何规定案，议决每学期分二期，每期上课十周，第一期定八月十九、二十、二十一日注册，八月二十六日上课。第二期定十一月四、五日注册，十一月八日正式上课。

①　曹辛华、钟振振选编：《清末民国旧体诗词结社文献续编》38，第253—255页。

②　蒋维乔著，林盼、胡欣轩、王卫东整理：《蒋维乔日记》第6册，第3079页。

③　蒋维乔著，林盼、胡欣轩、王卫东整理：《蒋维乔日记》第6册，第3091页。

二、三十二年度第一期学程应如何开设案,议决照各系主任拟定学程公布。

三、三十二年度第一期学杂等费应如何规定案,议决第一期文科一年级每期缴学杂费四百元,其他各级学生每期除缴杂费三十元外,每学分纳费四十元,商专每学生纳费三百八十元。

四、商学专修科全部学程应如何规定案,议决请蒋嘉禾先生拟定,再提会通过。

五、法律学系是否于三十二年度开始设立案,议决在政治系中设法律组课程,照耿淡如、李宝森两先生所拟定学程开设。

六、三十二年度招生应如何进行案,议决暑期内招生二次,第一次定七月十二日招考,第二次定八月十五日招考。

七、学生是否须缴留额金案,议决本暑假期内学生免缴留额金。

主席:蒋竹庄

纪录:姚舜钦①

7月25日,《蒋维乔日记》:"午后三时耿淡如、周其勋、江知本、姚舜钦、沈延国来商量立诚号增资改组事。"②

7月29日,《蒋维乔日记》:"六时约耿淡如、周其勋、江知本、姚舜钦、沈子玄、朱公谨在家中聚餐,畅谈至十时方散。"③

---

① 曹辛华、钟振振选编:《清末民国旧体诗词结社文献续编》38,第256—258 页。

② 蒋维乔著,林盼、胡欣轩、王卫东整理:《蒋维乔日记》第 6 册,第3098 页。

③ 蒋维乔著,林盼、胡欣轩、王卫东整理:《蒋维乔日记》第 6 册,第3099 页。

8月,先生出席上海市教职员合作社讨论会,商讨提高教职员生活水平,并提出5点意见。

本市教育界因鉴于教职员生活本系清苦,值此物价高涨之秋,更亟应设法补救,日前教育界名流蒋寿同,曾撰论建议组织本市教职员消费合作社,教育界方面,均表赞同。然为审慎研究起见,于昨日上午召开讨论会,出席有朱斯煌、李权时、周德熙、季英伯、胡介蜂、耿淡如、陈科美、陈松茂、陆兆基、孙绳曾、高懋勋、蒋戴华、潘乐水、戴岂心、顾仲彝等多人,席间对蒋氏宏论均表赞同。①

本月十九日蒋寿同君提出组织"上海市教职员消费合作社"后,先后已获得各方面的赞助。我们本教育者的立场,愿意贡献下列各项意见!

第一,创设永久性的上海市教职员消费合作社以免除中间商人的剥削,那是绝对的需要,尤其是现在。一切物价的高下,都被操纵在囤积投机的商人手里。为要减轻教职员的负担,安定教职员及其家属的生活,合作社的组织非但必需,而且还是一种迫不及待的自卫工作。

第二,正因为这是有关教职员本身的自卫工作,所以我们的立场必须是纯正的,除了解决教职员的生活困难问题以外,再没有其他的目的或副作用。即使是合作社自身应得的积金或利润,也不容许存在。我们的口号是:"每一分钱都用在教职员的身上!"

第三,社员(教职员)的入股,原定每人二百元,除了一百元向学校当局移借外,每一社员都得缴出一百元。这在小学教职员恐怕无力负担,所以在小学教职员方面,我们主

---

①　《教职员合作社　昨开讨论会》,《申报》1943年8月24日第3版。

张减半,而他们的权利应和大中学教职员相同。

第四,为了节省合作社的经营费,调查工作和分配手续可采用学校单位制。即由各学校当局进行调查,领取和分配的工作,合作社方面站在监视的地位。

第五,要从速促成合作社的成立,其步骤可以分为:㈠由报纸暂时划出相当地位,作为组织教职员消费合作社的读者信箱,由读者提出意见,并提出相当地位,作为组织教职员消费合作社的读者信箱,由读者提出意见,并提出筹备人选;㈡一星期后,发表规纳以后的人选,由各校公决;㈢筹备会成立,即先交涉配给及采办证签发事宜;㈣配给或采办如有希望,即办理各校教职员登记及入股手续;㈤向社会人士呼吁募款;㈥开始采办物资并实行配给。

任重致远的教育事业是和民族生命国家前途有着密切的关系。我们不敢自负工作的神圣,但亦不敢轻忽时代的任务。一切外来的人事援助固然非常感激,但是我们不敢轻易地接受,我们愿本自己的力量,由自动的组织来弥补我们生活的缺陷。我们相信全市的市民们一定能赋予最大的同情的。

签署者(以姓氏笔划为序):朱斯煌 李权时 周德熙 季英伯 胡介峰 耿淡如 陈科美 陈松茂 陆兆基 孙绳曾 高懋勋 蒋载华 潘乐水 戴岂心 顾仲彝①

10 月 20 日,《蒋维乔日记》:"五时习剑毕,诚正文学社开会议决下期课程等事,到耿淡如、孙贵定、周其勋、唐庆增、姚舜钦、沈子玄诸君,议毕,留之晚餐,九时半散。"②录会议记录如下:

---

① 《关于教职员消费合作社 本市教育界严正表示》,《申报》1943 年 8 月 24 日第 4 版。
② 蒋维乔著,林盼、胡欣轩、王卫东整理:《蒋维乔日记》第 6 册,第 3114 页。

第二十三次会议议案

日期:中华民国三十二年十月二十日。

地点:新大沽路永庆坊五十八号。

出席者:蒋竹庄、孙贵定、唐庆增、耿淡如、姚舜钦、沈子玄、周其勋。

报告事项:

一、沈先生报告三十二年度第一期收支状况。

二、蒋先生报告本期学生人数。

三、蒋先生报告本期教师上课情形。

议决事项:

(一) 下期校历应如何决定案

十月二十九、三十日注册,迟到罚金,每迟一日须缴罚金五元。

十月八日正式上课。

正月十六日第十周完毕,放寒假。

阳历年假放假三日,自一日至三日。

(二) 下期上课时间应如何规定案,议决自本期起暂行更改如下:

下午第一节自一时至二时零五分

第二节自二时十五分至三时二十分

第三节自三时三十分至四时三十五分

第四节自四时四十五分至五时五十分

(三) 下期课程应如何开设案,议决请系主席拟定公布。

(四) 下期应如何招生案,议决仍登报招生,定十月三十一日招生。

(五) 下期学杂费是否照旧案,议决自下期起更改如下:

文科一年级选读必修学程,每期应纳学杂费共五百元。

文科其他各级学生修学分应纳五十元,另缴杂费四十元。

商科二年级选读必修学程应纳学杂费共四百二十元。

(六)本年度补考事宜应如何决定案,议决在三十二年度第二期中举行补考一次,每补考一门须缴补考费十元。

主席:蒋竹庄

纪录:姚舜钦①

11 月 3 日,《蒋维乔日记》:"五时沈延国、姚舜钦、江知本、耿淡如、周其勋陆续来,会议立诚商号结账事。晚共同聚餐,九时方散。"②

是年,先生撰文介绍光华大学政治系的基本情况。

政治系在光华大学创立时,即已设立,隶属文学院。学生人数一向为文学院中各系之冠,民国二十六年以前,学生人数在一百以内。战争发生以后,光华大学迁到旧租界内,以避敌人之迫害,辗转移到汉口路证券大楼上课。在民国二十七年到三十年,太平洋战争爆发之间,光华大学学生总额超过千人,当时政治系同学达到二百以上。除必修学程外,另开许多选修学程,教授与课程两均完备。到十二月八日后,敌人进入旧租界,光华大学为避免敌伪之威迫,表面上宣告停办。文学院用诚正文学社之名义,继续办理,由蒋竹庄先生担任社长,而故校长张咏霓先生暗中支持。当时一部份教授离散,而学生人数亦锐减。但政治系人数尚在七八十之间,所开学程仍力求完备。在蒋社长领导之下,同

---

① 曹辛华、钟振振选编:《清末民国旧体诗词结社文献续编》38,第 259—262 页。

② 蒋维乔著,林盼、胡欣轩、王卫东整理:《蒋维乔日记》第 6 册,第 3118 页。

人等不避艰苦,勉力支持,渡过难关。在抗战期间,政治系始终未曾间断,毕业人数亦不少。

胜利以后,光华大学重整旗鼓,生气蓬勃。从证券大楼迁至新校舍后,政治系人数大为增加。上学期,计一百四十一人,男一百三十六人,女五人;本学期,计一百四十二人,男一百三十八人,女四人。在本学期学生中,一年级生七十三人,二年级生三十八人,三十年级生十一人,四年级生二十人。所开学程与组别亦较前增多。现在我担任政治原理及西洋外交史,毛以亨教授,担任国际公法,中国外交史,政治原理,胡继纯教授担任中国政府,各国政府,李宝森教授担任民法概要,吕诚之教授担任中国政治史,张天福教授担任行政法。一年以来,无论在课程,设备,及阵容方面,本系均有迅速进步。现拟修改课程,以适合新部章与新时代之需要,并拟添聘新教授,充实图书设备,俾可成为更完备之一学系。①

1944 年甲申　先生四十七岁

1月1日,《蒋维乔日记》:"六时耿君淡如招饮于其家,座有周其勋、唐子倚、蒋佳禾、姚舜钦、沈子玄诸君,九时后归。"②

1月2日,《蒋维乔日记》:"午后三时诚正文学社在余家开校务会议,到耿淡如、周其勋、唐庆增、孙贵定、姚舜钦、沈子玄诸君,六时议毕,陆续散去。"③录会议记录如下:

---

① 耿淡如:《政治系概况》,《光华大学廿二周六三纪念特刊》,第22—23页。
② 蒋维乔著,林盼、胡欣轩、王卫东整理:《蒋维乔日记》第6册,第3131页。
③ 蒋维乔著,林盼、胡欣轩、王卫东整理:《蒋维乔日记》第6册,第3131页。

第二十四次会议议案

日期:中华民国三十三年正月二日。

地点:新大沽路永庆坊五十八号。

出席者:蒋竹庄、周其勋、姚舜钦、耿淡如、沈子玄、唐庆增、孙贵定。

报告事项:

(一)蒋先生报告本期学生人数。

(二)沈先生报告本期经济状况。

议决事项:

一、三十二年度下学期校历应如何决定案。

二月五、六、七日注册,迟到罚金,每迟一日须罚金拾元。

二月十日正式正课。

四月十九日第十周完。

二、三十二年度下学期第一期课程应如何开设案,请系主席拟定公布。

三、学杂费应如何规定案,议决一年级生每期缴学杂费壹千元,其他各级学生每期除缴杂费壹百元外,并须按照所选学分数纳费,每一学分纳学费壹百元,如需用讲义及实验者,应另缴费。选读生每学分纳费壹百元,至少须选三学分。商专一二年级学生每期缴学杂费八百四十元,选修学分与选课生同上。

四、招生事宜应如何进行案,议决定二月四日招考,一月廿九至二月三日报名,报名费定为念元。

主席:蒋竹庄

纪录:姚舜钦①

---

① 曹辛华、钟振振选编:《清末民国旧体诗词结社文献续编》38,第263—265页。

3月29日,《蒋维乔日记》:"三时诚正各系主任来家开社务会议,五时后散。"①先生参会,录会议记录如下:

第二十五次会议议案

日期:中华民[国]三十三年三月二十九日。

地址:新大沽路永庆坊五十八号。

出席者:蒋竹庄、孙贵定、唐庆增、周其勋、耿淡如、姚舜钦、沈子玄。

报告事项:

(一)蒋先生报告三十二年度下学期第一期学生人数。

(二)沈先生报告经济状况。

议决事项:

(一)三十二年度下学期第二期校历应如何规定案,议决先期于四月十、十一、十二日办理注册,四月二十四日正式上课,实足授课十周,下午自一点二十分开始上课。

(二)三十二年度下学期第二期课程应如何开设案,议决照各系主席所开学程公布。

(三)学杂费应如何规定案,议决照旧办理。

(四)招生事宜应如何进行案,议决考期定于四月二十日举行,一周前开始报名。

主席:蒋竹庄

纪录:姚舜钦②

6月18日,《蒋维乔日记》:"十一时往刘君靖基处,渠今日宴请书画家,共五桌,各人均随意挥毫,或合作,或独写。午后三

---

① 蒋维乔著,林盼、胡欣轩、王卫东整理:《蒋维乔日记》第6册,第3149页。

② 曹辛华、钟振振选编:《清末民国旧体诗词结社文献续编》38,第266—268页。

时半余先回,姚舜钦、沈子玄、孙贵定、周其勋、耿淡如已在余宅,即开诚正文学社社务会议,唐君庆增后至。议决下学期学历、学程、学费等各项事件。六时散会。"①录会议记录如下:

第二十六次会议议案

日期:中华民国三十三年六月十八日。

地址:新大沽路永庆坊五十八号。

出席者:蒋竹庄、周其勋、孙贵定、耿淡如、姚舜钦、沈子玄、唐庆增。

报告事项:

蒋先生报告本期学生情形、经济状况及格政改革情形。

议决事项:

一、本社下学期校历应如何规定案,照拟定校历通过。

二、本社文科学生毕业期限如何规定案,以修满应修学分为限。

三、本社文科学生每期所修学分应如何规定案,每学生每期至少须读九学分,至多十五学分。

四、本社文科学生请求作报告应如何规定办法案,嗣后作报告事一律取销,惟遇学程不开班而于毕业有关时例外。

五、本社商专毕业期限应如何规定案,仍以二年为期。

六、本社商专毕业生毕业文凭应如何发给案,照前定办法办理之。

七、三十三年下学期第一期学杂费应如何规定案,文商学杂费同样办理,下学期学杂费照本期文科学杂费暂定加一倍半。

---

① 蒋维乔著,林盼、胡欣轩、王卫东整理:《蒋维乔日记》第 6 册,第 3169 页。

八、三十三年度第一学期第一分期课程应如何开设案，请各系主任拟定公布。

九、募集助教学金应如何进行案，即设法进行。

十、本社应如何改革案，当在可能范围内尽量设法改进。

主席：蒋竹庄

纪录：姚舜钦①

8月12日，《蒋维乔日记》："午后三时诚正文学社各委员来余家开会，议决下学期各项事宜。"②先生参会，录会议记录如下：

第二十七次会议议案

日期：中华民国三十三年八月十二日。

地址：新大沽路永庆坊五十八号。

出席者：蒋竹庄、孙贵定、周其勋、唐庆增、耿淡如、沈子玄、姚舜钦。

报告事项：

蒋先生报告捐款进行经过、招生情形及旧生转学情形。

议决事项：

（一）三十三年度上学期第一期学杂费应如何规定案，议决每期每生选一学分缴学费四百元，并纳杂费五百元。

（二）对于迟注册学生应如何办理案，议决每迟一日，罚二十元，至多以二星期计算。

（三）商专发展问题应如何解决案，议决视注册人数多寡而定。

（四）第二次招生应如何进行案，议决登报招生。

---

① 曹辛华、钟振振选编：《清末民国旧体诗词结社文献续编》38，第269—271页。

② 蒋维乔著，林盼、胡欣轩、王卫东整理：《蒋维乔日记》第6册，第3180页。

主席:蒋竹庄

纪录:姚舜钦①

9月24日,《蒋维乔日记》:"诚正文学社在余宅开委员会,六时散。"②先生参会,录会议记录如下:

第二十八次会议议案

日期:中华民国三十三年九月二十四日。

地址:新大沽路永庆坊五十八号。

出席者:蒋竹庄、周其勋、孙规定、沈子玄、耿淡如、姚舜钦。

报告事项:

蒋先生报告三十三年度上学期第一期学生人数及收入概况。

议决事项:

三十三年度上学期第一期预算应如何规定案,议决依照上学期教职员待遇加三倍分发,职员薪金按月分发,教员薪金每期分二次发给。

主席:蒋竹庄

纪录:姚舜钦③

10月10日,先生与范泉、蒋竹庄、朱公谨、姚璋、顾仲彝、沈延国、钱存川等人发起筹组中国书业公司。④

---

① 曹辛华、钟振振选编:《清末民国旧体诗词结社文献续编》38,第274—276页。

② 蒋维乔著,林盼、胡欣轩、王卫东整理:《蒋维乔日记》第6册,第3188页。

③ 曹辛华、钟振振选编:《清末民国旧体诗词结社文献续编》38,第277—278页。

④ 钦鸿、潘颂德编:《范泉纪念集》,上海书店出版社,2013年,第536页。

　　10 月 22 日，《蒋维乔日记》："十二时李君宝森招饮，座有沈子玄、姚舜钦、孙贵廷①、耿淡如、戴星一、周大池诸君。李君之尊翁研究佛学多年，与余谈颇洽，二时后归。……五时诚正文学社在家开委员会，到孙、周、耿、姚、沈五君，议决下期社中各事宜，六时半散。"②录会议记录如下：

第二十九次会议议案

　　日　期：中华民国三十三年十月二十二日。

　　地址：新大沽路永庆坊五十八号。

　　出席者：蒋竹庄、周其勋、孙贵定、耿淡如、姚舜钦、沈子玄。

　　议决事项：

　　一、三十三年度上学期第二期校历应如何规定案，照所拟校历通过。

　　二、三十三年度上学期第二期学杂费应如何规定案，议决照第一期办理。

　　三、招生事宜应如何进行案，议决定于十一月十四日招生。

　　四、三十三年度上学期第二期课程应如何开设案，照各系主席所开课程公布。

　　五、学生迟注册罚金如何规定案，议决迟注册一日，须缴罚金二十元，并定于十一月二十九日为注册截止期。

　　六、金孟、李寿生请求普通数学一课作报告应如何办理案，议决所请碍难照准。

　　主席：蒋竹庄

---

① "廷"当为"定"。——编者注
② 蒋维乔著，林盼、胡欣轩、王卫东整理：《蒋维乔日记》第 6 册，第 3194 页。

纪录:姚舜钦①

11 月 13 日,《蒋维乔日记》:"上午书业公司发起人借余寓中会议,到朱公谨、朱一桂、耿淡如、钱宜节、江知本、姚舜钦、沈子玄诸君,十二时散。"②

是年,先生因抗战前所写国际问题论文,涉及批判日本帝国主义的侵略言论,遭日本宪兵逮捕,和其长子耿鹏程一同被扣押于日本宪兵司令部,关押审讯 20 余日,后经多方营救才获释。③

1945 年乙酉　先生四十八岁

1 月 4 日,《蒋维乔日记》:"三时至静安寺路郭宅,政治系师生借此地开联欢会,余致训词,耿淡如、李宝森、周其勋、蔡尚思、姚舜钦、沈子元④诸教授相继演说,各学生亦有演说,余兴有平剧清唱,尽欢而散。六时半回家。"⑤

1 月 10 日,《蒋维乔日记》:"六时往刘宅,翰怡之世兄思一于十六日与叔度之小姐习明结婚,于今晚请媒人、证婚人,余为男媒,证婚人张菊生因足生冻疮,未能来,女媒张君咏霓先说能来,结果亦未至,仅余一人居首座,陪客则有耿淡如、周其勋、姚舜钦、沈延国、吕夷伯等。九时归。"⑥

---

① 曹辛华、钟振振选编:《清末民国旧体诗词结社文献续编》38,第 279—280 页。

② 蒋维乔著,林盼、胡欣轩、王卫东整理:《蒋维乔日记》第 6 册,第 3199 页。

③ 耿淡如著,张广智编:《西方史学散论》,第 340 页。

④ "元"当为"玄",后同。——编者注

⑤ 蒋维乔著,林盼、胡欣轩、王卫东整理:《蒋维乔日记》第 7 册,第 3212 页。

⑥ 蒋维乔著,林盼、胡欣轩、王卫东整理:《蒋维乔日记》第 7 册,第 3213 页。

1月14日,《蒋维乔日记》:"诚正教职员在我处开会商议筹募助学金办法,至六时后方散。"①先生参会,录会议记录如下:

第三十次会议议案

日期:中华民国三十四年正月十四日。

地址:新大沽路永庆坊五十八号。

出席者:蒋竹庄、孙贵定、耿淡如、周其勋、周天池、沈子玄、李宝森、姚舜钦。

议决事项:

一、筹募助学金事应如何进行案,议决请蒋竹庄、朱公谨、耿淡如、周其勋、孙贵定、李宝森、周天池、沈子玄、姚舜钦为发起人,邀同教职员、校友及在校学生组织光华大学文学院助学金筹募委员会,积极进行筹募工作。

二、三十三年度下学期校历应如何规定案,议决第一期定于二月十九日、二十日、二十一日缴费注册,二十六日正式上课。

三、三十三年度下学期学生纳学杂费应如何规定案,议决俟下次开会再行讨论。

四、下期招生事宜应如何进行案,议决分二次登报招生,第一次定于二月二日招考,报名费定为二百元。

五、李寿生、李昇平、李戎珍等请求所缺学分在下学期作报告应如何办理案,议决该生等所请各节碍难照准。

主席:蒋竹庄

纪录:姚舜钦②

---

① 蒋维乔著,林盼、胡欣轩、王卫东整理:《蒋维乔日记》第 7 册,第 3214 页。

② 曹辛华、钟振振选编:《清末民国旧体诗词结社文献续编》38,第 281—283 页。

1月14日,中国书业公司约定出版吕思勉的《本国史》、朱公谨的《数学丛谈》和先生的《西洋史》,孔令镜、范泉、司徒宗、锡金、沈子复等合著的《少年知识故事》,将先行出版。①

1月21日,《蒋维乔日记》:"二时余因光华文学院借鸿英图书馆开助学金委员会,先出,至鸿英,三时开会,到本院职教员校友及在校同学约九十余人,议决各人分担劝募以二百万元为目标,每人最低限度认二万元,开会随时开校务会议,决定下期收费,每学分二千元,杂费二千元,六时回家。"②先生参加,录会议记录如下:

第三十五次会议议案

日期:中华民国三十四年正月二十一日。

地址:春山路一四一三号鸿英图书馆。

出席者:蒋竹庄、耿淡如、周其勋、孙贵定、姚舜钦、沈子玄。

议决事项

一、三十三年度下学期第一期学杂费应如何规定案,议决暂每学分学费二千元,每人每期纳杂费二千元,将来视助学金捐款、成绩如何再行核减学费。

主席:蒋竹庄

纪录:姚舜钦③

2月2日,诚正文学社本学期第一期招生。

诚正文学社为光华大学文学院院长蒋竹庄氏所主持,

---

①　《出版界》,《上海生活》1945年第5期。

②　蒋维乔著,林盼、胡欣轩、王卫东整理:《蒋维乔日记》第7册,第3215页。

③　曹辛华、钟振振选编:《清末民国旧体诗词结社文献续编》38,第284—285页。

教授有耿淡如、李宝森、孙贵定、周其勋、顾仲彝、蔡尚思、张耀翔、严荫武、周大池等,系分国文、外文、教育、政治、法律,所得学分,概由光华承认,并发给证件。为辅助清寒学生特设助学金,闻二月二日招生,十九日开学。前往汉口路四二二号该校,索章报命者,甚为踊跃。①

2 月 17 日,《蒋维乔日记》:"午刻到江宅,今日上达兄弟为子请家庭教师,均为我所介绍,故我亦列席,座有朱公谨、蔡尚思、耿淡如、朱璠如六人,二时席散。"②

3 月 12 日,《蒋维乔日记》:"上午十一时往诚正文学社,朱公谨、耿淡如、姚舜钦、沈子元、王有枌、陈锡沾诸君皆在,由王、姚、沈三君备酒菜,在彼小饮畅谈。二时后归。"③

3 月 29 日,《蒋维乔日记》:"上午诚正文学社假我寓中开行政委员会,议决后期招生学程、欠费等事,十二时后散会。"④先生参会,录会议记录如下:

第三十六次会议议案

日期:中华民国三十四年三月二十九日。

地址:新大沽路永庆坊五十八号。

出席者:蒋竹庄、孙贵定、周其勋、沈子玄、耿淡如。

报告事项:

蒋先生报告三十四年度下学期第一期学生注册情形、

①　《诚正文学社招生》,《申报》1945 年 1 月 19 日第 2 版。

②　蒋维乔著,林盼、胡欣轩、王卫东整理:《蒋维乔日记》第 7 册,第 3220 页。

③　蒋维乔著,林盼、胡欣轩、王卫东整理:《蒋维乔日记》第 7 册,第 3224 页。

④　蒋维乔著,林盼、胡欣轩、王卫东整理:《蒋维乔日记》第 7 册,第 3227 页。

学杂费收入及助学金捐款情形。

议决事项：

一、本社下期校历应如何规定案，议决照所拟校历通过，第二期定于十六、十七、十八日缴费注册，五月七日正式上课。

二、下期课程应如何开设案，议决照各系主席所拟课程开设。

三、下期学杂费应如何规定案，议决照第一期学杂费同样办理，每人每期缴杂费二千元，每学分学费二千元。

四、下期学生迟注册罚金应如何规定案，议决每迟注册一日须缴罚金五百元。

五、招生事宜应如何进行案，议决四月二十二日登报招生。

主席：蒋竹庄

纪录：姚舜钦①

4 月 15 日（农历三月初四日），经先生与应功九介绍，宗维恭证明，李文怀与姚绮云在静安寺康乐酒楼举行结婚典礼。②

4 月 21 日，《蒋维乔日记》："上午和耿君淡如《狱中口占》二绝句诗，并为写一小幅。"③

7 月 1 日，《蒋维乔日记》："五时约诚正文学社各系主任在家开会，决定下学期继续办理，并核定应开各学程，六时后散。

① 曹辛华、钟振振选编：《清末民国旧体诗词结社文献续编》38，第 286—288 页。

② 《李文喆、姚轩宇为舍弟文怀次女绮云结婚启事》，《申报》1945 年 4 月 13 日第 2 版。

③ 蒋维乔著，林盼、胡欣轩、王卫东整理：《蒋维乔日记》第 7 册，第 3232 页。

晚毕业生周尧卿之父德新先生邀请晚膳,座有沈君飚民父子、耿淡如、姚舜钦诸君,九时后归。"①先生参会,录会议记录如下:

第三十七次会议议案

日期:中华民国三十四年七月一日。

地址:新大沽路永庆坊五十八号。

出席者:蒋竹庄、李宝森、沈子玄、姚舜钦、孙贵定、耿淡如。

报告事项:

蒋先生报告三十三年度下学期第二期学生注册情形及收支状况。

议决事项:

一、下学期本社是否继续开办案,议决下学期仍继续开办。

二、本社下学期是否仍分二期授课案,议决仍分二期授课。

三、本社下学期校历应如何规定案,议决第一期定于八月廿、廿一、廿二日注册,八月廿四日正式上课,九月九日注册截止。

四、下学期第一期课程应如何开设案,议决请各系拟定公布。

五、下学期第一期学杂费应如何规定案,议决俟八月十日左右开会再行议定通知学生。

六、下学期学生迟注册罚金应如何规定案,议决每迟一日罚壹千元。

七、招生事宜应如何进行案,议决仍登报招生,第一次

---

① 蒋维乔著,林盼、胡欣轩、王卫东整理:《蒋维乔日记》第 7 册,第 3245 页。

定七月十六日招生。

　　主席:蒋竹庄

　　记录:姚舜钦①

7月8日,《蒋维乔日记》:"十一时往贺张君咏霓七十寿,遇诚正同人甚多,乘间与李宝森、耿淡如、容启肇、姚舜钦商议新设法律系备照大学组织,只有添设法学院,以文学院政治系、商学院经济系并入方可措词,十二时回。"②

8月12日,《蒋维乔日记》:"午后四时约诚正各委员开会,讨论光华恢复校名等问题。"③先生参会,录会议记录如下:

第三十八次会议议案

　　日期:中华民国三十四年八月十二日。

　　地址:新大沽路永庆坊五十八号。

　　出席者:蒋竹庄、耿淡如、孙贵定、沈子玄、姚舜钦。

　　报告事项:

　　蒋先生报告筹募经济经过及校务概况。

　　议决事项:

　　一、上学期学生成绩应如何附函分发案,议决将上学期成绩即行附函寄发。

　　二、下学期应如何开办案,议决下学期筹备恢复光华大学,开学日期势不得不展缓,容侯详细决定再行通告学生家长。

---

① 曹辛华、钟振振选编:《清末民国旧体诗词结社文献续编》38,第289—291页。

② 蒋维乔著,林盼、胡欣轩、王卫东整理:《蒋维乔日记》第7册,第3247页。

③ 蒋维乔著,林盼、胡欣轩、王卫东整理:《蒋维乔日记》第7册,第3253页。

　　　主席:蒋竹庄

　　　纪录:姚舜钦①

　　8月,抗战胜利后,先生帮助复旦大学校长章益合并沪渝两校。据张广智说:

　　　今又览读史老张的《相辉》一书,其中《登辉堂建造:被淡忘的校长日程》一文,记载了耿师助章益校长合并沪渝两校之轶事,顿时让我眼睛为之一亮。这则史料或许只是正规校史之轶事,但却是耿师与复旦共克时艰的一个缩影。

　　　史载:1943年春,章益在重庆北碚夏坝任国立复旦大学(时称"渝校")校长。1945年8月抗战胜利后,亟待复员返沪,沪校与渝校合并,接收沪校校产。

　　　章益视耿淡如为挚友,为合并江湾校产,先来咨询淡如兄的意见。他知道对方深得李登辉校长的器重,时任沪校政治系主任。

　　　章耿联袂,此行非常成功,沪渝两校即合并,校产由返沪的国立复旦大学顺利接收。②

　　9月4日,《蒋维乔日记》:"午后二时赴光华办公,光华自复校后气象不同,此番招考,来学者颇多,今日与朱公谨、容启兆等商定开学日期及收费数目,又约耿淡如、李宝森二君来商定法学院立案事。"③

　　10月,上海市文化运动委员会筹设上海市大学教授联合会,聘定先生等23人为筹备委员。

_____

① 曹辛华、钟振振选编:《清末民国旧体诗词结社文献续编》38,第292—293页。

② 张广智:《耿师轶事》,《文汇报·笔会》2023年8月30日第7版。

③ 蒋维乔著,林盼、胡欣轩、王卫东整理:《蒋维乔日记》第7册,第3258页。

上海市文化运动委员,为积极开展沪地教育之复员工作,并谋教育界同人之福利起见,已呈准市党部,先行筹设上海市大学教授联合会,并聘定李登辉、朱公谨、金通尹、樊正康、陈高傭、耿淡如、蒋维乔、鲁继曾、张耀翔、唐文治、蒋寿同等廿三人,为筹备委员,定于本月七日在蒲石路杜美新村十一号,开第一次筹备会议。①

10 月 6 日,先生在《正言报》副刊第 4 版《国际评论》上发表《何谓国际政治》一文,拉开了先生在《正言报》发表社论的序幕。

吴绍澍和中共地下组织吴克坚接上了关系,接受了党的领导。吴绍澍认识到,要办好一张报纸,依靠共产党,转向人民,才有生命。

此后,吴绍澍即在《正言报》内进行了改组。先是建立社论委员会,由徐铸成担任总主笔,耿淡如、我、霓文宙、鲁莽等轮流撰写社论,内中不少社论宣传了中共的主张。同时革新版面,大量采用中共地下党员转来的揭露国民党在农村强行征兵、征粮和战争溃败、经济崩溃等消息。这样一来,《正言报》的日销量又扶摇日上,达到五万份左右,保住了仅次于《新闻报》、《申报》、《大公报》后的上海第四大报的地位。②

曾有学生对先生撰写国际关系的文章如是评论:

老师阅读书籍和资料均很精细,分为重要、次要和一般性,以红蓝线标明。撰写文章必多方考虑,作出纲要,落笔

---

① 《文运会筹设教授联合会》,《正言报》1945 年 10 月 5 日第 2 版。
② 薛璀:《吴绍澍主持〈正言报〉反蒋内幕》,钱今昔著,钱颖编:《花与微笑:钱今昔文存》,上海三联书店,2014 年,第 366 页。

迅速,初稿之后,审阅再三,细读为止。其观察明确,别有见地,对今之研究国际关系者尚有参考之价值。①

10 月 7 日,上海市大学教授联合会召开筹备会,先生与会。

上海市大学教授联合会,于昨日午后三时举行第一次筹备会议,出席者,鲁继曾、金通尹、傅统先、张隽青、陈科美、叶启发、叶秀纯、蒋寿同、李登辉、储玉坤、陈高傭、樊正康、朱元鼎、蒋维乔、耿淡如、朱公谨、顾仲彝、张耀翔等二十三人,公推李登辉为主席,首由陈高傭报告筹备经过,继通过议案多件,(一)公推金通尹、张隽青、陈高傭、叶启发、蒋寿同五人为起草委员,负责起草章程。(二)规定会员资格,凡有教授资格,不论现任或曾任,经审查合格者,均得为会员。(三)决定本月十四日下午二时召集第二次筹备会议,最后由中央组织部驻沪专门委员兼教育部战区教育指导委员会委员林尹氏致辞,报告教育部大学教育方针,并说明该会组织之重要。②

11 月 1 日,先生发表文章《对日之思想缴械工作》。③
12 月 25 日,先生撰文《从惩办奸逆说起》,文言:

在八年抗战期间,不知有多少大小奸伪出现,觍颜事仇。一部份为了目光短浅,认识不清,以致误入歧途,一部份为了生活所迫,投入圈子,挺而走险,一部份为了淫威煎熬苟全生命,明知故犯,更有一部份为了利欲熏心为虎作伥以图一时之快意。这些奸逆份子虽情节与动机容多不同,论罪处罚,应有差别;但对于民族,对于国家之不忠不爱,原

①   耿鹏程等编:《耿淡如先生国际论文集》,2000 年,后记。
②   《大学教授联合会昨开筹备会》,《正言报》1945 年 10 月 8 日第 2 版。
③   耿淡如:《对日之思想缴械工作》,《平论半月刊》1945 年第 4 期。

无二致。

在战争时期,任何国难免有奸逆份子之出现,所以任何国都制定严刑峻法以防止之,以惩处之。这些份子但图一己之利而置民族国家于不顾;初或尚受良心之谴责,畏道畏尾。但经时期稍久,恬不知耻,甚至假借敌势,以欺凌同胞,以搜括肥己。这种奸伪,国人皆曰可杀。在这次战争中,交战国间都有奸伪份子出现。法国民族,素以爱国著称,尚属难免,而其他遑论已!但在中国奸伪份子比任何国为多,也是无可否认的事实!

中国士大夫阶级一向以气节相崇尚,忠君爱国相标榜,这是立国之精魂。中华民族能有这样悠久历史者,能数次受外族之控制而得到解放者大部就赖于此一点气节风尚而已!这种风尚不尽限于士大夫阶级,并已渗入于民众心理而变为民众情绪。历史上忠勇义烈事件不知凡几,均为这种潜伏情绪之发扬表现。自民国以来,忠君观念虽已失去对象,但爱国观念,却未曾稍减。外人曾企图抑止中国人之解放运动,但终未如愿者,以不能打破中国人之气节观念与爱国心绪,这是中国人之精神防线。但在这次长期战争中,何以尚有这一大批的奸逆份子,何以气节风尚好似被敌人炮火所轰毁而消失了呢?此则由于民族爱国心之新基础尚未臻于巩固之境吧!

所谓气节者不肯屈膝事仇,不肯为非作恶,并保持正义而维持节操,其消极方面的含义,固多于积极方面。同时原有忠君爱国观念亦已生动摇,因为过去在专制时代君即是国,忠君即是忠国,但现在则不然,应以效忠于民族之观念以替代过去的观念!所以民族爱国心,应认为国家之精魂使成为抗敌御侮之动力。总之,民族爱国心即是民族主义的爱国心。

　　爱国心是旧有观念,自古存在,但民族观念为新兴的民众情绪。这是由于同一语言,宗教,血系,及共同历史等所联系而成之集团同感。爱国心加着民族感即是民族爱国心。这种心理使个人感觉对于国家的忠心高于一切忠心,并深信其国家之优越性与其所负之使命。近代民族主义已从理智方面创立玄妙理论,从想像方面建造永远的过去与永远的将来之可爱的世界,从情绪方面养成信任与孝爱的情愫。这种情感可坚定国民之意志,使不为威屈,不为利诱,不动不摇而做了一个顶天立地的国民;藏诸内心,现于行动,均属民族爱国心之放射光芒。蒋主席在北平训示青年词中,有"忠于国家,孝于民族"之格言。忠孝原为国人之传统的一般的美德。在过去忠孝之对象为君主与父母,而现在把忠孝情绪转移到国家与民族方面,这可以说是民族爱国心之基础。这种心理发于行为即为捍卫国土之壮烈行为,即为宁死不屈之忠贞行为,这是国家之无价宝物,国族永存之惟一砥柱。所以忠于国家,孝于民族,即是民族爱国心之最好的解释。

　　总之,在消极方面,我们果然应惩办奸逆,以儆来兹,而在积极方面,更应提倡民族爱国心,以坚固对国家之忠心。万一再有大风暴雨之来临,中国不致如今次有这些大批随风飘荡之败草腐叶,把光洁的民族大纛沾着污点呀![1]

1946 年丙戌　先生四十九岁

　　是年,先生任复旦大学政治学系专任教授兼系主任。[2]

---

[1]　耿淡如:《从惩办奸逆说起》,《新时代》1945 年第 1 卷第 6 期。
[2]　复旦大学档案馆:复旦大学教职员名册 1946 年,档案号:历史档案 2695。

1月20日，《建国》月刊创刊号出版，主编为沈清。先生在该期发表《海峡问题的剖视》，余日宣发表《中国需要强有力的外交》，倪文宙发表《伊朗内政外交史略》，中原发表《苏联的建国工作》，谢山发表《汇率之检讨》。该期《编者·作者·读者》有言：

> 倪文宙先生是原地专家，耿淡如先生是复旦大学政治系主任，余日宣先生是沪江大学政治系主任，他们对于这些题目都是研究有素的。

> 耿，倪，谢，中原四位的文章，如果在出版之前海峡问题，伊朗问题获得解决，汇率和苏联的五年计划被公布，则他们将要减少吸引力了；但问题亦仅止于此，事实上各该文章的内容（尤其前三者）并没有时间性，同时我们也深深地希望那些问题早日解决，使可怜的，被累得莫名其妙的老百姓早日得到平安。

1月20日，复旦大学政治学会编印《政治系刊》，先生撰写《发刊语》，文言：

> 在这遥遥八年的抗战期间，我国家经过艰苦奋斗，得到了光荣的胜利。我复旦，在李老师领导之下，亦尽学府所应尽的责任，不断地培养一批一批青年，为国努力。自抗战军兴后，我复旦总校离沪内移，辗转到北碚定居，而我们留沪同人，允留沪同学之请求，设立补习部，以尽继续训导青年之责任，不使他们误入歧途；但为此，曾受了不少威迫的痛苦！

> 我复旦素被敌方认为"抗日大学"。的确，反侵略主义，早在复旦园地，发育滋长得特别坚固繁茂！任何疾风暴雨不能把它摧毁的！现在已有事实的证明。这是敌人所以对于我上海复旦部份之注意与威迫，比对任何大学为多，而对

于政治系更比任何系为甚。这是当然的,也是确然的事件!

提起政治系,我们不能不追念前主任孙寒冰先生!孙先生学思深邃,识见高超,不仅有学者的风度,且有政治家的气概。不幸,于二十九年在敌机滥炸北碚时,死于非命!渝沪两校同深悼惜!孙先生之死亡为政治系之损失,为复旦之损失,更为国家社会之损失!在孙先生死后,我奉李老师之命,主持政治系,以承其缺,黾勉从事,不觉已五六年矣!

在这时期,我们好似行舟在汪洋大海,遇到了惊风骇浪,天翻地覆,船身动荡不定;但船长舵工以及舟子乘客,均能临危不乱,抱宁覆不退之决心,照着原定航线,不顾危险,向前冲进!现在风平浪静,海天清朗,检视船上复旦大纛,果然没有受到一丝污点,光洁如前!我政治系就是这批饱受危险的船上之一部份人员,而所经营的苦楚风味却超越于其他人员,因为我们站在船头,首当风浪之冲,又为敌人所最注意之标的。

敌人原不仅企图在军事上压迫我方,并企图在思想上征服我方!我复旦政治系,在这沦陷时期,所负的使命是:进行思想上的抗战,训练坚强意志,忠贞行为的青年,不作随波逐流之想,而抱众醉独醒之愿。所以敌人当然不肯放松,政治系中有几位青年曾被敌宪拘禁刑审,而我也为此吃了五天"洋官司"!

现在抗战已胜利了,风潮已平静了,总校将返沪了,复旦就有了更光明灿烂的前途!在这乐观情态中,我上海部份政治系同学请求出版系刊,一方面练习写作,一方[面]留为抗战期之纪念,用意良善,我极赞同。我常说政治系同学应具四种特长,——能思,能写,能言,能行。这些特长均须有适当的训练,出版系刊是为思想写作方面之一种应有的练习,我政治系同学现在人数已在二百以上,其中有很多有志有为之青年,提倡自由研究之风,除政治学会外,另创立宪政,国际问题,行政效率,政治思想等研究组;这些我认为是学府中之一种前进的好现象。

政治学是社会科学的一种,我们要怎么样研究得好,怎么样可以解决实际问题,尤其在现在国内纷纷地一般要求民主化的政治局面中,凡我政治系人员,更有努力研究的必要。固然闭门造车,未必出能合辙,但是,他山之石可以攻错。这是我们自己应该勉励的地方。我们不求收获,但望耕耘,这个小小的自由园地,希望好好地爱护它,多多地培植它,不患它没有发荣滋长的一日!①

2 月 23 日,为增进福利联络感情,先生与王国秀等人发起成立的上海市大学教授联合会举行第一次筹备会。

本市大学教授王国秀、王成组、余日宣、胡祖荫、林汉达、李宝森、周长宁、耿淡如、孙贵定、张耀翔、陈科美、陈青士、傅统先、黄式金、黄嘉德、刘咸、刘大杰、彭文应、应成一、潘健卿、蒋载华等二十一人,发起为增进福利联络感情组织上海市大学教授联合会,于昨日(二十三)下午在中国科学社召开第一次筹备会。到会者有约翰、之江、东吴、复旦、光华、沪江、大夏、震旦、临大、新专等十五单位,约四五十人。当时公推之江大学教授刘大杰为临时主席,报告初步筹备经过,继由彭文应、王国秀、林汉达、黄式金、陈科美、胡祖荫等发表意见,某教授以上海市小学教师进修会,职业保障会,中等教育研究会为例,说明大学教授为自身福利职业保障,应从速组织大学教授联合会,大规模征求会员,使大学教授亦有类如之组织,到会者热烈赞助此种建议,当时即推定各校一

---

① 《发刊语》,《政治系刊》1946 年创刊号。

人,组织筹备委员会,扩大征求会员运动,并定三月三日开成立大会,闻会员资格以教授、副教授及讲师为限。①

2月28日,大学教授联合会筹备工作业已就绪。

> 上海市大学教授联合会,自李登辉、金通尹、鲁继曾、耿淡如、张耀翔、张隽青、左任侠、孙贵定、陈高傭、傅统先、叶秉孚、叶启发等名教授发起以来,积极筹备,已逾月余,并已向主管机关备案,现闻筹备工作业已就绪,不日即行成立。②

3月3日,上海市大学教授联合会借杜美新村11号举行临时筹备会,先生与会。

> 上海市大学教授联合会,昨假杜美新村十一号,举行临时筹备会,出席者,有金通尹、孙贵定、鲁继曾、左任侠、张耀翔、陈高傭、耿淡如、叶秉孚、叶启发、李熙谋、储玉坤、张隽青等。议决定于三月十日开成立会,会员用介绍方法加入,对于其他各种教授团体组织,皆以友谊态度协助,使其发展。③

3月10日,上海市大学教授联合会举行成立大会,先生与会。

> 本市大学教授为研究专门学术,沟通中外文化,提高教育效能,倡导社会正义起见,曾发起组织大学教授联合会,昨日下午二时,假霞飞路晓光中学,举行成立大会,到大学教授六十余人,金通尹任临时主席。说明该会组织宗旨。

① 《本市大学教授筹备联合会》,《申报》1946年2月25日第5版。
② 《大学教联会即成立》,《申报》1946年2月28日5版。
③ 《大学教授开会　本市大学教授联会开临时筹备会》,《申报》1946年3月4日第5版。

并由陈高傭、鲁继曾报告筹备经过。最后修正章程,选举金通尹、鲁继曾、陈高傭、张隽青、孙贵定、傅统先、李熙谋、左任侠、储玉坤、褚凤仪、陆耀翔、耿淡如、叶启发、蒋维乔、李登辉等十五人为理事,胡祖荫、何仪朝、陈科美、吴浩然、姚舜钦等五人为监事。并经大会议决,对外发表言论,须经会员大会通过。①

3 月 12 日下午,上海市大学教授联合会召开第一次理监事联席会议,先生等被选为常务理事。《申报》刊有报道一则:

> 上海市大学教授联合会,昨日下午三时,假社美新村十一号,开第一次理监事联席会议,出席者蒋维乔、李登辉、陈高傭、金通尹、傅统先、张隽青、胡祖荫、鲁继曾、储玉坤、叶启发、褚凤仪等二十余人。金通尹主席,报告会务。继即推举常务理事,结果,金通尹、鲁继曾、陈高傭、耿淡如、孙贵定当选,并推金通尹为常务理事会主席。旋议决设立学术研究委员会,及消费合作社筹备委员会,推傅统先、左任侠、何仪朝、邵家麟、张隽青、韩闻洞、褚凤仪七人为学术研究委员会委员,由傅统先为召集人。推胡祖荫、韩闻洞、吴浩然、姚舜钦、叶启发五人为消费合作社筹备委员会委员,由叶启发负责召集。至于会员登记,限三月底办理完毕。并悉该会英文名称,简称为 FUPS 云。②

4 月 24 日,《顾颉刚日记》:"季西园、刘钟宝来,为写应成一、耿淡如信。"③

---

① 《大学教联会　昨正式成立　选出理监事廿人》,《申报》1946 年 3 月 11 日第 2 版。
② 《大学教联会　推定常务理事》,《申报》1946 年 3 月 13 日第 4 版。
③ 顾颉刚:《顾颉刚日记·五(1943—1946)》,台湾联经出版公司,2007 年,第 646 页。

4月29日,经金友信、蓝以襄介绍,陈钟达证明,先生长女耿慧光与杨倬云侄子杨百縠在沪订婚。①

是年7月至1949年5月,先生兼任上海法学院教授。②1946年度下学期兼任教授,授课政治学上D3、世界通史上3,1947年第一学期成为专任教授,主讲世界通史上A3甲,下3,政治学下B3,第二学期专任教授,政治学上A3,世界通史上B3、下A3、上A3,1948年第一学期专任教授,主讲世界通史上A3,上H3,下A3,第二学期主讲世界通史上A3,下A3,下H3。1949年开设课程世界通史上A3,各国政治史上A3,但是先生未应聘。③

7月2日,《蒋维乔日记》:"十时往鸿英,约耿君淡如来馆谈光华方面拟请耿君辞复旦主任,专就光华政治系主任事,谈半小时别去。"④

7月4日,《蒋维乔日记》:"午后三时至光华接洽事件,适遇耿君淡如,与之商定下学期政治系功课,四时后归。"⑤

7月28日,经朱养源、王逸亭介绍,先生为证明人,刘朱福俊与王琪珍在沪订婚。⑥

——————

①　《杨倬云、耿淡如为舍侄百縠、长女惠光订婚启事》,《申报》1946年4月29日第6版。
②　耿淡如著,张广智编:《西方史学散论》,第341页。
③　李少辉:《耿淡如史学研究》,华东师范大学硕士论文,2018年,第92页。
④　蒋维乔著,林盼、胡欣然、王卫东整理:《蒋维乔日记》第7册,第3325页。
⑤　蒋维乔著,林盼、胡欣然、王卫东整理:《蒋维乔日记》第7册,第3326页。
⑥　《刘朱葆真、王杏元为五男福俊、次女琪珍订婚启事》,《申报》1946年7月29日第1版。

是年下学期起,先生任复旦大学政治系主任。①

夏,黄永年考取复旦大学时有一场口试,他的回忆中提到先生:

> 1946 年夏天报考了不收学费的国立复旦大学文学院史地系。当时的办法和今天高考不一样,笔试发榜录取后还要进行一次口试。因为不知道会问点什么东西,加上和系主任周谷城先生初次见面,未免有点紧张,可周先生却像谈家常一样,问我是否认识耿淡如先生。原来当时考生怕阅卷的先生马虎打低了分数,影响录取,往往托个熟人写封信关照,这在今天自属不宜,当时却认为无伤大雅,因为如果成绩真差还是取不上的。当时耿淡如先生兼任复旦大学和私立光华大学的政治系教授(好像还是系主任),我就请光华的历史系主任、抗战时我上高中的老师吕诚之(思勉)先生给耿先生写了封信,让耿先生向周先生打听一下成绩,所以周先生会这么问。我老老实实地说:"我不认识耿先生,只是考前曾请吕诚之先生给耿先生写过信,我送信去时耿先生不在家,我留下信不曾再去过。"周先生接着说:"你考得很好,国文卷子是中文系主任陈子展先生看的,给你打100分,陈先生还和我开玩笑,要我把你让给他的中文系呢!"我当时虽已二十一岁,还拙于言辞,受了意外的夸奖心里只是一阵高兴,却想不出合适的话继续谈下去。一场口试就在轻松愉快中结束。②

8 月 14 日,驰遥在《和平日报》上写有《耿淡如先生》,录之如下:

　　复旦大学的政治系主任耿淡如先生,该是最享盛名最有人缘的教授了。无论是谁只要和他谈上一小时就可知道他的为人:和蔼可亲。他的印象是不易泯灭的。

　　耿先生,是瘦个子,头发微秃,走路缓慢,终年不穿西装。他的态度,作风和他的职务再适合也没有了。谈话时从不武断,凡事三思而行,俨然大政治家风度!

　　耿先生授课的精神也是令人钦佩的,他那谆谆不休的教导,务必使学生都能为国家创造一番事业。上课后他还肯很清晰地解释给我们听我们所不懂的地方。还有一点是值得一提的,就是他授课时从不用书本,以惊人的记忆力,背诵出一本厚厚的笔记,并且这本笔记在这一学期是如此几个字,在下一学期也是如此一个字,没有遗漏,没有补充,像留声机一般的明白。

　　可是你别以为耿先生是一个十足的好好先生,假使你上过他的课,你就知道他的分数是扣得再紧也没有了,八十分已是难得,所以一般学生在亲爱之外还带着恐惧之心。①

秋,李冰封考入光华大学,他曾回忆到学校的师资情况,他说:

　　四六年秋考进光华,——我是进文学院的,当然首先注意文学院有哪些老师开了什么课。当见到课表上有吕思勉先生、郭绍虞先生、蒋维乔先生、蔡尚思先生、周煦良先生、王蘧常先生以及教社会学的应成一先生等等开的课程时,心里就有一种十分踏实的感觉——正式上课了,教我们大

---

① 驰遥:《耿淡如先生》,《和平日报·学生生活》1946 年 8 月 14 日第 7 版。

一国文的是赵善诒先生,教大一英语的是徐燕谋先生和谢大任先生,教中国通史的是杨宽先生,教政治学原理的是耿淡如先生,——他们都是当时第一流的大学基础课教师。他们教给我的知识,教给我的学习方法,到今天,有时还在起作用。①

8月至1947年9月,先生兼任上海诚明文学院教授。②

9月18日,复旦大学沪、渝两校合并完成,各院系主任重新确定,先生为政治学系主任。③

12月,先生在讲授政治原理课时,教室突然漏水。

上周末,政治原理甲组在四楼上课,耿淡如教授正讲得起紧,学生听得有味时,突然听到水击声音,好像有数人在小便一样,大家初则惊奇,既则大笑。原来这只教室本来是日本人的实验室,在讲台之两旁边,装有自来水龙头两只,大约是个洗手用的,不知是谁把这龙头开了。起先因为下面在用水,所以说汲不上来,后来下面水不用了,水位上升,于是自来水脱管而出,双管齐下,琅琅之声,惊动座客,有人即时云,教室本是读书地,不停诵音闻水声!④

12月6日,先生等致函卫生局,请求疏通粪道。

迳启者,敝□粪道忽于昨日阻塞,致抽水马桶不堪应

① 李冰封:《怀念母校》,光华大学校友会编:《光华的足迹——光华大学建校七十周年纪念集》,1995 年,第 173—174 页。
② 耿淡如著、张广智编:《西方史学散论》,第 341 页。
③ 《复旦沪渝两部即合并　重要人事调整就绪》,《正言报》1946 年 8 月 3 日第 5 版。
④ 果园:《光华二三事》,《正言报》1946 年 12 月 8 日第 5 版。

用,为特函祈贵局立即派员前来清除,以重卫生,实为公便。

此致

卫生局

> 天平路 288 弄
>
> 四号谢友庵　七号耿淡如
>
> 十二月六日①

12 月 6 日,《蒋维乔日记》:"晚施君孔怀招饮于杏花楼,因其世兄后日结婚,请我为证明人也。座有耿君淡如为男媒,李君宝森为女媒。尚有高叔安、赵祖康诸君,九时散归。"②

12 月 8 日下午 3 时,经先生、李宝森介绍,施云湘与杨柯惕女士在国际饭店举行婚礼,下午 6 时在蒲石路华懋公寓 1 楼举行喜宴。③12 月 7 日,《蒋维乔日记》:"午后至鸿英,写对联四付,其中一喜联乃赠与施云湘、杨柯惕者,二人在光华大学政治系同学,明日结婚,请我为证明人,故送以联。联云:'回首胶庠同学而今同梦,投身政海治国先在治家。'跋云:'云湘、柯惕二君同学于光华,毕业结为夫妇,为师长者教而能育,喜可知矣。'颇含诙谐意味。"④12 月 8 日,《蒋维乔日记》:"午后二时半至国际饭店为施云湘、杨柯惕结婚,为作证明人。五时行礼,余有演说。五时半回。"⑤

---

①　上海市档案馆:天平路 288 弄居民耿淡如等关于请派工疏通粪坑事宜的呈、上海市卫生局清洁所关于查办情况致环境卫生所的函及上海市卫生局致耿淡如的笺函,档案号:Q400-1-3503-9。

②　蒋维乔著,林盼、胡欣轩、王卫东整理:《蒋维乔日记》第 7 册,第 3360 页。

③　《施孔怀为长男云湘结婚启事　杨欧阳笙为长女柯惕结婚启事》,《申报》1946 年 12 月 7 日第 6 版。

④　蒋维乔著,林盼、胡欣轩、王卫东整理:《蒋维乔日记》第 7 册,第 3360—3361 页。

⑤　蒋维乔著,林盼、胡欣轩、王卫东整理:《蒋维乔日记》第 7 册,第 3361 页。

12月31日,上海市卫生局清洁所致函上级部门报告工作进展。

> 贵处移来天平路288弄居民耿淡如等函请清除粪道一案,嘱查办见复等由,准此经本所饬属于本月二十六日派员前往清除完毕,相应检附原件,复请查照为荷,此致
> 环境卫生处

> 上海市卫生局清洁所启
> 十二月卅一日①

1946至1947年间,吕思勉应先生邀请,在复旦大学法学院讲授中国政治思想史。②

1947年丁亥　先生五十岁

是年,先生任复旦大学政治学系专任教授兼系主任,讲授政治学和西洋外交史。③

1月1日上午10时,经先生与陈高傭介绍,章益为证明人,吴傅甲与殷佩秋在新生活俱乐部举行订婚典礼。④

1月10日,《蒋维乔日记》:"晚,光华本届毕业生十五人在沙利文宴请师长,余往参加,到朱校长经农、容启兆、陈青士、岑德彰、耿淡如、孙贵定、周一良、毛以亨、李宝森、张祖培、姚舜钦、

---

① 上海市档案馆:天平路288弄居民耿淡如等关于请派工疏通粪坑事宜的呈、上海市卫生局清洁所关于查办情况致环境卫生所的函及上海市卫生局致耿淡如的笺函,档案号:Q400-1-3503-9。

② 李永祈、张耕华:《吕思勉先生年谱长编》下,上海古籍出版社,2012年,第805页。

③ 复旦大学档案馆:复旦大学教职员名册1947年,档案号:历史档案2695。

④ 《吴家锡、殷一亭为长侄傅甲、长女佩秋订婚启事》,《申报》1947年1月1日第8版。

沈延国诸君,自校长、院长、系主任皆有演说,九时归。"①

1月17日,光华大学奉教育部令,组织训育委员会,先生被聘为委员。

迳启者:

奉教育部卅五年十二月十一日训字第三七九五四号训令,略以训育制度中导师制有名无实——经缜密研讨,决定全国专科以上学校于训导处之外设置训育委员会等,因自应奉令组织,兹聘请台端为本校训育委员会当然委员、委员。照录教育部令暨训育委员会组织要点,随函送请查照。至祈俯允担任为荷。此致

当然委员:朱校长经农 朱副校长公谨 廖副校长茂如 容训导长启兆 沈副训导长延国 张总务长星联 张副总务长祖培 蒋文学院长竹庄 岑商学院长德彰 陈教务长青士

委员:吕诚之先生 姚舜钦先生 耿淡如先生 倪若水先生 胡祖荫先生

附抄教育部训令暨训育委员会组织要点一份

校长室启

中华民国卅六年一月十七日②

4月29日,光华大学学生成立"立行学社",基于"坐谈力行"而来。力行学社的成立与先生有关,先生曾说:"一般青年往往喜欢高谈阔论,不务实际,常常言行不能一致,我们是年轻的一群,怀有热诚,纯洁,正义,和果敢等等青年优越的条件,但也难免不染有一般青年的缺陷,尤其是言行方面确有不相符合的

---

① 蒋维乔著,林盼、胡欣轩、王卫东整理:《蒋维乔日记》第7册,第3369页。
② 张耕华主编:《光华大学编年事辑》,第328页。

地方,我们因此以'立行'二字自勉,也希望具有同感的同学和朋友们,与我们紧携着手互相惕励,倘若每个人皆能保持这种美德,对于国家民族无疑的皆有极大的影响。"①

5月9日,《蒋维乔日记》:"上午至鸿英接洽事件,写长联一付,祝耿君淡如五十寿。……祝耿淡如寿联云:恬淡高风,是海内卓越的政学者;沐浴时雨,得天下英才而教育之。耿君系美国政学硕士,然不求仕进,毕生从事教育,故联中云云。"②

5月15日,《蒋维乔日记》:"午后写斗方三张,缘星六午后耿君淡如五十寿,祝寿者须带奖品,为摸彩之用也。"③

5月17日,先生在哥伦比亚路中央银行俱乐部办五十寿辰宴会。④先生为此专门制作了"耿淡如先生五秩华诞纪念章"。⑤是日,《蒋维乔日记》:"午后二时率全成、如炎、春波往鸿英,偕张益予小姐赴中央银行俱乐部,祝耿君淡如五十寿。光华、复旦两校政治系毕业同学到者百数十人,教职员到者亦有数十人。五时全体摄影,六时入席。总干事董君霖报告后,首请我致辞,继由两校副校长、教授等致词,最后耿君答词。余兴游艺,如炎登台唱《四郎探母》,继唱平剧者男女有三起,至钢琴独奏及舞蹈。余恐时宴,率孙男女先归。"⑥先生在寿辰宴会赋诗:

① 瑞玮:《立行学社鸟瞰》,《光华大学廿二周六三纪念特刊》,1947年,第39页。
② 蒋维乔著,林盼、胡欣轩、王卫东整理:《蒋维乔日记》第7册,第3398页。
③ 蒋维乔著,林盼、胡欣轩、王卫东整理:《蒋维乔日记》第7册,第3399—3400页。
④ 《申报》1947年5月18日第4版。
⑤ 杨宝林、叶明主编:《民国老徽章》,上海远东出版社,2011年,第250页。
⑥ 蒋维乔著,林盼、胡欣轩、王卫东整理:《蒋维乔日记》第7册,第3400页。

　　五十才知四九非，百年人事梦依稀；久居林下悠然得，
闲望云霄懒奋飞。

　　年年舌种砚田池，绿树成阴花满枝；漫道老农无乐处，
笑看百卉竞英姿。

　　蔗根滋味正初尝，世态沧桑无定常；但愿云天晴色现，
莫提时已近斜阳。

　　良辰对酒已颜开，况复联翩旧友来；今夕陶然期共醉，
祝君寿我互传杯。

　　　　　　　　　　　　　　　　——丁亥三月　耿淡如①

　　5月22日，光华大学成立"光华大学五·二〇惨案后援
会"，学生为了抗议暴行，在此日举行罢课，罢课得到了校中许多
教授支持，有蔡尚思、曹未风、郭绍虞、周煦良、蒋维乔、吕思勉、
张芝联、张志让、毛以亨和先生等10人的支持。②在复旦大学，学
生运动以来，5月26日夜，有不明身份数十人持械殴打学生，受
伤者20余人。5月30日早上，大批军警持警备司令部公函，搜
查学生宿舍和教授住宅，同时捕去学生9人，更有人扬言被捕之
事会继续发生。复旦大学教授决议立即罢教，先生签名参与。③

　　7月，英士大学设置特约讲座，先生为主讲之一。④

　　7月13日，《蒋维乔日记》："四时陈青士、姚舜钦、孙贵定、
耿淡如四君先后来，商定外文、教育、政治三系学程，六时半

①　《五十初度同学公宴赠赋》，《申报》1947年5月21日第9版。
②　包启新:《光华学生抗议南京惨案》，邵有民主编:《红浪:"五·二〇"
　　运动在上海》，上海教育出版社，2002年，第273页。
③　《国立复旦大学教授罢教宣言》，《大公报》(上海版)1947年5月31
　　日第4版。
④　《英士大学设备费　教部续拨三十亿　汤吉禾仍在京　俟谒主席后
　　返校》，《申报》1947年7月25日第5版。

别去。"①

9月5日,《蒋维乔日记》:"六时后先赴耿淡如、李宝森之约,座有陈青士、金通尹、姚舜钦、沈延国、刘大杰诸君。"②

10月5日,《蒋维乔日记》:"上午至鸿英写……喜联一付,送耿淡如之世兄鹏程与丁性芳小姐结婚。"③

10月10日,《蒋维乔日记》:"午后二时送武曾至静安寺电车站,余往中央银行俱乐部,贺耿君淡如娶媳之喜,随即回。"④

1948年戊子　先生五十一岁

是年,先生任复旦大学政治学系专任教授兼系主任。⑤

2月14日,《蒋维乔日记》:"午后三时出外答拜卢晋侯、耿淡如二君。卢君出门,未遇,与耿君略谈,即顺道至鸿英,略阅报纸而归。"⑥

6月,上海各大学校长、教授通电美国总统杜鲁门国务卿马歇尔,反对美国扶植日本,先生签名支持。⑦

6月18日,《蒋维乔日记》:"四时往访诚明,杨服之乘我车回,同访林君宰平,长谈。张君君劢拟邀林君晚餐,已预先约我以车接他,他因患泄泻,致不能如约,余遂与服之赴君劢处,淡

①　蒋维乔著,林盼、胡欣轩、王卫东整理:《蒋维乔日记》第7册,第3414页。
②　蒋维乔著,林盼、胡欣轩、王卫东整理:《蒋维乔日记》第7册,第3427页。
③　蒋维乔著,林盼、胡欣轩、王卫东整理:《蒋维乔日记》第7册,第3432页。
④　蒋维乔著,林盼、胡欣轩、王卫东整理:《蒋维乔日记》第7册,第3433页。
⑤　复旦大学档案馆:复旦大学教职员名册1948年,档案号:历史档案2695。
⑥　蒋维乔著,林盼、胡欣轩、王卫东整理:《蒋维乔日记》第7册,第3463页。
⑦　《上海各大学校长教授　电杜鲁门马歇尔　反对美国扶植日本》,《大公报》(上海)1948年6月1日第2版。

如、璠如等已先在。六时入席,座中更有贾果伯、黄世宪、王世和诸君,畅谈尽欢,八时散归。"①

7月18日,报载光华大学部各院系主任,先生为政治系主任。②

7月28日,少尹撰有《耿淡如教授》一文,录之如下:

> 披着一袭长衫,架了一副玳瑁眼镜,矮矮的个子,瘦削的身材,头发半秃,脸色微黑,飘飘然弱不禁风的样子,一望而知是个饱学博才的学者。

> 提起耿淡如,在教育界与舆论界也不是个陌生的名字,别看他只才闯过五十大关,其桃李门墙已遍布全国了,不说多,至少也已经是上千个了。

> 他早岁毕业于复旦,后来留美得硕士学位,回国后就一直执教母校,终身旨趣似在教育青年。现在,为复旦,光华二校政治系主任,此外还在上海法学院兼课。他对国际政治问题研究最有心得,现任《新闻报》及《正言报》主笔,经常执笔有关国际政治的社论;此外,他又在最近与数友人合办《申论周刊》,颇得一般好评。他以一文弱的学者而从事这多事业,真可说是多苦多劳。

> 耿先生本是一个极风趣而最能与青年相处的长者,他的兴趣作风颇能得青年的共鸣。大约三年以前,他在复旦光华二校任政治系主任,为提高同学的政治兴趣起见,有一次他曾提议本系同学选举总统,由同学自由竞选,其心情的热烈,至今犹为新同学所津津乐道。惜乎年来生活的重负把他压得日益消沉,现在他已失去了这颗活跃的青年心,终

---

① 蒋维乔著,林盼、胡欣轩、王卫东整理:《蒋维乔日记》第7册,第3491页。

② 《学府专访三 私立光华大学》,《申报》1948年7月18日第7版。

日为生活而奔命了。

他是一位道地的好好先生,对同学们有求必应,而且轻易不发火。因此,同学们都将他视若家长,敬爱备至;不过就因为他的心地太纯良,所以有时也容易被人所蒙蔽。

也许因为他是善良的人,所以嫉恶如仇。他对法西斯与侵略者的邪恶,极为愤恨。他虽是学政治的,可是对实际政治却毫不感兴趣,因为实际政治有时不免有玩手腕和耍花样的,而他却是非常率直,不懂得而且不欢喜耍手腕和玩花样的。

他毕生从事教育事业,教育事业对他不但是适合个性,而且还有其特殊的意义在;因为他想藉教育而在下一代身上撒下良好的种子。听说他准备自己创办一所大学,《申论周刊》社即这所大学的奠基工作者。不久将来当可与世人见面,对青年学子说来,到是一大佳音。

他虽然只才过了五十,但是繁重的工作和相当拮据的经济情况,再加上他对国事的忧虑,已使这位学者额头皱纹越来越深,头上的秃发日益趋减,显示似乎已经是将近知天命的人了。①

8 月 27 日,上海特种刑庭拘传匪喋学生,先生发表意见。

中央社上海二十七日电,特种刑事法庭,二十七日晨发出拘票及传票,分别往本市各公私立专科以上学校,据传有匪谍嫌疑之学生二十余人,记者特为此事往访交大王校长三卓,同济大学夏教育长坚白,暨大左训导长潞生,上海法学院褚院长凤仪,复旦教授芮宝公袤公为,光华教授耿淡如等,叩询其对本案之意见,诸教授分别发表意见,佥以依法

---

① 　少尹:《耿淡如教授》,《益世报》(上海)1948 年 7 月 28 日第 6 版。

拘传后方职业学生,为戡乱建国之必要措施,惟既经拘传,必须迅速侦审,勿稍拖延,其罪嫌不足者,应立即释放,其犯罪证据确凿者,亦应施以感化,使青年有自新之路云。①

9月28日,光华大学校务委员会主席廖世承致复旦大学校务委员会,请求复旦大学批准先生等人在光华大学兼课。

敬启者:

本校生物系为系主任王志稼先生一手创设,三年以来,苦心筹划,成绩斐然。然最近本会开会师生一致推王志稼先生为理学院院长,足征推崇与爱戴之益!又教授耿淡如、应成一、胡继纯三先生,先后在校任课,或十余年,或四五年,连续讲教时久,学生信仰益深。以上诸先生均因贵校延揽为专任教授,业经提出辞职,旋经本会会议议决一致坚决挽留,敬希贵校体会私立学校延聘人才之困难,惠允王先生改为兼任,仍在本校专任,如万不获已,则只稍须双方兼顾,两面专任,并允耿、应、胡三教授,仍在本校继续任教,每周各担任六小时课务。素谂人民政府期望私立学校与国立学校有同样之长足进步,故规定有特殊需要之师资,得由有关学校互相协商。相应专函奉达,务恳查照惠允所请,不胜感荷!

此致国立复旦大学校务委员会

私立光华大学校务委员会主席廖〇〇

中华民国卅八年九月廿八②

①　《上海特种刑庭　拘传匪谍学生》,《时事新报》(重庆)1948年8月28日第2版。

②　汤涛主编:《廖世承校长与光华大学》,上海书店出版社,2018年,第268页。

10 月 28 日,先生与唐秀卿身份证件 8 区 3 保 17 甲 9 户徐字 4256 汇字 4313 号,耿慧馨、耿慧明身份证件 8 区 3 保 17 甲 9 户汇字 4315 汇字 4316 号作废,全家更换身份证。①

12 月 25 日,《蒋维乔日记》:"五时赴任君昧知处光华中国文学系同人聚餐会,会员以能饮者为标准,有吕诚之、耿淡如、沈子元、赵善诒、叶百丰、王乘六诸君,谈饮甚欢,至八时后回家。"②

---

① 《国民身份证遗失作废》,《申报》1948 年 10 月 28 日第 7 版。
② 蒋维乔著,林盼、胡欣轩、王卫东整理:《蒋维乔日记》第 7 册,第 3526 页。

卷三 1949—1965 年

1949 年己丑 先生五十二岁

是年,先生任复旦大学专任教授,教授世界革命史、西洋外交史。①

3 月 28 日,廖世承致校友马邹德一信中谈及光华大学近况,信有言:"本学期起,朱校长经农先生奉派出国参加联合国文教会议,一时不能归来,校政由世承接代。校中多年教授,容启兆、蒋竹庄、吕思勉、谢循初、孙贵定、耿淡如、朱公谨先生现仍在校讲教,弦歌依旧,未减当年。"②

4 月,光华大学教务处公布各院系主任和学生人数,政治系主任为先生,政治系上学期注册学生为 170 人、下学期注册学生 134 人,均多于文学院、理学院等系学生人数。③

6 月 4 日,光华大学成立教授会,先生参加并被推举为监事会监事。④《蒋维乔日记》:"三时半赴银行公会,今日光华成立教授会,到教授五十余人,通过简章,选理事、监事,余于六时半

---

① 复旦大学档案馆:复旦大学教职员名册 1949 年,档案号:历史档案 2695。
② 汤涛主编:《廖世承校长与光华大学》,第 330 页。
③ 张耕华主编:《光华大学编年事辑》,第 363 页。
④ 张耕华主编:《光华大学编年事辑》,第 367 页。

先回。"①

6月7日,光华大学教授会理事会第一次会议在校长室召开,吕思勉被推为临时主席。议决耿淡如、杨荫溥、吕思勉、应成一、王志稼五位为学术研究委员会委员,杨荫溥为召集人。议决陈青士、廖茂如、蒋竹庄、容启兆、杨荫溥、吕思勉、孙贵定、耿淡如、张芝联、应成一、郭云观、朱公谨、沈昭文、王志稼、祝永年、薛迪符、蔡正雅、何仪朝、姚舜钦为课程研究委员会委员,陈青士为召集人。②

6月12日,《蒋维乔日记》:"四时半至任君知味家,赵君善诒先在,耿淡如、沈延国、叶百丰诸君次第来,今夕光华中国文学系诸教授聚餐,商议革新学程事,座中皆能饮者,至九时尽欢而散。"③

8月,先生任私立诚明文学院校董。政治信仰一栏是新民主主义。

8月12日,《蒋维乔日记》:"六时假大西洋菜社开诚明文学院校董会,旧校董吴稚晖、李石曾、王云五、江一平、奚玉书均离沪,胡朴安已病故,新聘冷御秋、俞寰澄、瞿润初、俞承修、耿淡如、杨卫玉等六人为校董,除卫玉赴北平外,余五人均到,旧校董到丁仲祐、刘靖基、唐星海(函托我代表)、匡仲谋(函托仲祐代表),当公推冷御[秋]为董事长。余报告院中状况,并决算讨论事项,修正旧章程,一致通过。会毕聚餐,饮谈甚欢,至九时散归。"④

---

① 蒋维乔著,林盼、胡欣轩、王卫东整理:《蒋维乔日记》第 7 册,第 3557 页。

② 张耕华主编:《光华大学编年事辑》,第 369 页。

③ 蒋维乔著,林盼、胡欣轩、王卫东整理:《蒋维乔日记》第 7 册,第 3559 页。

④ 蒋维乔著,林盼、胡欣轩、王卫东整理:《蒋维乔日记》第 7 册,第 3572 页。

9月1日，《蒋维乔日记》："上午耿淡如、沈延国相继来长谈。"①

9月12日，《蒋维乔日记》："五时率全成至吴医处打针，归后沈延国、耿淡如、任味知、赵善诒、叶百丰诸君有电话来，约我至同宝和酒叙，即往，尽欢而归。"②

1950年庚寅　先生五十三岁

是年，先生任法学院政治系教授，讲授社会主义国家、近代中国外交史、世界革命史课程。③

1月22日，《蒋维乔日记》："往耿君淡如处晚宴，耿君孙儿周岁宴客，有客两席，饮酒至欢，九时后回家。"④

2月4日，《蒋维乔日记》："六时任知味、赵善诒约往挹江楼晚餐，座有朱公谨、耿淡如、沈延国之君，八时后归。"⑤

5月27日，《复旦大学校刊》创刊。

6月15日，《蒋维乔日记》："耿君淡如来谈，六时半别去。"⑥

9月9日，光华大学聘请先生为政治系主任。

---

① 蒋维乔著，林盼、胡欣轩、王卫东整理：《蒋维乔日记》第7册，第3576页。

② 蒋维乔著，林盼、胡欣轩、王卫东整理：《蒋维乔日记》第7册，第3579页。

③ 复旦大学档案馆：复旦大学教职员名册1950年，档案号：历史档案2695。

④ 蒋维乔著，林盼、胡欣轩、王卫东整理：《蒋维乔日记》第7册，第3608页。

⑤ 蒋维乔著，林盼、胡欣轩、王卫东整理：《蒋维乔日记》第7册，第3611页。

⑥ 蒋维乔著，林盼、胡欣轩、王卫东整理：《蒋维乔日记》第7册，第3662页。

敬启者：

　　兹聘请台端兼任本校文学院政治系主任(任期一九五〇年八月至一九五一年七月止)，相应函达，务祈惠允担任为荷！

　　此致耿淡如先生

校长廖世承
一九五〇年九月九日①

11月15日，《蒋维乔日记》："午后二时半赴鸿英，诚明文学院借此地开校董会，旧董到冷御秋、俞承修、耿淡如诸君，通过新董事曾大钧、俞剑华、金永高、林逸民、姚惠泉、吴志渊、王造时诸君。冷君因任华东水利部部长，坚辞董事长之职，公推王造时为董事长，复通过校董会修正规程，由杨大膺报告本学期教学及经济情形，并通过下学期计划书，拟将诚明文学院改为诚明社会科学院，至五时半散会。"②

10月25日，抗美援朝战争爆发。复旦大学留美博士发表宣言，号召全国留美人士一起坚决支持抗美援朝、制止美国侵略战争，并根据亲身经验，揭露美国侵略的本质和野心，先生参与其中。

　　我们都是在美国住过的，虽则年代年后不同，时间长短不一，我们对于美国总还是有些亲身经验，而且在留学期间，以及在回国服务以后，接触有关美国的书刊还比一般人为多，自信对于美国所知较为真切，根据我们过去对美国的了解，结合着目前形势的发展，我们肯定着下列几点：

---

①　汤涛主编：《廖世承校长与光华大学》，第294页。

②　蒋维乔著，林盼、胡欣轩、王卫东整理：《蒋维乔日记》第7册，第3678—3679页。

第一、美国是独占资本家统治一切的国家,有着资本主义没落阶段所有的全部不合理与疯狂的特征。第二、美国过去的政治,曾经是资产阶级的民主,现在美国统治者卸下了一层本来微薄的民主面纱,走上了法西斯化的道路。第三、相应着经济制度的不合理、政治生活的反动化,美国的文化也在日趋腐化堕落的下流。

我们也一致确认美国侵略的本质:因为它是世界上最大的独占资本主义的国家,所以它是人类历史上最大的、同时也是最狡猾的侵略国家。它对中国一百年来的关系,是绒手套中的铁手掌,用亲善友好之名,行侵略压迫之实,现在它侵占我国的台湾,进攻我们的邻邦朝鲜,并且屡次轰炸与扫射我东北和山东的城镇与农庄,这一切充分地暴露出美帝国主义企图征服全世界的野心,我们郑重表示,拥护全国各民主党派的抗美援朝、保家卫国的宣言,我们自己保证,也号召全国其他留美人士保证:用口头的文字的宣传帮助国人,认清美帝的真面目,消除部分人士对美可能还有的恐惧、幻想与崇拜心理,坚定他们必须抗美与抗美必胜的信念。

虽然我们领教过美国人民的自高自大,身受过或多或少的种族歧视,我们仍愿区分美国政府与美国人民,美国广大人民在本质上是良善的,他们之所歧视其他的种族,完全是因为他们被统治阶级长期的有系统的反动教育所蒙蔽的,我们相信全世界和平人民的反美及侵略的斗争,是符合于美国人民之真实利益的,将大有助于美国人民的自我解放!

全国的留美同人起来! 全国人民起来! 为抗美援朝保家卫国,制止战争,确保和平而斗争!

丁馨伯、方令孺、王恒守、王志稼、朱敖、全增嘏、李立中、李新民、李炳焕、李秉成、言心哲、余楠秋、林同济、金国宝、胡寄南、俞征、孙逢祯、孙大雨、马世钧、马家骅、唐启贤、唐庆增、徐天赐、徐墨耕、耿淡如、郝象吾、曹孚、曹敬康、曹诚英、陈观烈、陈彪如、章益、张季高、张云谷、贺治仁、曾克熙、雍家源、董钟麟、赵仁镕、赵廷炳、赵敏恒、蒋震同、潘珞基、潘应昌、厉德寅、薛仲三、谢循初、卢于道、卢峻、应成一、萧孝嵘、钟兆璿、钟俊麟、严家显。①

1951 年辛卯　先生五十四岁

是年,先生任复旦大学法学院政治系教授。②

7 月 18 日,《蒋维乔日记》:"六时在我家召开诚明文学校董会,决定与法政学校合并问题,到王造时、冷御秋、俞承修、瞿润初、吕诚之、耿淡如诸君,列席俞剑华、杨大膺二君,会议至七时晚餐。餐毕,冷君有事先去,余人再讨论具体条件,至九时方散。"③

8 月 24 日,《文汇报》报道复旦大学教授保证今后放弃校外兼课,全心全意改进本岗位工作。

自从八月十六日本报报道了华东各地学校教育工作,普遍存在着严重混乱现象,和华东军政委员会发布了纠正学校教育工作中混乱现象的指示后,复旦大学全

① 《复旦留美教授联名宣言　号召留美人士奋起抗美》,《光明日报》1950 年 12 月 1 日第 2 版。
② 复旦大学档案馆:复旦大学教职员名册 1951 年第一学期,档案号:历史档案 2695。
③ 蒋维乔著,林盼、胡欣轩、王卫东整理:《蒋维乔日记》第 7 册,第 3732 页。

体教授,展开了热烈的讨论和研究,一致认为这些混乱现象在复旦也多少存在着的,尤其表现在教授在校外兼职多,对搞好教育,有着一定的妨碍。大家一致以实际行动来响应华东军政委员会的指示和公会的号召;如中文系汪静之教授、会计系雍家源教授,写文章说明兼课过多的流弊,根据个人深切体验,批判过去错误思想;此外如上学期兼课兼职的教授卢于道、严志弦、周慕溪、方令孺、胡文淑、张耀翔、林同济、施霖、耿淡如、余楠秋等廿多位先生,一致保证今后要放弃校外兼职兼课,全心全意改进本岗位教学,做一个更好的人民教师,为祖国生产战线输送更多更好的干部。①

是年8月至1952年1月,先生在苏州的华东人民革命大学政治研究院学习理论,改造思想。《自传》对此写道:"我从未有过像现在这一阶段的学习,能有这样的学习机会,将可更进一步地改造自己,也可更忠实地服务人民了。但是,垂老之年,精力衰颓,我总是觉得:夕阳无限好,可惜近黄昏。"②

1952年壬辰　先生五十五岁

1月23日,《蒋维乔日记》:"午后三时开诚明校产保管委员会,到王造时、俞承修、耿淡如、郑国让诸君,讨论诚明业余学[校]拨款问题,及接办前进中学事,六时散会。"③

1月28日,《蒋维乔日记》:"六时诚明同仁十四人携酒席

①　杨邦杰:《纠正偏向　搞好业务　复旦教授卢于道等　保证不再兼课兼职》,《文汇报》1951年8月24日第4版。

②　耿淡如著,张广智编:《西方史学散论》,第341页。

③　蒋维乔著,林盼、胡欣轩、王卫东整理:《蒋维乔日记》第8册,第3769页。

两桌到我家酒叙,耿淡如、吴道存、万云骏、卢元、王倍炜、王煦华、冯公焙、柴宗宝、张仁浚、郑鸣和、李广地、郑国让、杨大膺、陈奇猷,此外由我邀来石抗鼎、李寅文二君,畅饮至九时后方散。"①

4月6日,《蒋维乔日记》:"午后二时半赴常州同乡会保管委员会,到会者刘铁卿、蒋尉仙、李鸿声、盛鹤天、谢钟豪。正开会时,家中有电话催我,因诚明保管委员会借我家开会,人已到齐,我即回家,王造时、耿淡如、俞承修、郑国让均在待我,遂开会,议决前进中学改名'诚明'及改组校董会,先行准备,俟暑假期实拨给前进三千五百单位,为拨充课室三间之用。六时散会。"②

8月10日,《蒋维乔日记》:"三时开诚明保管委员会,到王造时、耿淡如、俞承修,郑国让因改造思想未能出席,我为代表。由王君造时报告接办前进中学经过,并议决照从前议案,拨款六千五百折实单位。五时后散会。"③

11月23日,《蒋维乔日记》:"午后一时回,三时开诚明文学院保管委员会,到会者俞承修、耿淡如、郑国让诸君,议决诚明业余学校拨款事并其他议,六时半散会。"④

是年,中央对全国高等院校的院系进行调整,大学中的政治学系一律被取消,政治学的教学和科研完全停顿,原有从事政治

---

① 蒋维乔著,林盼、胡欣轩、王卫东整理:《蒋维乔日记》第8册,第 3770页。
② 蒋维乔著,林盼、胡欣轩、王卫东整理:《蒋维乔日记》第8册,第 3783页。
③ 蒋维乔著,林盼、胡欣轩、王卫东整理:《蒋维乔日记》第8册,第 3803页。
④ 蒋维乔著,林盼、胡欣轩、王卫东整理:《蒋维乔日记》第8册,第 3823页。

学教学和研究的工作人员均被分派从事其他工作。因此,先生被分派至复旦大学历史学系工作。

是年开始直至逝世,先生一直担任复旦大学历史系教授,在世界上古中古史教研室工作,在 20 世纪 50 年代以世界中古史为专业方向,成为这一学科的权威学者。教研室同事,有周谷城①,以世界上古史为专业方向。另有陶松云②、李春元③、黄瑞章④。世界中古史形成了耿——陶——黄学科梯队,其阵营颇为可观,在那时全国高校中领先。⑤

1953 年癸巳　先生五十六岁

11 月 29 日,上海史学会在海光图书馆举行理事会会议,李

---

① 周谷城(1898—1996),湖南益阳人。1921 年毕业于北京高等师范学校英语部,1933 年任教于中山大学、暨南大学、复旦大学。新中国成立后,任复旦大学历史系教授、历史系主任、教务长,上海市历史学会会长等。著有《中国通史》《世界通史》《中国社会史论》等。《周谷城全集》16 册,2018 年由上海人民出版社出版。

② 陶松云(1923—2004),浙江绍兴人。1947 年毕业于复旦大学史地系,曾任复旦大学历史系世界古代史教研室副主任,中国世界中世纪史研究会理事兼副秘书长等。著有《俄罗斯的中世纪史学》《中世纪英国二元政体结构初探》,译有《欧洲中世纪简史》《中世纪史学史》等。

③ 李春元(1932—2022),浙江瑞安人。1955 年毕业于复旦大学历史系,曾任复旦大学历史系世界史教研室副主任,世界古代中世纪史教研室主任。著有《亚历山大远征》,主编《世界文化之谜》。

④ 黄瑞章(1936—?),山东滕县人。1956 年毕业于复旦大学历史系,曾任复旦大学历史系世界近代史教研室主任,中国美国史研究会理事。著有《欧洲封建社会的领主和附庸》《论美国革命的特点》,译有《美国史——从威尔逊到肯尼迪》《世界中世纪史原始资料选辑》等。

⑤ 耿淡如著,张广智编:《西方史学散论》,第 342 页。

亚农、顾颉刚、胡厚宣、周谷城、杨宽①、姚舜钦、林举岱②、金兆梓、王国秀、李平心③、蔡尚思、周予同出席。会议通过梅公毅、耿淡如等为会员。接受华东人民出版社委托,编辑《怎样学习祖国历史》;确定《历史研究丛刊》编辑委员会成员:金兆梓、顾颉刚、李平心、胡厚宣、吴泽④、陈旭麓、李亚农、周谷城、林举岱、杨宽、伍蠡甫、陈守实、周予同、戴家祥、吕思勉、蔡尚思。召集人李亚农,胡厚宣、陈旭麓、金兆梓、顾颉刚分别负责收集稿件。第一集争取 1954 年 2 月出版。同时决定今后座谈会时应加强政治

---

① 杨宽(1914—2005),上海青浦人。1932 年考入上海私立光华大学,1936 年未毕业即参与上海市博物馆的筹建工作,1946 年任上海市立博物馆馆长兼光华大学历史系教授,1959 年从上海博物馆调任至上海社会科学院历史所并任副所长,1970 年调至复旦大学,1984 年赴美国迈阿密定居。著有《战国史》《中国上古史导论》等。《杨宽著作集》13 种 15 册,2016—2021 年由上海人民出版社出版。

② 林举岱(1913—1980),广东文昌人。1934 年毕业于北京师范大学中文系,曾任广州文理学院教师、重庆美国新闻处翻译。新中国成立后任华东师范大学历史系副主任、中国上海国际关系学会第一副会长等职。著有《外国近代史纲》《十七世纪英国资产阶级革命》《英国革命史》,主编《世界近代史》《战后世界历史长编》。

③ 李平心(1907—1966),江西南昌人。1925 年考入上海大学社会学系,1931 年后主编《自修大学》、《现实周刊》,并从事史学研究。新中国成立后,任华东师范大学历史系教授。著有《中国近代史》《中国现代史初编》等。华东师范大学胡逢祥主编《李平心全集》11 册,2022 年由上海人民出版社出版。

④ 吴泽(1913—2005),江苏武进人。1937 年毕业于北京中国大学经济系。1938 年后先后任教于复旦大学、朝阳法学院、大夏大学。新中国成立后,曾任华东师范大学历史系主任、中国史学研究所所长等。著有《中国原始社会史》《中国历史简编》《中国历史研究法》等。华东师范大学邬国义主编《吴泽全集》10 册,2022 年由上海人民出版社出版。

思想性和学术性,发扬批评与自我批评。①

据蔡尚思②回忆,复旦大学师资雄厚,武汉大学校长李达曾向他提出,请求复旦大学分几个教授给武汉大学,蔡尚思言:

> 复旦大学历史系老教授老专家之多,闻名全国。它由复旦、沪江、浙江、圣约翰、南京等大学与地图社合并,中国史方面,有周予同、谭其骧、胡厚宣、陈守实、马长寿、章巽、杨宽、蔡尚思,而顾颉刚也被分配在本系而未报到。世界史方面,有周谷城、潘洛基、王造时、耿淡如、陈仁炳、田汝康、靳文翰、程博洪、苏乾英等(只后二人是副教授),多达十七人。武汉大学校长李达有一次与我同在北京开会,畅谈甚欢,特别向我提出要求说:"复旦大学历史系教授专家太多,武汉大学正相反,复旦大学应当分出几个给武汉大学,请您大力支持!"我答道:"我很同意,但不能作主,请您向教育部申请。"③

1954 年甲午　先生五十七岁

1 月 29 日,《复旦》发表复旦大学教师的科学研究工作。节录历史系的情况如下:

> 中国史教研组
> △蔡尚思:中国现代思想史或"中国现代思想批判"。拟在两年内完成。

---

① 姜义华主编:《史魂:上海十大史学家》,上海辞书出版社,2002 年,第399—400 页。

② 蔡尚思(1905—2008),福建德化人。1929 年后,历任大夏大学、沪江大学、复旦大学教授,新中国成立后任沪江大学、复旦大学教授。著有《中国思想研究法》《中国学术思想史论》《中国礼教思想史》等。《蔡尚思全集》8 册,2005 年由上海古籍出版社出版。

③ 蔡尚思:《蔡尚思自传》,巴蜀书社,1993 年,第 25—26 页。

△周予同：①注释中国历史文选。②中国经学史。估计须三至五年。

△陈守时：中国农民运动史。拟在一九五六年夏完成。

△胡厚宣：西周以前的古代史。拟在一九五四年完成。

△谭其骧：隋唐史专门化史料整理与编纂。拟在一九五五年完成。

△马长寿：中国兄弟民族史。第一编于一九五四年二月完成；第二编于一九五四年八月完成。

世界史教研组

△周谷城：中印关系史讲稿（包括自上古至现代的史实）。拟在一九五五年完成。

△靳文翰：中国近代科学史。拟在一九五四年夏完成。

△陈仁炳：①中英关系史；②美帝扩张史。拟在一九五五年二月完成。

△田汝康：①殖民地史；拟在一九五五年底完成。②印度史；③印度概况；②③项拟在一九五五年三月完成。

△苏乾英：亚洲史讲义。一九五四年七月前修订亚洲史讲授大纲；一九五五年七月完成亚洲史讲授提纲；一九五五年七月编写亚洲史讲义。

△耿淡如：世界中古史讲稿。拟在一九五四年二月底完成。

△王造时：研究法国大革命问题。拟在一九五五年二月完成。

△陈仁炳：有关马列主义国家与革命学说专题研究。拟在一九五四年底完成。①

---

① 《我校教师的科学研究工作》，《复旦》1954年1月29日第2版。

2月,先生的《世界中古史讲稿》问世,该书乃高等学校交流讲义,由中央人民政府高等教育部代印,署名"复旦大学耿淡如编"。录是稿"说明"及目录如下:

一、本稿为讲授历史系世界史课程第三阶段之用,分为两个单元:第一单元自第五世纪约至第十一世纪末期(封建制的形成时期),第二单元自十一世纪约至第十五世纪末期(封建制的发展时期),关于远东国家如印度、日本、朝鲜等,因另亚洲史课程开设,略去。

二、本稿根据伊·阿科士敏斯基:《中古史》第一卷(大学用书)及维·费·西蒙诺夫《中古史》(师范学院教程)原文编译。关于苏联中古史,另参考阿·姆·潘克勤多瓦:《苏联史》第一分册编译。各章均注明来源。

三、本稿所附地图配合各章内容,从苏联课本里仿制出来,并稍加简化。本稿新用专名部份参考《俄华对照译名手册》,翻译部份采用通用译名。稿末附译名对照表。

四、本稿所附"补充材料"填补各章的漏洞,并包括若干历史资料,部分译自尼·伯·格拉青斯基《中古史历史文选》。

编者识
一九五四年二月

中古世界史讲稿要目
第一章　罗马社会危机与西罗马帝国的覆灭
一、奴隶制的危机
二、重税、暴政、城乡衰败
三、基督教会与异端
四、"蛮族"侵入与巴尔干民众起义
五、西哥德人侵入意大利与"浪人"运动
六、北非"斗士"运动与汪达尔族

七、阿提拉进攻、鄂多阿克政变

第二章 "蛮族"社会、"蛮族"王国

一、克尔特族社会

二、日耳曼族社会

三、斯拉夫族社会

四、"蛮族"建国——东哥德人在意大利——伦巴底人在意大利——盎格鲁、撒克逊人在不列颠——法兰克人在高卢

五、西欧社会的演变

第三章 四—七世纪的东罗马帝国

一、东罗马社会

二、革命运动（四世纪末到五世纪初）

三、重建西方帝国的企举

四、查丁尼时代的阶级斗争

五、东、北边患与革命运动新高潮

六、民众起义与斯拉夫人侵入的影响

七、拜占庭的教会与文化

第四章 五—九世纪的法兰克国家

一、墨洛温朝的法兰克王国

（1）王朝创始者

（2）法兰克的社会制度

（3）封建化的进程

（4）墨洛温朝的削弱

二、加洛林朝的法兰克国

（1）查理马德及其政策

（2）矮子丕平称王

（3）查理大帝的扩充领土与称帝

三、加洛林时代封建关系的发展

（1）土地关系的转变

（2）特权与附庸关系

（3）封建土地制

四、加洛林帝国的分裂

第五章　萨萨尼朝的伊朗与十—十一世纪的阿拉伯

一、伊朗的萨萨尼朝与社会制度

二、伊朗的内政外交及其衰亡

三、回教的兴起——"政教合一"

四、奥玛耶朝的哈里发国家

五、阿拔斯朝的哈里发国家

六、阿拉伯帝国的分裂与阿拉伯文化

第六章　九—十一世纪的法兰西与英格兰

一、法兰西政治、经济及农民状况

二、法兰西封建制度与封建战争

三、法兰西揆伯特王朝的初期

四、英格兰社会制度与社会分化

五、盎格鲁、撒克逊王国的政治组织与统一

六、丹麦人侵入英格兰

七、英国封建关系的发展

第七章　九—十一世纪的德意志、意大利、与教皇座

一、德意志封建化过程

二、德意志封建社会与封建国家

三、德意志封建主向外侵略与意大利

四、德意志帝国的发展

五、"克留尼"运动

六、政教冲突的初期

第八章　七—十一世纪的斯拉夫族与斯拉夫国家

一、西斯拉夫族

（1）社会、经济制度

一、中古文化的教会性

二、中古学校——巴黎大学

三、烦琐哲学与神秘主义

四、中古艺术——建筑式

五、骑士文化与城市文化

六、早期意大利文艺复兴运动

2月8日，《顾颉刚日记》："到荣华楼，赴自由出版社之宴。饭毕，开会商讨《史学丛刊》事。十时与平心同车归。……今晚同席：周谷城、周予同、蔡尚思、杨宽、耿淡如、平心、刘大杰、施蛰存、吴文祺、林同济、吴泽、王国秀、林举岱、陈旭麓、胡厚宣、伍蠡甫、张世禄、冒效鲁、徐中玉、西门宗华等（共三桌）"①

2月14日，《顾颉刚日记》："到上海博物馆，参加史学会年会，自二时至六时。……今日同会：李亚农、周谷城、周予同、胡厚宣、林举岱、金子敦、沈勤庐、钱海岳、沈燮元、蔡尚思、吴泽、谭其骧、王国秀、王造时、俞巴林、燕义权、杨宽、张镠子、章丹枫、胡曲园、张世禄、陈乃乾、洪廷彦、郦家驹、魏建猷、戴家祥、姚舜钦、陈旭麓、耿淡如、平心、伍蠡甫、高达观、吴杰、刘季高、朱伯康、徐德嶙、李季谷、束世澂、周进楷、蒋秉南、程演生、王蘧常、金诺、苏乾英、黄颖先等共四十六人。"②

7月25日，《顾颉刚日记》："到博物馆，参加史学会，致临别词。……今日同会：林举岱（主席）、胡厚宣、尹石公、杨宽、方诗铭、王佩诤、耿淡如、吴杰、姚舜钦、陈旭麓、黄颖先、戴家祥、李清明、徐德嶙、章丹枫、梅公毅、王国秀、燕义权、王丹岑、陈乃乾、魏建猷、高达观、苏乾英、曹汉奇、张遵骝。"③

①　顾颉刚：《顾颉刚日记·七（1951—1955）》，第503页。
②　顾颉刚：《顾颉刚日记·七（1951—1955）》，第506页。
③　顾颉刚：《顾颉刚日记·七（1951—1955）》，第573页。

12月26日,《复旦》报道历史系群众性科学研究获得全面"丰收"。到目前为止,已完成的项目,在教材建设方面,有370万字的《中国通史》《世界通史》《日本通史》《中国农民战争简史》《清代地理教学挂图》;在工厂史和社史方面,有《中华橡胶厂厂史》《虹星一分社社史》等;在资料建设方面,有《秦汉三国两晋南北朝少数民族史料汇编》《清初土地关系史料辑录》《亚非拉丁美洲史参考资料索引》等;在论文集方面,有《农民战争论文集》《中国近代史论文集》《曹操评价论文集》;此外,还翻译了《中世纪经济社会史》下册;写了《巴拿马运河与巴拿马民族解放运动》《十三世纪法国的农村与瓦特太勒的农民起来》等专题论文数十篇;历史地理研究室重编改绘杨守敬《历代舆地图》的工作也有很大进展。年逾花甲的耿淡如教授也抓紧时间,突击完成了《中世纪经济社会史》下册的翻译工作。①

1955年乙未　先生五十八岁

1955级复旦大学学生王春瑜对先生回忆道:

> 世界中世纪史的权威耿淡如教授,给我们教《世界中世纪史》。有一次他说,在古拉丁文中,大使与说谎话的人是同一个词。我想,外交风云莫测,大使的外交辞令,不可能全是实话。耿教授也勉励我们要重视外语,利用国外的原始史料,写作论文。他说:我常对黄盛章(他的助教)讲,只要努力,我保证能在史学刊物上,看到你的论文。后来,我们果然在《历史教学》上看到了黄先生的论文,那显然是耿教授悉心指导的结果。②

---

① 翟永懿、李谷鸣:《政治挂帅干劲足　众人拾柴火焰高　中文系历史系群众性科学研究开花结果》,《复旦》1954年12月26日第2版。
② 王春瑜:《犹记负笈复旦时》,《文汇报》2012年10月23日第12版。

1956 年丙申　先生五十九岁

1 月至 12 月,先生的科研题目为"苏联古代史(9—13世纪)"。①

2 月至 1957 年 12 月,先生与助教陶松云研究的科研题目为"世界中古史下参考读物"。

2 月 21 日,中共上海市高级知识分子问题办公室下发"关于上海第一批高级知识分子及著名艺人名单",先生名列第三类高级知识分子。兹录其中第一、二、三类高级知识分子标准,以及复旦大学、华东师范大学及其他单位人选,名单如下:

上海市高级知识分子及著名艺人第一批名单(草稿)

一类高级知识分子及著名艺人的标准:1.在国际、国内有声望者。2.全国最著名的主要学者、专家、作家、艺术家。

二类高级知识分子及名演员、艺人的标准:1.著名的学者、专家、作家、艺术家。2.在工作上有创造发明或重要贡献者。

三类高级知识分子及艺人的标准。1.科学研究机构中副研究员以上;2.高等学校中副教授以上;3.医院中主任医师以上。

第一类高级知识分子及著名艺人名单(二百零四人):复旦大学(八人),陈望道、苏步青、陈建功、卢于道、郭绍虞、谈家桢、王鸣岐、周同庆。华东师范大学(六人),孟宪承、张宗蠡、吕思勉、肖孝嵘、薛德焴、胡焕庸。

第二类高级知识分子及著名艺人名单(五百二十九

---

① 中华人民共和国高等教育部编印:《1956 年全国高等学校科学题目汇编》,1956 年,第 339 页。

人）：复旦大学（二十五人），周谷城、王造时、方令孺、严志弦、吴文祺、漆琪生、顾翼东、蔡尚思、赵丹若、陈守实、孙大雨、陈子展、张孟闻、刘大杰、胡厚宣、谭其骧、葛傅榘、陈傅璋、杨武之、吴征、曲仲湘、郑章成。

第三类高级知识分子及著名艺人名单（二千四百七十人）：复旦大学（一百〇三人）樊英、陈仁炳、靳文翰、曹亨闻、崔杰千、陈文彬、曹国卿、陈观烈、朱伯康、李铁民、董问樵、萧纯锦、严北溟、王福山、叶蕴理、于同隐、崔明奇、胡曲园、郑权中、张伯篪、姜庆湘、朱东润、王欣夫、张世禄、蒋天枢、全增嘏、林疑今、方重、张云谷、田汝康、耿淡如、丘日庆、张修山、吴斐丹、夏炎德、忻介六、秦素美、孙宗彤、刘咸、李仲卿、蔡淑莲、吴钧和、赵汉威、黄缘芳、周怀衡、徐艳谋、乐嗣炳、戚叔含、杨烈、伍蠡甫、黄冠群、余楠秋、杨兆龙、汪英宾、胡元义、卢峻、王书纶、焦启源、冒效鲁、陈杰民、孔柯嘉、余日宣、林同济、笪移今、王恒守、杨岂深、李振麟、程博洪、胡辛安、陈绍闻、王凯基、黄文几、周世勋、吴浩清、孙振宪、吴常铭、姚善友、吴章安、蔡葵、朱复、杨必、伍况甫、杨巩祚、苏乾英、冯成复、盛祖嘉、赵宋庆、李清明、王振声、西门宗华、舒宗桥、王蘧常、王中、陈珪如、潘世兹、黄有恒、鲍正鹄、蒋学模、谷超豪、夏道言、谢希德、方俊鑫、周达云

中共上海市委知识分子问题办公室编印

一九五六年二月廿一日①

3月3日，上海史学会召开十二年规划的史学筹备小组会议，吴泽主持。与会者初步提出了上海历史科学研究的一些中心问题，如：中国古代社会发展的历史，中国历史的阶段性和封

---

① 上海市档案馆：关于上海第一批高级知识分子及著名艺人名单，档案号：A22-2-1585。

建社会的分期,中国经济史、思想史、中国近代经济史、工人运动等。海关、工厂等有特殊的发生发展的历史。会议将参加人员分为:中国古代及中世纪组,李亚农、蔡尚思、周予同、吴泽、章巽、陈守实、胡厚宣、徐森玉、杨宽,蔡尚思为召集人。中国近代史及现代史组,李平心、陈旭麓、胡绳武,陈旭麓为召集人;世界古代及中世纪组,周谷城、耿淡如,周谷城为召集人;世界近代及现代史组,林举岱、程应镠,林举岱为召集人。各组将对长远研究课题提出要求。①

7月,教育部委托南京大学草拟《世界中古史教学大纲》,北京大学、南开大学、兰州大学等校参与,在编写过程中,将初稿发至各校征求意见。在是月召开的综合大学文史教学大纲审订会上,对修订稿进行了审订,先生参加,参加审订的还有南京大学蒋孟引(草拟)、北京大学齐思和、南开大学辜燮高、云南大学纳忠、北京师大刘启戈以及南京大学王觉非和施复榆。节录相关材料如下:

> 世界中古史,自五、六世纪罗马奴隶制社会崩溃起,到十七世纪中叶英国资产阶级革命前夕止,共约一千二百年,这是封建制度占统治地位的时代。

> 关于世界中古史的地域,西方资产阶级历史学者一贯坚持"西欧中心"说,这完全是他们的偏见和谬论。实际上,早在中古初期,无论经济或文化,中国、印度、阿拉伯国家、东罗马、基辅罗斯都比西方发达,匈奴、突厥、蒙古在世界中古史上也占着重要的地位。所以在世界中古史中,必须给予他们以应有的重要地位。就是印度及印度以东诸国,虽未包括在本大纲之内,但在讲授时,也应作适当的联系。

---

① 姜义华主编:《史魂:上海十大史学家》,第404页。

世界中古史的对象是很复杂的,但以"物质资料生产者本身底历史"为主导线索,则本课必须遵循的基本方针是:第一,以人民群众的英勇斗争,如奴隶、隶农的起义,农民的起义,来揭示阶级斗争是历史发展的真正动力。第二,用具体史实说明封建生产方式的起源、形成、发展、解体以及在封建社会内部资本主义经济的萌芽和它在个别国家中的逐渐成长。第三,因为"每一个经济基础,都有适合于它的上层基础",所以本课应该分别说明各时期各地方的上层建筑及其文化,着重当时主要国家的形成和发展,以及某些封建文化和初期资产阶级文化的发展。

以上几点,仅供教师们参考。在实际教学中,仍可根据具体情况,对本大纲内容加以灵活运用。

引　言

"中古"这个名词的来源。中古是封建制度占统治地位的时代。封建制度的基本特征。中古史的三个时期。中国和其他亚洲国家在世界中古史上的地位。学习中古史的意义。

……

世界中古史讲课时间分配表

综合大学历史学专业四年制教学计划,规定世界中古史讲课时间为86学时,本表依此规定制成。

大纲章次:	引言	一	二	三	四	五	六	七
讲课时数:	2	3	3	3	2	3	3	4

大纲章次:	八	九	十	十一	十二	十三	十四	十五	十六	十七	十八	十九	二十
讲授时数:	2	2	4	5	4	2	2	3	1	2	3	2	2

大纲章次：	二一	二二	二三	二四	二五	二六	二七	二八	二九	三十一	三一	三二
讲授时数：	2	5	2	2	2	2	3	2	2	3	2	2①

7月5日至7月15日，高等教育部召开审订高等学校文、史科教学大纲会议，全国综合大学160余位文、史学专家参会讨论，先生代表复旦大学参会。②

7月10日，《顾颉刚日记》："高教部车来，与苑峰同接季龙，到西苑大旅社，续开教学大纲会议，至十二时。……文史教学大纲所晤人：刘大杰、周谷城、陈守实、胡厚宣、耿淡如、张世禄、田汝康、靳文翰、赵景深、李泒、蒋孟引、王栻、韩儒林、黄淬伯、陆侃如、冯沅君、杨向奎、童书业、郑鹤声、殷孟伦、王仲荦、韩振华、丁则良、曹绍濂、刘节、朱杰勤、梁方仲、杨明照、徐中舒、缪钺、蒙文通、纳忠、李埏、尹巨、刘持生、郑天挺、杨志玖、皮名举等（以上京外）、罗常培、魏建功、周一良、邵循正、杨人楩、邓广铭、张政烺、谭其骧、王力、汪篯、田余庆、王崇武、傅乐焕、冯家昇、高名凯、张芝联、浦江清、丁梧梓、翦伯赞、陈述、吕叔湘等（以上京内）。"③

9月27日，上海市哲学社会科学学术委员会筹委会举行会议，研究成立上海历史研究所、上海经济研究所等事宜。会议由周谷城主持，顾廷龙、周予同、戴学稷、程天赋、吴泽、程应镠、杨宽、耿淡如、徐仑、胡厚宣、谭其骧、李家骥、陈旭麓、郑必坚、陈光祖、束世澂、陈守实等出席。④

---

① 中华人民共和国高等教育部审订：《世界史教学大纲（综合大学历史专业四、五年制用）》，高等教育出版社，1957年，第33—46页。

② 《全国综合大学一百多位文史学专家　根据百家争鸣的方针审订教学大纲》，《人民日报》1956年7月24日第1版。

③ 顾颉刚：《顾颉刚日记·八（1956—1959）》，第88页。

④ http://www.sssa.org.cn/sljj/667172.htm。

12月,先生在《历史教学》12月号上发表《英国圈地运动》。

是年,全国综合大学开始招收副博士研究生,先生所招专业为世界中古史。①

> 我校数学、物理、化学、生物、中文、历史五系二十九个专业,今年招收五十九名副博士研究生,本月10日至12日在北京、上海、成都、武汉、广州、青岛六个城市同时举行入学考试。录取后,将由苏步青、陈建功、周同庆、吴征镒、严志弦、顾翼东、谈家桢、卢于道、王鸣岐、孙宗彭、焦启源、吴定良、刘大杰、吴文祺、张世禄、周予同、周谷城、谭其骧、蔡尚思等三十五位教师进行指导。②

是年,经复旦历史系同事靳文翰介绍,先生加入上海民主同盟。③

1956级复旦大学学生,后来成为南昌大学历史系教授的俞兆鹏对先生有些许回忆,录之如下:

> 讲"世界中古史"课的是耿淡如教授,他形象慈祥,为人低调,自称是北京大学历史系齐思和教授的同学。他上课时,先一板一眼地念完自编的讲义,让学生记录,然后再进行解释。他所讲内容全是自己的研究成果,绝不人云亦云。④

1957年丁酉　先生六十岁

3月2日,先生填写上海国际关系学会入会申请表。

① 《综合大学招收哪些专业的副博士研究生》,《光明日报》1956年7月19日第2版。
② 华化:《本校招收副博士研究生》,《复旦》1956年10月15日第1版。
③ 耿淡如著,张广智编:《西方史学散论》,第342页。
④ 俞兆鹏:《追忆我在复旦大学历史系的老师和同学》,《世纪》2021年第6期。

上海国际关系学会入会申请表

1957 年 3 月 2 日

姓名　耿淡如　性别　男　年龄　60　经历　美国哈佛大学　经历　卅多年教授

已出版者之名称出版处及出版年月

近代世界史文献,第一分册(俄译),高等教育出版社(据预告,四月份出版)

未出版者之名称

近代世界史文献第二分册,第三分册,高等教育出版社(据合同,本年份出版)

现任职务　复旦大学历史系教授

加入党派或团体　民盟　上海史学会

通讯处　本市天平路 288 弄 7 号

介绍人　胡其安①

　　3 月 12 日,《文汇报》报道,复旦大学结合老教师的学术专长,在人文科学方面新开了十多门专门化和选修课程,历史系周谷城、王造时、靳文翰和先生等四人合开一门"埃及史"。②

　　4 月 28 日,上海史学会召开理事会会议暨座谈会,程应镠、陈守实、杨宽、徐仑、周谷城、顾廷龙、周予同、姚舜钦、吴泽、束世澂、戴家祥、张玫、李家骥、洪廷彦、王国秀等出席。会议通过新会员二十六人,决定每月最后一周召开一次座谈会,学术活动分组举行,由常委会领导。分组情况及各组负责人:中国古代中代组,程应镠、束世澂、陈守实;中国现代近代组,陈旭麓、胡绳武、魏建猷;世界古代中代组,耿淡如、陈祖源、韩亦琦;世界现代近

---

① 上海市档案馆:上海国际关系学会入会申请表(耿淡如),档案号:C43-2-306-7。

② 文:《复旦大学开设新课》,《文汇报》1957 年 3 月 12 日第 2 版。

代组,林举岱、朱延辉、靳文翰;亚洲史作为后备组,田汝康、张荫桐。各组名列第一位者为第一召集人。①

5月3日,先生参加上海哲学社会科学学术委员会筹集委会政治学座谈会。先生说:院系调整后,个人不愿提,只认为倒霉。资料有的捆起来有的烧掉。大家轻视政治学,很少有人研究资本主义政治制度,但如果不以两种制度对比,怎能知道何种优越?现在有部分的大学生,对于美国总统、法国总统、英国皇帝的权力究竟如何,也是不知道的。何论其他。资本主义国家的政治制度,不应不看到它的发展而仅以过去的眼光看。现在资料没有,不能研究,只是空争鸣。必须在争鸣之前,下一番工夫。因为资本主义国家,近几年来也是改变的。②

6月,先生在《历史教学》6月号上回答有人提出:世界上的"帝国"与"王国"有何区别? 先生回答到:

为了区别"帝国"和"王国",我们应首先了解什么叫做"帝国"。

帝国这个名词,依一般的概念,包括下列几个含义:

(1)帝国是大国。历史上称为帝国者,都是领土广大、部族或民族复杂的国家。例如,巴比伦帝国、埃及帝国、波斯帝国。

(2)帝国是元首叫做皇帝的国家。国家的元首,如果称为皇帝,则这个国家叫做帝国。例如,罗马自奥古斯都称帝后,称为罗马帝国。法兰西自拿破仑称帝后,即称为法兰西帝国。在十九世纪后期英国"女王"对印度,称为"女皇",所以大不列颠称为"联合王国",而印度曾称为

---

① 姜义华主编:《史魂:上海十大史学家》,第407页。
② 上海市档案馆:中共上海市教育卫生部关于召开哲学、政治学、社会学和历史研究所座谈会的会议记录,档案号:A23-2-274。

"印度帝国"。

（3）帝国是有广大殖民地或属国的国家。有皇帝的国家固然可称为帝国，但是，可称为帝国者不一定是有皇帝的。那些领有许多殖民地或属国的国家，也可称为帝国。举例说，雅典在其鼎盛时期，控制爱琴海周围，所以历史上称之为"雅典帝国"。美国是共和国，而在十九世纪后期，在文献上已可看到"美帝国"这个名词。又如法兰西帝国，荷兰帝国等都是指殖民地而言的。

从上面所说各点，就可分别"帝国"和"王国"了。一般讲，"王国"的领土比帝国小些，"王国"的元首不称皇帝而称"国王"；其次，国内的民族不象帝国内那样复杂，而且普通不包括殖民地在内，例如"大不列颠联合王国"是指英国本部，而不列颠帝国，则包括英国全部领土。此外，还须指出：在古代，帝国观念内包含着"大一统"或"世界帝国"的思想。罗马帝国、大食帝国、蒙古帝国等都有这种企图，至于做到与否，则是另一问题。又在中古西欧基督教范围内，帝国的成立须经罗马教皇的承认，因为皇帝须经教皇加冕。查理曼帝国就是这样成立的，神圣罗马帝国也是经过同样的程序而创建的。又按当时的帝国概念，欧洲只应有一个皇帝，所以查理曼称帝后，东罗马皇帝就大不高兴。

6月6日晚，复旦大学历史系举行教授讲师座谈会，先生与会。会上周谷城、谭其骧、王造时、耿淡如、田汝康、周予同、靳文翰诸教授和程博洪副教授对校党委和系支部工作都先后提出了批判和建议。

耿淡如教授说：自周总理报告后，知识分子待遇改善了，但党与知识分子中间仍有疙瘩。这就是彼此不放心。人事科记账，记在纸上；有一部分知识分子记账记得更厉害,他们记在心里。中国知识分子有一特点就是恩怨分明,受了一趟冤枉气,他永远忘不了。这样双方就不信任,因为不信任,就随随便便,只有诺诺然,没有谔谔然,潜力就发挥不出来。耿淡如教授说:党要相信人,不要使人成为惊弓之鸟。①

6月24日,在全体师生员工大会上,陈仁炳、王造时、杨兆龙、孙大雨等"右派分子"受到批判。②

6月25、26、27日,复旦大学历史系教职员连日开会,对"右派分子"陈仁炳、王造时进行批判。③

7月,由先生翻译,西门宗华校订,苏联学者阿·伊·莫洛克和维·阿·奥尔洛夫编的《世界近代史文献卷二(1870—1918)》第一分册由高等教育出版社出版。本书所选史料有马克思列宁主义经典著作中有关的指导资料,关于工人政党与第一、第二国际的重要文件,各国经济发展的统计数字,革命传单与政治纲领,各国政府的法令、国际条约、外交报告。此外,尚有当代人的文艺作品、信件与回忆录的摘要、报纸杂志以及其他专著等等的节录,这些史料都是近代史教学上所必要参考的。此外,本书各章都列有马克思列宁主义经典著作的参考要目,并注明有关的问题、章节与出处。在各项文件中,部分附有评注,其中包括马克思、恩格斯、列宁和斯大林的指示,作为研习文件、讨论问题的指导原则。各章所附教学法指示是用以说明各项文件的来源与意义、所要解决的问题以及使用文件的方法。本书对于教师的

---

① 《历史系举行教授讲师座谈会》,《复旦》1957年6月18日第4版。
② 《复旦大学百年纪事》编纂委员会:《复旦大学百年纪事(1905—2005)》,第227页。
③ 直上、述平:《历史系教职员群情激昂 集会声讨陈仁炳王造时》,《复旦》1957年6月28日第1版。

备课与学生的作业均极有用;不仅提供了正确的历史资料,而且也介绍了苏联历史教学上的报刊经验。

7月1日,复旦大学历史系举行教职工会议,讨论王造时的"问题",先生参会并发言。①

7月25日,复旦大学党委、公会和民主党派联合召开全体教职员大会,全校有257人被划为"右派"分子。②

9月,姜义华考入复旦大学历史系,先生教世界中世纪史。他回忆到:

> 历史系还有其他一些老师。比方说耿淡如老师。耿先生研究世界中世纪史,也做西方史学史。张广智就是他的研究生。他的世界中世纪史课,我们都去听了。跟耿淡如先生唯一的特殊联系,就是我到了资料室以后,系里交给我一份耿淡如先生编译的西方史学史的译稿,当时商务印书馆准备出的。这部稿子交到我手上后,我从头到尾认真地看了,提了一些相关意见。这本书好像到了"文革"以后才由商务印书馆出版。③

10月9日,吕思勉去世,享年73岁。

11月,由先生翻译,西门宗华校订,苏联学者阿·伊·莫洛克和维·阿·奥尔洛夫编的《世界近代史文献卷二(1870—1918)》第二分册由高等教育出版社出版。

12月3日,《复旦·副页》共16版,刊有第三批对鸣放中提

① 《历史系教师对王造时与罗隆基密谋反党行为极表愤慨》,《复旦》1957年7月3日第1版。
② 《复旦大学百年纪事》编纂委员会:《复旦大学百年纪事(1905—2005)》,第228页。
③ 姜义华口述,熊月之撰稿:《姜义华口述历史》,上海书店出版社,2015年,第123页。

出来的意见的答复，其中历史系学生提出鸣放意见多条，节录有关先生的意见如下：

> 意见☆段洪提：系行政培养目标不明，未发挥系里师资力量，这次选修课都与历史关系不大，为什么不叫耿先生开国际关系史，不叫杨宽先生开考古课程，田先生为何不开东南亚民族学。

> 答复：耿先生这学期已担任必修课一门和世界史资料研究的部分，再请他开国际关系史负担太重。杨宽先生原系兼任，从上学期直到本学期开学前几天，我们曾几度商请他为我系开设一门选修课，但因他兼任上海博物馆和上海历史研究所两处，工作太忙，终于未能答应。田汝康先生已定出开设上海史，阿拉伯各国现代史等选修课。①

是年，先生撰写《关于教师发挥主导作用的体会》，原文如下：

> 自从整改以来，整个教学上已有很大的革新。旧框框已经打破了，新形势和新内容正在建立。关于教师的作用问题，大家也正在讨论，可是也已有了一些新的认识，就是，教师在教学上不应单干而应走群众路线，应在党的领导下，在教学相长的原则下来发挥主导作用。

> 首先我觉得只有在党的领导下，才可发挥主导作用。我们必须贯彻党的教育方针，实现党的教育政策，应完全服从党的领导，执行党的指示。可是为了这项目的，我们还应有具体的措施。在我们系内（复旦历史系）正在试行两项办法：（1）年级工作组与课程工作组。工作组是依据"三结

---

① 《对鸣放中提出来的意见的答复（第三批）》，《复旦·副页》1957年12月3日第6版。

合"（党、教师、同学三方面的结合）原则，组织起来的。这两个工作组尤其是课程工作组，很有助于教师发挥作用的。教师和同学所遇到的重要问题，都可在工作组的会议上讨论并及时解决。（2）加强教研组的领导。上述工作组只是解决有关教学上一般性的问题，但关于课程方面的细致问题，例如关于学术上争论的问题、教学方法上的某些特殊问题、教学质量如何提高问题，理应在教研组讨论。教研组在党的领导下，加强领导教学工作，那是大有助于任课教师的教学质量的提高，因而使他能够充分发挥主导作用。但在这里，教师一方面果然须虚心接受意见，但另一方面也应积极负起责任多方考虑，主观上还应先有发挥主导作用的决心，然后客观上才能有所表现。

　　其次，我认为教师只有在教学相长的基础上，才能发挥主导作用。教与学毕竟是双向的，也是相互联系的。教师果然在教，但应虚心向同学学习，同学果然在学，但也应指出教师的缺点；这样可互相取长补短，共同提高。只有在这样的情况下，教师才能起着主导作用。所谓作用，不是用命令式或自以为是的方式所可办得到的。无论在业务上或思想上，如果不在对方乐于接受的基础上来进行，很难发生作用，更谈不上主导作用了。我认为：教师应首先放下架子，诚心诚意地实现平等民主的关系，对待同学，象对待朋友一样，对待弟兄一样，同时，还应了解同学在思想上与学习上情况，要知道同学所期望的、所需要的是什么？学习上有什么困难？所以教师在备课方面，不可一成不变，应该及时满足同学的要求。在这样的情况下进行教学，同学果可得益而教师也感到愉快。一般讲，同学对教师之要求是很高的，也是多样的。正因为如此，教师可发挥主导作用，也正因为如此，教师必须随时开动脑筋，想出办法。须知教师的责任,不仅在无保留地传授知识技术;而尤要者,在于多方面能发挥主导作用;而同学的责任,决不是被动地接受知识技术,而也应主动地对教师起着相应的作用。我觉得教学相长的道理,只有在社会主义教育制度下,才有实现的可能。在课堂讨论中,在提问解答中,在师生合作编写讲义、厂史等工作中,诸如此类,都可获得教学相长的好处。

最后,我认为提高教学质量和发挥教师的主导作用,是分不开的:教得好,即学得好,学得好,即教得好。所以为教师者必须也应该发挥指导或主导作用。至于如何发挥得好,我正在摸索中,希望同志们指教。①

1958年戊戌　先生六十一岁

1月25日,《复旦》刊发了历史系谭其骧和靳文翰在校委会第22次全体委员(扩大)会议上的发言。谭其骧在教材建设方面提到耿淡如先生的世界中古史讲义,各校都来要。②

1月30日,先生在《复旦》上发表《革命干劲和科学研究的关系》,录之如下:

我年已60多了,我在复旦过活也有40多年了,我从来没有看到过象这次扩大校委会的生气蓬勃、热情洋溢、充满着革命精神的大会。我几十年来从来没有在复旦所召开的大会上发过一次言,今次欣然也鼓足勇气,来讲几句话。

我所要说的,是关于革命干劲和科学研究的关系。一方面检查我过去对科学研究的想法和干劲,另一方面也反映我们历史系小组会讨论"加强教学和科学研究方案"时

① 上海市档案馆:耿淡如关于教师发挥主导作用体会的发言,档案号:C44-2-84-37。
② 谭其骧:《找到病根后的跃进决心》,《复旦》1958年1月25日第1版。

一些情况。

这几天来，我听到杨苏两校长报告以后，看到大会的热火朝天干劲十足的场面后，又参加了我们历史系讨论各种整改方案以后，我觉得自己太落后于新的形势。新形势的发展，象风驰电掣，而我自己老是牛步式慢吞吞地走着。另一方面，我这几天获得了一种力量，正在鼓舞、鞭策我前进，好象对我说，必须拿出全副力量，向前跃进，快快跃进。这力量是什么？这就是"革命干劲"。

于是，我就想到两个问题：第一个问题是，过去我有没有干劲？第二个问题是，如果过去有一些干劲的话，那么这是什么性质的干劲？

关于第一个有没有干劲的问题，我的回答是，"是"。有人说我这几年来有着一股干劲，我自己也承认这一点，虽然这干劲是不够的，不大的，而且是偏面的。表现在什么地方呢？当然是有关教学和科学研究这方面的。为了深入研究世界中古史，为了搞好世界中古史教课，我首先努力于外文的学习。这几年来我粗通了俄文及其他一些外文，已经达到能把它们译成中文程度，此外，还学习了一些拉丁文。在编译工作方面，我从俄文方面已翻译了和近代史有关的一些经典著作和重要文献，已经出版两册。我取材于苏联学者的著作编写了约 30 多万字的世界中古史的讲义，已作为高等学校交流讲义。我已写过几篇关于中古史专题论文以及译出有关世界中古史的原始资料，已在历史教学杂志上发表，此外还有关于世界史教材的几十万字初稿。以上的工作是从 1952 年思想改造后做起的，在短短几年中完成。当然，没有干劲是不行的。可是如果没有党的领导和党的培植，我也不会也不能编写成这许多稿子的。在这里我应该再一次表示对党的感谢，同时，也以我个人的例子来证明：只有在社会主义制度下,个人能够把自己的潜力尽量发挥出来。

……

上面所说的转变对我个人来说,是具有重大意义的。我之所以有这样的转变,是和这次校委扩大会议所得到的启发分不开的;也是和我们历史系讨论"教学和科学研究规划方案"有关系的。我们历史系内同志,包括老的、少的,都热烈拥护这方案内所提出的正确方针:就是,在教学工作中切实贯彻社会主义教育的方针,在科学研究中,彻底贯彻"百花齐放、百家争鸣"的方针。并且我们已初步谈过实行方案内容的方法。例如,关于教材编写工作,关于教学上的全面负责,已提出了初步的规划。关于复旦学报,我们建议把它分成各专业专号出版。大家都决心拿出革命干劲,并写了保证书来保证我们的革命干劲,向前跃进。

近几天来,我们看到年青同志们的革命干劲在各方面表现得十分有力十分充足。我们老年人也跟着青年起来了。某些方面,虽然干不上青年同志们,但是在科学研究方面还是雄心勃勃的,想和青年同志们竞赛一下,比一比干劲的大小,好吗?[1]

2月24日,复旦大学开学第一天,全校贴出大字报20000张,这些大字报如浪潮般猛烈地冲击着学校的思想、政治、经济各方面。[2]

2月29日,历史系教师、研究生及同学代表热烈讨论历史科学如何为生产服务等问题,先生参加,教育部胡沙司长和山

---

[1]　耿淡如:《革命干劲和科学研究的关系》,《复旦》1958年1月30日第2版。

[2]　《向一切落后现象冲击　复旦卷起革命旋风　开学第一天出现了二万张大字报》,《文汇报》1958年2月25日第1版。

东大学晁哲甫校长等也参加会议。先生发言谈到,他在自己的
教学中有两种联系:大联系和小联系。大联系解决原则、理论
问题,如用经典著作来解释农民起义等问题。小联系如世界中
古史的人名,很多相同,为了便于记录,就分为"长脚阿二""胖子
阿二"等等。①

　　3月,先生与齐思和、寿纪瑜选译的《中世纪初期的西欧》由
生活·读书·新知三联书店出版,该书为杨人楩主编的"世界史
资料丛刊初集"中的一种。

　　3月30日,复旦大学历史系全体师生进行"厚古薄今"的辩
论会,先生在会上发言:我主张"厚今薄古",这是针对目前史学
界不良倾向而提出的。我体会"厚今薄古"应:(1)"古"为"今"
服务,研究"古"要解决现在的问题。我不同意"博古通今",这
会与"厚今"引起误会,他们会强调先"博古",而不去马上"通
今",会"古未搏而身先卒"。(2)历史教育方向问题,在以后的
课程、力量配备、指导……上,都应贯彻"厚今薄古"方针。因为
历史是科学,研究古代史和近代史有共同的方法。对于以后的
方向,应着重培养青年多研究近代史和现代史。(3)实现"厚今
薄古",领导机关应有长远计划。古代史也应有人研究,但人数
要少一些,而研究近代现代史的人要多一些。②

　　4月2日,复旦大学历史系教师和研究生掀起了厚今薄古辩
论的高潮。③

---

①　《培养什么样的学生? 历史科学怎样联系实际? 历史系教师也展开
　　大辩论》,《复旦》1958年3月31日第1版。
②　复旦大学历史系:《厚今薄古辩论集》,上海人民出版社,1958年,第
　　14页。《肯定了历史科学的作用　再辩厚今薄古问题　历史系师生
　　辩论深入热烈》,《复旦》1958年4月1日第1版。
③　《辩真理　正是非　历史系再争厚今薄古问题》,《复旦》1958年4月
　　3日第2版。

4月3日下午,复旦大学历史系全体师生辩论"古""今"问题。华东师范大学、上海第一师范学院和中共中央第三中级党校的部分师生也参加了这次大会。会上大家一致承认了历史科学必须为现实服务,但在教学中如何体现"厚今薄古"精神,则有着不同的意见。先生不同意"博古通今"论,他说,这会与"厚今"引起误解,而且强调先博古再通今,只能弄得古未博而身先卒。①

4月18日以来,复旦大学历史系连续召开4次不同形式教师座谈会,揭发批判个人主义。②

4月26日,《复旦》报道历史系教师座谈会上的思想见面,先生有发言。③

5月17日,复旦大学历史系师生集会检查红专问题。④

5月27日,先生在《复旦》上发表《一年来关于思想改造和科学研究的收获》,录此文如下:

> 我是一个资产阶级旧知识分子,也是一个60多岁的老知识分子;而且我坦白承认,还是一个落后的、保守的知识分子。正因为是这样,不消说我的立场是不稳的,在思想作风方面是有着很多缺点。譬如,(1)我怕露面,怕人数众多的大会上讲话;(2)我是一个老牌暮气的人,常常想人寿几何,得过且过,因此缺少热情,不愿作长远规划;(3)我有"外

① 沈寂、立道、穆渊:《略古详今还是博古通今　厚古厚今还是厚今薄古　历史系师生大辩"古""今"问题》,《复旦》1958年4月6日第1版。

② 《揭发批判个人主义　愉快开展交心活动　历史系教师决心继续跃进》,《复旦》1958年4月24日第1版。

③ 道:《放下包袱　轻装前进　历史系教师座谈会上思想见面》,《复旦》1958年4月26日第2版。

④ 张立道、沈寂:《资产阶级个人主义思想贻毒无穷　历史系师生群起讨伐》,《复旦》1958年5月22日第4版。

快"思想,在固定收入之外,还想取得一些额外的收入。为稿费而写作,对于有钞票进账的稿件,写作得很起劲。至于无稿费的稿子,我是不乐意写的。

由于上面所说的三项大毛病,当然谈不到为人民服务了。当然,也谈不上"红透专深"了。通过整风运动,我受到了一次很伟大的教育,深深感到应该也必须纠正过去所有的缺点,最主要的是冲破资产阶级个人主义这一关。在党的领导和教育下,在党的又红又专的号召下,我感动、我兴奋、我走上了自觉自愿的改造路上。所以近几个月来,在我的思想作风方面,已大有转变,在我的努力方面,也开始确定方向;要争取做一个政治上的左派;做一个又红又专的工人阶级知识分子。

怕在大会上讲话,我已认识到是个人主义的"怕事"心理表现,对群众不信任态度的反映。在整风运动中,这一不良作风已经纠正过来了。由于同志的鼓励和批判,我的暮气也可以说消除了。现在我制订了长远的个人规划。很奇怪,有了这种思想以后,我觉得年轻、觉得乐观,暮气下降,朝气上升;好像我获得一种新活力。对于教学工作,对于科学研究,不仅有新的热情和信心,而干劲也不断地增长着。对于批评与自我批评的武器,也敢于使用了。对于党和党员同志,不仅觉得可敬而且觉得可爱了。此外,我开始转到集体主义的方向。过去由于个人主义思想的作祟,做事喜欢单干,待人表现冷淡,不很关心人,并觉得人家也似乎不很关心我。现在我觉得大家都彼此关心,要大家一起红起来专起来了。由于进一步认为资产阶级个人主义的丑恶面貌,我挖掘出思想作风上的病源,政治上的落后状态,都是从个人主义产生出来的。因此认识到个人主义是反动堡垒,进步的阻力。所有名利思想、自高自大、厚古薄今、重业务轻政治等等毛病,都是从个人主义的思想根源派生出来的。

在科学研究方面。过去,由于上面所说的"外快"思想,谈不上什么专深,更谈不上什么联系实际的问题了,因为我的主要动机是在钞票。例如,过去我所做的编译工作,如"世界中世纪史原始资料译注"、"世界近代史文献"译本,不管在客观上的作用如何,但在主观上是从这"外快"动机而进行的。现在我认识到:在做科学研究方面,必须明确为社会主义生产服务的方针,必须贯彻厚今薄古的精神。这样做去,才可有成绩,才可有大跃进。这一年来关于科学研究的主要收获,就在于此。

此外,我还体会到,必须放弃用旧标准、旧尺度来衡量新事物的倾向。对我说来,这是非常重要的。因为活过了几十年,受过了各式各样的旧教育,我的思想作风已形成了一套老东西、老标准,当然是属于资产阶级个人主义类型的。对于新事物和新形势,过去我自觉地或不自觉地往往拿出这一套尺度来衡量。我追溯过去在言论上所犯的错误大部由此而产生的。所以我决心折断这旧尺度,同时采用新的度量衡。现在我已体会到:关于这一方面的关键,在于加深马克思列宁主义的学习,通过实践来体会政府的政策,并全心全意地接受党的领导。

最后,我来谈一谈我的红专规划。这里,与其说是检查我的执行情况,倒不如说是指出它的缺点。这一规划是我在几个月以前的思想情况下制定的。现在我发觉了,这一计划是很不合适的。第一,没有体现出以政治为统帅的原则。第二,还是从单干方法出发,没有集体精神的表现。第三,没有表达厚今薄古的精神。第四,争取做左派知识分子方面,没有规定出具体办法。所以这规划,必须加以修订。

我想,这一年来,我所获得的收获,不是枝枝节节方面,而在于明确了服务的方向和决心走上社会主义道路。来日方长,不怕会没有成绩的。①

5月31日,复旦大学历史系教师集会学习刘少奇同志的报告,大家一致认为总路线有重大意义,大大地鼓舞与加强了全体人民早日把我国建设成社会主义强国的信心和决心。②

6月,复旦大学历史系教师连续开会,讨论如何破除迷信、解放思想,按照总路线的精神进行事业革新。在历史教学中如何实现厚今薄古和多快好省的原则? 许多教师提出了自己的看法。先生主张采用"师傅带徒弟、让助教讲课、老师听课、进行具体帮助"的办法来培养青年教师。认为这样可以提高速度。有的教师指出:在这方面也有两种方法的斗争;一种是要青年教师先啃史料学外文,等很多年后才开始搞教学和科学研究,这是少慢差费的办法。另一种是先参加教学辅导工作,掌握基本知识,边干边学,联系教学实践来培养,这是多快好省的办法。③

6月12日,上海市哲学社会科学学会联合会函上海市委宣传部,拟出版"哲学社会科学译丛",程天赋、周煦良、全增嘏、靳文翰、林举岱、刘佛年、朱延辉、徐先麟、方重、李振麟和先生等被列为译丛编委会名单。④

---

①　耿淡如:《一年来关于思想改造和科学研究的收获》,《复旦》1958年5月27日第3版。

②　道:《总路线充分显示了工人阶级的伟大、豪迈气魄　历史系教师学习总路线体会深刻》,《复旦》1958年6月3日第1版。

③　《用实际行动贯彻总路线　历史教师讨论革新事业问题》,《复旦》1958年6月11日第1版。

④　上海市档案馆:上海市哲学社会科学学会联合会关于成立编辑委员名单的报告,档案:A22-1-406-21。

6 月 20 日,复旦大学历史系全体师生举行跃进评比大会。①

7 月,复旦大学历史系全体教师开会深入讨论加强党的领导问题,先生与会。②

8 月 16 日,复旦大学历史系举行师生员工跃进大会。③

11 月,由先生翻译,西门宗华校订,苏联学者阿·伊·莫洛克和维·阿·奥尔洛夫编的《世界近代史文献卷二(1870—1918)》第三分册由高等教育出版社出版。

是年,蒋维乔去世,享年 85 岁。

1959 年己亥　先生六十二岁

年初,复旦大学历史系呈现出一片活跃、振奋的气象。开学第一课,年已 61 岁的先生,把寒假里准备好的"世界中世纪史"课程的讲义、史料选编、参考资料和地图等一起发给同学。④

2 月 27 日,《复旦》报道复旦大学历史系师生科研工作和教学工作跃马前进,乘风破浪。耿淡如老教授表示非把二年级的世界中古史教好不行,还要总结出在古代史进行创造性教学的经验,并围绕提高教学质量,开展多项科学研究。三年级同学听了很感动,当场送给他一首诗:"耿老不服老,跃进风格高,越干越有劲,愈活愈年青"。⑤

---

①　《鼓足干劲撰文著书　深入实际革新事业　历史系师生跃进会热情洋溢》,《复旦》1958 年 6 月 23 日第 1 版。

②　道:《矛盾客观存在无法掩盖　历史系教师深入讨论正确处理人民内部矛盾问题》,《复旦》1958 年 7 月 18 日第 1 版。

③　周、余:《市委战斗号角振奋人心　历史系师生决心再掀起一个大跃进高潮》,《复旦》1958 年 8 月 17 日第 1 版。

④　吴瑞武:《复旦大学历史系掀起了新的教学与科学研究高潮》,《历史研究》1959 年第 6 期。

⑤　《乘风破浪　鼓足干劲　历史系师生跃马前进》,《复旦》1959 年 2 月 27 日第 2 版。

　　3月，先生在《现代外国哲学社会科学文摘》第3期翻译英国学者库里哈拉（K.K. Kurihara）的《汉森教授论美国经济革命》，录"编者按"如下：

　　　　本文作者论汉森的"混合经济和福利国家"的观念，兼论"凯恩斯革命"，因为两者间有密切的联系。当资本主义进入垄断阶段，经济危机日益加深的时候，资产阶级经济学家便挖空心思地制造了形形色色的新"理论"，不管过去凯恩斯的也好，现在汉森的也好，都企图为垄断资本的利益辩护，为挽救垂死的资本主义制度开药方。可是，从这里介绍的两篇文章我们可以看出，汉森的"理论"，就连有些资产阶级经济学家也承认它有不可解决的矛盾。

　　此外，在该期先生还翻译了美国学者威廉·费尔勒（William Fellner）的《评汉森的"美国经济"》，节录该文前两段言：

　　　　汉森教授新著《美国经济》一书的主要优点，在于把已经讨论得很模糊的立场说得清清楚楚。这立场就是：有力地认可"福利国家"①的观念，不单纯因为它是以公道为基础，而且大部因为它在需求的高压力下是维持一种经济的手段，而这种高压力，作者认为，对有效能的活动，是必要的。

　　　　本书写得非常流畅，并有着丰富的内容。它总述了美国战后的经济活动，分析美国近时的货币问题，讨论了"雇佣法"及总统与联合经济委员会所提出的一连串报告书；还有写得特别好的一章，即"论富饶社会中的标准与价值"；对于凯恩斯的影响，也作出了估计。作者争辩说，美国的新近经验已经证明：那在福利国家内应有需求的高压力这项主张之不谬。

---

① 意指美国。——译者

3月3日,《文汇报》报道,1958 年复旦大学在教学和科学研究方面都取得了一系列巨大的成绩,各系共开出 23 门新课,编了 110 门教学大纲和 67 部教材,完成了 1788 个科学研究项目。在总结和发扬 1958 年教育革命成果的基础上,复旦大学又掀起一个以提高教学质量为中心的教好、学好、安排好的新高潮。历史系耿淡如教授担任"世界中世纪史"课程的讲授工作,他一开始就把讲义、史料选编、马、恩、列、斯对中世纪史的论点摘录、参考资料、历史地图等发给同学,使同学能在充分预习,比较广泛地接触这方面知识的基础上听他做重点的讲授,学习的效果就大为提高。①

3月27日,复旦大学历史系系务委员会研究如何进一步开展学术研究。会议决定:今后除继续搞好全系性的学术活动,如每周的学术讲座之外,应加强对各教研组学术活动的领导。各教研组应从本身的教学与科学研究任务出发,结合当前学术界争论的中心以及教材编写和教学中发现的问题,举办小型的学术讲座和学术讨论会,并可吸收其他教研组成员和同学参加。部分教研组在会上提出了学术讨论的计划,如中国上古史教研组准备结合中国通史古代史部分的编写,有计划地讨论科学院中国通史讨论会上所提出的中国古代史十大问题;世界上古中古史教研组将讨论耿淡如教授编的"世界中世纪史讲义",以提高教材编写与教学的质量。②

4月,先生与黄瑞章译注的《世界中世纪史原始资料选辑》由天津人民出版社出版。书前"内容提要"说:"本书包括关于世界中世纪史原始资料十五篇,其中前九篇曾在《历史教学》杂志

① 《复旦大学擂起再跃进战绩 教好、学好、安排好的新高潮正在形成》,《文汇报》1959 年 3 月 3 日第 1 版。
② 武:《历史系大兴学术讨论之风 系委会已对进一步开展学术活动问题作研究 全系教师讲深入学习百家争鸣方针》,《复旦》1959 年 4 月 3 日第 2 版。

发表过。所有资料都从俄文中世纪史料书中选译,每篇加入了
简短引言及一些附注,来说明中世纪西方封建社会中的若干重
要问题,如农奴制度、庄园经济、行会制度、农民起义以及资产阶
级形成等等问题。本书是为了配合世界中世纪史教学上的需要
而编译的,并曾在世界中世纪史课堂教学上实际应用过,企图用
原始资料使读者能获得具体而深刻的印象,并使他们能作出比
较正确的结论。本书可供世界中世纪史教学上的应用,也可作
一般的参考。"[1]

　　4月3日,《文汇报》报道,上海高等学校和中等专业学校教
师,在党的领导下,在教学相长的原则下,积极发挥在教学中的
主导作用。他们管教又管学,对学生的科学研究和生产劳动,给
予了很多帮助和指导。复旦大学历史系教师耿淡如这学期认真
钻研教学,把教学分为预习、讲授、辅导、辩论和总结五个环节,
在讲授中强调了重点分析理论,学生反映很好。[2]

　　是日,《复旦》报道复旦大学历史系师生热烈讨论教师发挥
主导性问题。教师如何在教学过程中发挥主导作用呢? 先生认
为:"师生之间应该实行平等民主关系,教师要放下架子,对同学
象对朋友一样;既要虚心听取并考虑同学所提的意见,同时也不
能忘记教师应负的指导的责任。"他深有体会地说:"我觉得在平
等民主的气氛里进行教学,'其乐也融融'。"他还认为在教学过
程中师生之间应该"互提意见,争辩鸣放。这是教学相长的主要
关键。通过鸣放争辩,彼此可弥补不足,取长补短。"[3]

---

①　耿淡如、黄瑞章译注:《世界中世纪史原始资料选辑》,天津人民出版
　　社,1959年。

②　《管教管学管劳动　全面关心学生　上海高校、中专校教师积极发挥
　　主动作用》,《文汇报》1959年4月3日第1版。

③　周修庆:《历史系师生热烈讨论　教师发挥主导作用问题》,《复旦》
　　1959年4月3日第2版。

5月2日，先生在《复旦》上发表《砚田上也来翻一翻吧！》，原文如下：

> 在迎接红五月之际，我提出一个问题，同时也回答这一个问题：我们笔耕砚田的"老农民"，能不能把收获翻一番呢？

> 能！在党的领导下，在总路线的光辉照耀下，在形势的鼓舞下，各个战线上——农业、工业及其他战线上——都已做到或超过翻一番的成绩，我们当然也是可以的。

> 能！问题在于抓思想、抓关键、鼓足干劲。砚田上的工作，象在农田上的那样，需要方向对头、技术革新、播种适度，尤其是需要不倦耕耘。比如种稻，秧苗培育得苗壮，稻穗自然会长得饱满结实。

> 能！在去年大跃进的基础上，根据过去所取得了的经验，我们正在试行新的耕耘方法。事半功倍的效果，看来已经出现。再加一把劲，稳可获得更好的收成。

> 能！我们有信心，有干劲。在党的领导下，在教学相长的原则下，来改进工作方法，来发挥主导作用，来做科学研究，来提高教学质量。此时遍地开花，他日果实满仓。

> 种瓜瓜大，种豆豆粗；砚田上也大有可为。干吧！①

6月，先生在《现代外国哲学社会科学文摘》第6期翻译《印度国际研究学院举行会议讨论文明间的接触》，新德里印度国际研究学院于1957年2月举行讨论文明间的接触问题学术讨论会，这次会议由英国著名资产阶级历史学家汤因比教授组织，有23所印度大学的代表参加，会议总结报告由该学院讲师喀鲁那伽兰发表在《印度季刊》1958年4—6月号，会议主要讨论："接

---

① 耿淡如：《砚田上也来翻一翻吧！》，《复旦》1959年5月2日第3版。

触"的意义,接受文明的交替反应,关于接受一个新文明的若干后果,关于文明"给与方"的态度,走向平等。

是月,复旦大学历史系深入开展师资培养工作。先生对青年教师黄瑞章的指导和帮助,有一套计划。不仅根据新的形式帮助黄瑞章重新改订和实现进修规划,而且认真地指导黄瑞章备课,鼓励他去试讲;试讲以后,再向他提出改进意见。为了帮助黄瑞章掌握外国语,更好地学习和研究世界史,耿先生就与黄瑞章合作,络续译注世界中世纪史原始资料十五篇。在译注过程中,耿先生亲自把黄瑞章的译稿拿来校对,帮助他改正。①

7月,先生在《现代外国哲学社会科学文摘》第7期翻译英国学者兰姆(Alistair Lamb)《西藏在中英关系中:1767—1842年》,"编者按"说:

> 本文作者所谈的虽是历史经过,但具有现实的意义。他肯定说:西藏是中国领土的一个不可分割部分,但同时他也指出:中国对西藏统治权的巩固,尤其是派重兵驻在西藏会引起印度边境上的防务问题。他叙述了在多次喜马拉雅山上风云紧张时期中,英国人所担心的,就是象1792年中国派大军横越山岭进攻尼泊尔的事件。他以昔视今,认为1792年的藏印边境局势可能重演。这真是杞人忧天的想法! 显然,这反映出作者根本不懂得新中国的和平外交的基本原则。但是他把铁一般的历史事实——西藏是中国领土的一个不可分割部分——端出来,这对目前大事叫嚣的印度扩张主义分子,总算是将了一军。

---

① 波:《党和行政采取措施　老年教师热情指导　青年教师力求上进
历史系深入开展师资培养工作》,《复旦》1959年6月13日第1版。

8月，先生在《现代外国哲学社会科学文摘》第8期翻译美国学者威廉士（Robin M. Williams, Jr.）的《社会学研究中的继续性与变更》。

8月26日，复旦大学历史系召开新学年教学工作讨论会。上海历史研究所刘力行同志、经济系伍丹戈、江泽宏同志以及该系周予同、周守实、耿淡如、田汝康等老教授都出席了会议。会议着重研究和讨论了各专门化课程的备课情况。各任课教师都准确好了各门新课的教学。刘力行同志为中国近代现代史专门化开设"中共党史"课程，编写了详细的教学提纲。伍丹戈教授"中国近代经济史"一课还编有讲义，经济系领导又特地地配备了这门课程的助教。周予同教授虽然年高体弱，也非常认为地准备好了"中国经学史"课程。世界上古中古史教研组提出，在新学期要贯彻党的教育方针，大大提高教学质量，各任课教师的讲稿、课堂讨论题目都要经过教研组的讨论，定期检查教学，开展理论学习，加强科学研究和学术讨论，注意培养青年教师和研究生的指导工作，研究和讨论苏联世界古代史的先进经验，以及继续加强教材建设等工作。该教研组还确定在不久将来开设"世界史学史"与"史料学"（世界古代史部分）两门新课。①

9月，先生在《现代外国哲学社会科学文摘》第9期翻译法国学者勒纳·塔东（René Taton）《科学史的教学问题》。

9月3日，《复旦》报道历史系教师加紧科学研究工作。耿淡如教授在整个假期内每天都工作十小时左右，完成了"批判汤普逊、中世纪经济社会史"论文和译完50万字的《中世纪经济社会史》上册，在十月一日以前，还将完成《殖民主义与反殖民主义

---

① 　武：《以实际行动响应党的战斗号召　历史系教师讨论新学年教学工作》，《复旦》1959年9月3日第1版。

在阿拉伯国家中》的论文。①

10 月 24 日下午,历史系部分老教授座谈全面跃进新高潮。先生发言。②

10、11 月,先生在《现代外国哲学社会科学文摘》第 10、11 期翻译《关于科学史任务与方法的国外著作(1945—1958 年)》。

12 月,先生在《现代外国哲学社会科学文摘》第 12 期翻译《第四次世界政治科学大会概况》,1958 年 9 月 16 日至 20 日在罗马举行了第四次世界政治科学大会,参加会议的有 300 多个政治科学家,代表欧、亚、美三洲约 30 多个国家,有 70 多篇重要论文提出,大会讨论 6 个专题:政治科学上理论与实践之间的关系问题、利益集团问题、国际冲突问题、正在发展的国家中地方政府问题、公共企业的控制问题、立法权与行政权之间的关系问题。

12 月 19 日,上海史学会分五组讨论市委宣传副部长陈其五同志的政治报告和年会工作报告,共有 55 位同志发言。关于厚今薄古的问题,先生说:厚今薄古方针提出之初,感到有困难,想放弃世界古代史,改为研究近代史,后来明确了,问题在于站在什么立场,用什么观点研究历史的问题。要"厚今薄古",关键要站在无产阶级的立场上,要以马列主义为指导,注重运用毛泽东思想,批判西方资产阶级的世界史。他建议史学会组织力量,使最近将来能写出有份量的著作。③

12 月 22 日,《复旦》刊发复旦大学历史系师生完成《中国通史》《世界通史》初稿。《中国通史》长达 240 万字,是一部上起

---

① 《乘东风　鼓干劲　中文、历史两系加紧科学研究工作》,《复旦》1959年 9 月 3 日第 1 版。

② 武:《在总路线学习中提高认识　历史系老教师决心投身大跃进热潮》,《复旦》1959 年 10 月 26 日第 2 版。

③ 上海市档案馆:中国史学会上海分会 1959 年年会大会情况简报(第二号),档案号:C43-1-610-4。

远古,下迄今天,包括先秦、中世纪、近代、现代、中华人民共和国五个时期的完整的通史。在编写时,师生们充分注意到我国境内各兄弟民族在共同创造我国数千年历史中所起的作用,对中国古代史上的十大问题,也本着百家争鸣的精神,发表了自己对这些问题的意见。《世界通史》共有134万字。它特别注意到当前亚、非、拉丁美洲各国人民的民族解放斗争及他们在人类历史发展过程中的伟大贡献。在编写过程中,师生都很重视历史科学已有的研究成就,特别是解放以来的研究成果和苏联的历史科学的先进水平。①

12月28日,上海国际关系学会第三届理事会选举产生。会长:金仲华;副会长:张耀辉、刘思慕、金学成;秘书:杨琪华、张安友、李广润;理事会成员:丘日庆、田汝康、石啸冲、刘思慕、刘良模、夏其言、向哲浚、齐维礼、李广润、金仲华、金学成、周丕炎、林举岱、耿淡如、梅公毅、钦本立、杨琪华、杨殿陞、张汇文、张安友、张耀辉、褚葆一、靳文翰、蒋燕。②

12月31日,先生在《复旦》上发表《关于科学研究的体会》,录此文如下:

十月中,在全系会议上听到了党委关于以科学研究为中心来实现全面大跃进的号召以后,我曾三番四复地思索了以下几个问题:

(1)在科研上的障碍是什么? 在党的号召下,在形势的鼓舞下,不可否认,在科研上,我们已取得了相当大的成绩,同时,多少已在走群众路线。例如,我们在大力编写通

① 《历史系师生共同努力建设教材　中国通史世界通史初稿未完成》,《复旦》1959年12月22日第1版。

② 上海市国际关系学会编:《回顾与展望:庆祝上海市国际关系学会成立五十周年》,上海人民出版社,2007年,第124页。

史讲义中，不仅全部教研组成员都在动手，而且还有同学参加。但在前进的路上，还有些思想障碍。就世界古代史来说，讲义已经印发给同学，在我的思想上，认为这项工作已经做得差不多，不愿再费大力气去修改了。另外，关于科研工作，各人有一套自己的规划，如果有一种外来的任务要做，情绪上总有些不舒服，有些被动。最近分配下来的《辞海》的编写工作，我就流露了这种情绪。由于这种被动思想作祟、就觉得这项工作困难重重。现在，我懂得"差不多"思想和"被动情绪"等等都是科研上的障碍，也是右倾思想的表现；所以为了进一步做好科研工作，就必须把右倾思想反深反透。

（2）怎样通过科研来提高教学质量？应该怎样去做呢？科学研究与提高教学质量是分不开的。只有通过科学研究，才能把我们学术水平提高，把我们的教学内容丰富起来。不从科研着手，谈不上提高教学质量。关于科研与教学的配合问题，我曾作一番考虑。举例说，在讲授世界史方面，我认为：要提高质量，必须批评资产阶级史学家的唯心主义的观点。为此，我翻译了两本资产阶级学者所写关于世界中世纪的代表性著作，这样，可使同学把反面和正面教材对比，因而提高了对马克思主义历史科学的认识。为了同一目的，我译注了中古史方面的原始资料。关于这项工作，做得还远远不够；所以现在我和教研组同志继续进行。

（3）怎样来安排时间？在反右倾、鼓十劲运动里，大家都忙，因而觉得时间上很紧，而科学研究是需要时间的。所以，对于时间须作出仔细的安排。现在，对我来说，这一问题已告解决。我采用了每天三班制；每班4小时，无论忙到怎样，每天至少可有一班即4小时作科研的时间；同时可在工作时,用集中注意力的方法,来把4小时作6小时用或8小时用。这样一来,现在我已觉得身忙而心闲;已免去了过去存在的忙乱状态。

此外,对于科研问题,由于经常在思索,最近,我还有着两点感想:

(1)在党的正确领导和大力鼓舞下,又在很好的形势和条件下,我们一定能够作出卓越的成绩;在这里,根本的关键在于认真地学习毛泽东思想,从事历史研究的我们,如果能掌握毛泽东思想,登上科学高峰,指日可待。但这不是说,每个人都已经认识到学习毛泽东思想的重要性了。我们过去对此认识是不够的。今后,我们必须把学习毛主席的著作提到首要地位。

(2)在科研工作上要有成绩,就必须兼有兔子的奔劲和乌龟的恒性。一曝十寒固然是不行的,但自满而没有坚毅的持久性,也是不行。

最后,我总结过去两年内所做的科研账单并为1960年作一预算表。最近两年内,我新编了十余万字世界中古史原始资料(已在本年出版),又完成了世界中世纪经济社会史约90万字(明年出版)。现在通过这次反右倾鼓干劲运动,在认识上有所提高。我预计:在明年一个年头,所做的工作将等于过去两年所做的工作,就是,在数量上,编写约百万字,在质量上达到公开出版的标准。①

1960年庚子　先生六十三岁

3月9日,复旦大学历史系全体教师开会讨论建设新专业。历史地理研究室的代表在会上首先汇报了他们在重编、

---

① 耿淡如:《关于科学研究的体会》,《复旦》1959年12月31日第5版。

改绘杨守敬《历代舆地图》工作中取得的重大成绩。他们还计划依靠全室的青年研究力量,开出了"历史地理概论"这一门新课程。世界近代现代史教研组的青年突击队在二十天内编出了60万字的讲义。目前,他们又勇敢地担负了建设国际关系史新专业的任务。即将开设的国际关系史专业和专门化,计划开出远东国际关系史专题讲座、中美关系史、苏联对外政策史、美国对外政策史、苏美关系史和世界经济政治地理等新课。中国近代现代史教研组也决心努力开出"中国现代思想史"。先生代表世界古代史教研组发言,世界古代史虽是一门新课,但是他有决心要使古代史现代化。中国上古中古史教研组表示,要把一九五八年以来每周一次的小型科学讨论会坚持下去。①

4月9日,为了搞好现代外国资产阶级学术情报工作,上海社科联要求上海有关高校统一安排力量,进一步进行写作,提出一些意见供各大学党委考虑。其中关于先生的内容为:耿淡如(英、法、俄文、历史),希望主动提供历史、政治国际方向。②

4月22日,复旦大学历史系召开了学习数学系先进经验的全体教师大会。③

5月4日,《复旦》报道,复旦大学社会主义建设先进单位和先进工作者暨学生学习积极分子代表大会开幕,出席大会的有161个先进单位,139个先进工作者,319个学习积极分子,全校先进工作者,历史系有七人,分别是:谭其骧、吴瑞武、魏嵩山、耿

① 《交流经验　立即行动　历史系建设新专业雄心大》,《复旦》1960年3月16日第1版。
② 上海市档案馆:《〈现代外国哲学社会科学文摘〉编辑部关于与各大学建立协作关系的一些意见》,档案号:C43-1-770-52。
③ 赵少荃:《学先进　创奇迹　迎接群英会　历史系全体教师集会表决心》,《复旦》1960年4月25日第1版。

淡如、金重远、庄锡昌、陈匡时。①

5月20日，《复旦》刊发《复旦大学历史系修订教学方案》。《方案》指出历史学专业的培养目标是：具有无产阶级世界观、掌握唯物主义历史观和丰富的历史科学知识、全面发展的有高度战斗力的历史科学工作者。为了实现这一培养目标，《方案》认为必须把学生世界观的改造放在专业教育的首要地位，根据毛泽东思想为统帅、从战斗中培养战斗人才、建立新的历史科学体系、以批判的观点进行学习、注意写作训练等六项原则，建立一个以毛泽东思想为指导的、密切结合中国实际的、和基础相适应的新的历史学专业教育体系。新的教育体系包括政治教育、课程学习、劳动、基层实际工作和科学研究五个部分。强调了大力加强政治理论课教育，并以一年时间进行基层实际工作锻炼，提出以"理论先行、以论带史、减少门类、集中安排、在掌握基本原理基础上围绕专题进行学习"的原则来安排课程。《方案》具体规定了彻底革新教学内容和教学方法，并在此基础上建立起以毛泽东思想为指导的，厚今薄古的，以阶级斗争为线索，以劳动人民为主体，并以中国革命、建设问题为中心的历史唯物主义的历史科学体系。《方案》最后指出，加强党对教育工作的绝对领导，是实现《方案》的根本保证。同时，还必须加速培养一支又红又专的师资队伍，作为党在贯彻各项政策措施的有力依靠。②

6月24日，上海国际关系学会举行专题小组扩大会议，分析当前国际形势，揭露美帝国主义的战争侵略政策。先生参会并发言。③

① 《全校先进工作者》，《复旦》1960年5月4日第2版。
② 武：《深入教育革命 多快好省培养人才 中文、历史订出教学改革方案》，《复旦》1960年5月20日第2版。
③ 《上海国际关系学会举行会议 愤怒谴责美帝霸占我领土台湾 揭露美帝假和平、真备战 假和缓、真侵略的罪恶阴谋》，《文汇报》1960年6月24日第3版。

　　7、8月,先生在《现代外国哲学社会科学文摘》第7、8期翻译
美国学者温克勒(Henry R. Winkler)《关于20世纪英国的最近论
著》,所评介的著作类型包括:关于一般性的著作、关于政治的著
作、关于"福利国家"与社会状况的著作、关于工党的著作、关于外
交政策与世界大战的著作、关于经济的著作、关于政治领导人的
著作。

　　8月4日,上海市哲学社会科学联合会致函上海市委宣传
部,报告《学术月刊》及《现代外国哲学社会科学文摘》两个刊物
的性质和编辑人员,其中,《现代外国哲学社会科学文摘》是一种
内部刊物(月刊),内容以介绍资本主义国家资产阶级哲学社会
科学为主。供全国哲学社会科学研究工作者和理论宣传工作者
参考。创刊日期为1958年9月,由上海人民出版社出版,上海
邮局报刊处内部发行。主任委员胡少鸣,副主任委员:程天赋、
周熙良。委员有:潘德明、靳文翰、林举岱、刘佛年、徐先麟、朱延
辉、方重和先生等。①

　　9月,先生在《现代外国哲学社会科学文摘》第9期翻译荷兰
学者华德尔(A.K. Warder)《印度史学的近况》,录"译者按"如下:

　　　　资产阶级历史学者在1936年伦敦史学会议上曾指出
　　印度史学上的危机:"帝国主义派"与"民族主义派"的旧史
　　学路线已经走不通,而新的路线尚未摸索出来。本文作者
　　提出了若干意见,以图弥补这项缺陷。但他是站在资产阶
　　级唯心主义的立场,所提的都是些枝枝节节的问题,而对史
　　学真正需要的东西,就是马克思主义的唯物史观,却没有推
　　荐。作者对于"半马克思主义"历史学者的观点讨论得较

① 　上海市档案馆:上海市哲学社会科学学会联合会关于"学术月刊"和
　　"现代外国哲学社会科学文摘"两个刊物的性质以及编辑人员情况的
　　报告,档案号:A22-1-477-36。

详。所谓"半马克思主义"者,是拒绝马克思的部分基本原则而接受其他部分原则;而他们所拒绝的正是史学上最需要的阶级斗争理论,因之,他们找不出社会的发展规律而歧路彷徨。由此可见,资产阶级史学的危机,和其他危机一样,非走马克思主义的道路,是解决不了的。

11 月,先生在《现代外国哲学社会科学文摘》第 11 期摘译了两篇关于海叶克《自由的宪法》的书评,其中一篇是英国学者亚诺尔(D.L. Arnold)的《一个"自由党人"的信仰》。

12 月 3 日,世界史、亚非史组召集人在科学会堂召开扩大会议,研究学术活动问题,林举岱主持,陶樾①、耿淡如、陶松云、程博洪②、章巽、周谷城、靳文翰③、田汝康、吴成平④等 12 人参加。

---

① 陶樾(1910—2001),浙江嘉兴人。1932 年毕业于复旦大学政治学系,1937 年法国巴黎大学法科研究院肄业,曾任上海法学院、重庆中央政治学校教授,新中国成立后历任上海第一师范学院、上海师范大学等校教授、上海师范大学历史系世界史教研室主任。著有《现代国际法史论》《论法国人民阵线的形成和政策》等,译有《俄罗斯现代史》等。

② 程博洪(1917—2001),湖南醴陵人。1942 年毕业于西南联合大学政治系。1947 年,在上海创办并主编《时与文》周刊。新中国成立后历任沪江大学副教授、复旦大学历史系教授、拉丁美洲史教研室主任。著有《里约热内卢互助公约的签订和美洲国家组织的成立》《联邦辨析》等,校订托马斯四卷本《拉丁美洲史》。

③ 靳文翰(1913—2004),河南开封人。1935 年清华大学政治学系毕业,1943 年获加拿大多伦多大学法学硕士学位,曾任西南联大研究员、美国芝加哥大学法律学院研究员、东吴大学教授。新中国成立后历任圣约翰大学教授,复旦大学历史系世界史教研室主任、教授,中国世界现代史研究会理事长。主编《世界史词典》。

④ 吴成平(1928—2002),四川乐至人。1954 年毕业于四川大学历史系,历任上海师范大学历史系主任、上海国际关系学会副秘书长。著有《世界近代史大事记(1640—1918)》《第二次世界大战简史》等,合译有《麦克阿瑟回忆录》等。

先生言:现在世界史上偏重政治的学风还扭转不过来,对于古代、中世纪史的还是希腊等国,这样中国对古代文化的贡献突不出来,我们要把这趋势扭转过来。研究要用三种资料,中国的,西方的,印度等国其他的材料。困难是困难,现在青年人已很多,只要注意起来,就一定会有成绩,这是我们历史教学上的很大缺漏。①

12月17日上午,上海历史学会在科学会堂漫谈世界史、亚洲史教学和科研中存在的情况,周谷城主持,参加会议的有:耿淡如、陶松云、黄瑞章、陈祖源、韩亦琦、陶樾、周予同、田汝康、王国秀、周谷城、章巽、杨宽等15人。先生言:怎样建立一个中国的世界史体系,编写一本中国人写的世界史,中心问题是怎样提高史学史教学的质量。对此问题应该特别注意,现在学毛主席著作,列宁主义可学,在大形势下,世界史教学配合不上,世界史教学最需配合形势,世界史教学落后于形势。现在教学中是有问题的,表现在,第一,讲世界史由西到东,产生一个什么毛病:谈时就感到陌生。先谈西方,产生一种将西方的东西套在东方来,产生错误看法。套如果可以用,宁可东方套西方,不可西方套东方。第二,世界史教学东方部与历史分期问题,非常需要急切解决。第三填补空白问题。②

12月24日上午,田汝康在科学会堂报告"印度国大党政府的性质",世界史、亚非组漫谈"印度国大党政府的性质",周谷城主持,丘日庆、王国秀、田汝康、章巽、陶樾、程天赋、陆志仁和先生等15人参加。③

---

①　上海市档案馆:上海历史学会世界史组、上海历史学会亚非史组召集人扩大会议记录,档案号:C43-2-191-48。

②　上海市档案馆:上海历史学会世界史组、上海历史学会亚非组座谈会会议记录,档案号:C43-2-190-1。

③　上海市档案馆:上海历史学会世界史组、上海历史学会亚非组座谈会会议记录,档案号:C43-2-190-13。

20 世纪 60 年代初,对于先生的情况,据邻居回忆:

> 据耿先生的邻居回忆,在六十年代初之前的很长一段时间,耿先生都是由复旦派专车接送上下班的。即使在三年困难时期,耿先生每天早上一杯咖啡,二片面包,一只荷包蛋是能够保证的。他对耿教授平时衣着打扮印象深刻,49 年以后似乎很少穿西装,穿中山装的时间较多,毛料裤子的二根烫缝笔挺,脚穿一双圆口布鞋,经常一只手拿着一根文明棍,另一只手夹着书和文件。耿先生家里雇有一位保姆兼中文打字员。她是昆山人,长相与气质都不错,吴侬软语,上午操持家务,下午负责打字。"文革"开始她突然不见了,后来才知道她被昆山红卫兵勒令回家乡接受批斗,说她是地主婆。①

据朱维铮回忆:

> 经过多年政治运动的扰攘,到上世纪六十年代初,两门史学史同时讲授,才在复旦历史系变成现实。一九二七年便在清华国学研究院以《明史稿考证》为题的毕业论文而受导师梁启超激赏的陈守实先生,率先更新了中国史学史的通行陈述体系,从史论结合的角度,特别关注史学映现的社会结构和时代思潮,强调从矛盾的历史陈述中间才能清理出真的史实。早年留美并长期从事时事评论的耿淡如先生,作为列入全国科学规划的世界史学史项目主持人,特别留意对于前苏联史学以外的西方史学的整合性研究。两位先生讲授的两门史学史课程,都以独特的风格,吸引着青年师生,并且各自都在本系带出传人。②

① 微信公众号:不一样的谈情说爱,张左之:《〈天平路〉之"教育天平路"(九)》,2021 年 8 月 27 日。
② 朱维铮:《朱维铮史学史论集》,复旦大学出版社,2015 年,第 2 页。

1961 年辛丑　先生六十四岁

1 月 24 日上午,田汝康在科学会堂报告"论印度国大党政府的性质",先生主持,田汝康、陶松云、苏乾英等 88 人参加。①

2 月,先生在《现代外国哲学社会科学文摘》第 2 期翻译《美国国际法学会第 53、54 次年会概况》,美国国际法学会第 53 次年会于 1959 年 4 月 30 日至 5 月 2 日在美国首都华盛顿五月花饭店举行,会议共有 6 次,5 次宣读论文与讨论问题,最后一次是关于学会的事务会议,共有 31 篇论文,都围绕着年会总论题"今天关于世界公共秩序的各种不同制度"来发挥。美国国际法学会第 54 次会议于 1960 年 4 月 28 日至 30 日在华盛顿举行,会议共有 6 次。

2 月 2 日下午,靳文翰在科学会堂主持世界史组、亚非史组年会,由孙道天、陈晞文、陶樾、伍贻康等选读论文,苏乾英、徐先麟、郭圣铭②和先生等 47 人参加。③

2 月 24 日起,先生为复旦大学 1959 级本科生讲授外国史学史课程。

3 月,先生在《现代外国哲学社会科学文摘》第 3 期翻译《新首领与经理革命》。又在该期翻译美国学者索罗金(Pitirim A. Sorokin)的《论汤因比的历史哲学》,录此文的内容摘要如下:

> 汤因比的哲学——历史研究的对象是"文明"而文明是"社会型"。文明诞生于社会中少数"贤人"对环境挑战的

---

① 上海市档案馆:上海历史学会 1960 年会会议记录,档案号:C43-2-192-72。

② 郭圣铭(1915—2006),江苏镇江人。1938 年毕业于中央大学,新中国成立后任职于广西大学历史系、湖南师范学院历史系、华东师范大学历史系。著有《西方史学史概要》《文艺复兴》《世界文明史纲》等。

③ 上海市档案馆:上海历史学会世界史组、上海历史学会亚非史组 1960 年年会会议记录,档案号:C43-2-192-118。

应战成功;成长于少数"贤人"的领导与多数人的跟从;衰退由于少数"贤人"创造性的失败与多数人模仿性的缩退。诞生、成长与死亡是文明的必然过程。历史上26种文明中,大多已死去或正在呻吟待毙,只有西方基督文明尚有续存的希望。只有"神化"(宗教)能引导"人"到"超人"、"文明"到"超文明"、"人的王国"到"神的王国"去。

作者的批评——指出基本错误是:以"文明"作为历史研究的对象和以文明诞生、成长与衰退过程的概念公式作为历史哲学的基础。文明不是如汤因比所说的一个有因果关系的体系而是一个大垃圾堆,不可能用这个公式来描述。汤因比硬要把文明活埋或说成是"僵化",因而犯着种种事实与逻辑上的错误。另一方面表明:对于若干历史问题,汤因比也有其新鲜而精辟的见解。

3月8日,上海史学会理事会在科学会堂举行扩大会议,推选周予同为副会长,增选刘振海为秘书,推定各专业召集人。中国古代史组:吴泽、谭其骧、杨宽;中国近代史组:徐仑、魏建猷、胡绳武、陈旭麓、夏东元;中国现代史组:刘振海、张铁毅、林远、李茹辛、郑维淑、韩明盛、甄宝亭;世界古代史组:耿淡如、郭圣铭;世界现代史组:林举岱、田汝康、靳文翰、冯纪宪、吴成平。会议还讨论了1961年史学会的工作。①

4月1日,先生译索罗金的《论汤因比的历史哲学》,在《现代外国哲学社会科学文摘》发表。自此后,该刊不时有先生的译文刊出,内容均涉及域外史学信息等。

4月12日,高等学校文科教材编写会议在北京召开,会议由周扬主持。周扬在讲话时说:编教材无非是三种办法:一是选,

① 姜义华主编:《史魂:上海十大史学家》,第426页。

就现有教材中选用一种较好的,一是新编,一是借,借就是翻译
外国的,翻译苏联的。理工方面很多教材可以借。文科就比较
难,中国历史、中国文学史、中国哲学史你去借人家的？所以在
这一点上讲文科教材比理科教材难。又说:文科里面论很重要,
论就是观点,就是马克思主义、毛泽东思想的基本原理。有一个
时候提"以论带史",这个话有它的积极意义,就是要用马克思主
义的观点去统帅史料,批判了那种为史料而史料,轻视理论的观
点。在这个意义上讲,这个口号起了积极的作用。但是从另一
方面讲,这个提法是不全面的,是有缺点的,甚至是不正确的。
因为"以论带史",很容易给人一种印象,好像只要有论,史就带
动起来了,就有了史,而实际上恰好相反。……我们研究历史,
不能现有一个公式,先立下一个结论,然后再找一些史料来套,
来证明。这样做法是直接违反历史唯物主义的。研究历史应当
从史料出发,包括文字材料和地下发掘的材料。①

　　5月,高教部公布了高等学校文科教材编选计划表,外国史
学史由复旦大学周谷城、耿淡如负责,北京大学、武汉大学、中山
大学参加,8月开始编写。②其中联络秘书为曹增寿、参与编写的
人员有田汝康、程博洪、靳文翰、陶松云、曹增寿、金重远、王造
时、林同济,外地的有北大齐思和、张芝联③,武大吴于廑,中大

①　上海市档案馆:周扬同志在高等学校教材编选计划会议上的讲话(根
　　据记录稿整理),档案号:A23-1-358-101。
②　上海市档案馆:上海市高等教育局关于转发高等学校文科教材编选
　　计划的通知,档案号:B243-1-224-59。
③　张芝联(1918—2008),浙江鄞县人。1940年毕业于上海私立光华大
　　学,1946年赴美国耶鲁大学攻读历史,1947年转赴英国牛津大学继续
　　研究历史,回国后任教于光华大学。新中国成立后任职于燕京大学
　　历史系、北京大学历史系。著有《1815—1870年的英国》《法国通史》
　　《法国史论集》等。

钟一钧、金应熙①。1961 年 8 月拟定大纲、选目,1962 年 4 月完成初稿,1962 年 7 月定稿。近现代资产阶级史学流派资料选辑与外国史学史参加人员和完成时间相同。②

6 月,先生在《现代外国哲学社会科学文摘》第 6 期翻译美国学者古德(Robert C. Good)的《尼布尔同莫根索、凯南关于民族利益与政治现实主义的"辩论"》。

6 月 6 日,上海市高等教育局邀请先生等参加文科教材编选工作会议。

> 上海市高等教育局召开文科教材编选工作座谈会的通知
>
> 　　兹定于六月(　)日(星期　)下午二时,在北京西路泰兴路文化俱乐部 306 室召开文科教材编选工作座谈会,交流和研究编选工作的情况和问题。请准备意见,准时出席。
>
> 　　此致
>
> 　　　　　　　　　　　1961 年 6 月 6 日
>
> 　　文史部分(六月八日　星期日　下午二时)
>
> 　　陈望道(复旦)　吴文祺(复旦)　李振麟(复旦)　朱东润(复旦)　郭绍虞(复旦)　夏承焘(杭大)　刘大杰(复旦)　周予同(复旦)　周谷城(复旦)　耿淡如(复旦)　蔡尚思(复旦)　束世澂(师大)　吴泽(师大)　徐常太(复

---

①　金应熙(1919—1991),浙江绍兴人。1941 年毕业于香港大学,1945年,任教于岭南大学。新中国成立后任职于中共广州市委宣传部、中山大学历史系、暨南大学历史系。著有《香港史话》《简明中国古代史》。《金应熙史学论文集》三卷(古代史卷、近现代史卷、世界史卷),2006 年由广东人民出版社出版。

②　上海市档案馆:上海市教育局关于文科教材编选工作汇报(1)(上海负责 20 种教材编写汇报),档案号:B243-2-268-1。

旦）　陈旭麓（师大）　陈向平（中华书局）　《解放日报》
《文汇报》①

6月8日下午2时,上海市高等教育局文科教材编选工作座
谈会召开,先生因故未与会。②

8月,先生在《现代外国哲学社会科学文摘》第8期翻译奥
地利学者凯尔逊(Hans Kelsen)的《什么是正义》,录该文的"内
容提要"如下:

> 正义的问题是从古到今一个未获解决的问题。正义是
> 社会性的;有人主张,它即是幸福,但什么是幸福呢?正义
> 本质上只能是主观的、相对的价值判断,但人类不以此为满
> 足,渴望绝对的正义观念。思想家不断寻找这项观念。柏
> 拉图的"绝对善"的理念和耶稣的"爱"的教义代表形而上
> 学与宗教派的正义观念。另有理性主义派,企图从人类理
> 性来说明正义,提出种种原则:"给各人以应有"、"还报"、
> "平等"、"己之所欲乃施之于人",等等。亚里士多德的"中
> 庸"说,也属于这一派。但两派对于绝对正义问题都未曾提
> 供满意的答复。最后,作者提出容忍作为相对的正义——
> "容忍正义",即容忍思想自由发表的原则。

9月,先生翻译美国学者汤普逊的《中世纪经济社会史
(300—1300年)》上册由商务印书馆出版。

10月,先生在《现代外国哲学社会科学文摘》第10期翻译法
国史学家雷蒙·阿隆(Raymond Aron)的《历史中的相对主义》,又

---

① 上海市档案馆:上海市高等教育局关于召开文科教材编选工作座谈
会的通知,档案号:B243-1-225-45。
② 上海市档案馆:上海市高等教育局关于文科教材座谈会的会议记录,
档案号:B243-1-225-40。

在该期翻译《关于巴斯摩尔论历史的客观性一文的讨论》。

10月,先生在《学术月刊》第10期刊发《什么是史学史?》。1961年10月29日《光明日报》第1版"学术简报"栏目中对先生此文进行观点摘要,内容如下:

> 《学术月刊》第十期发表了耿淡如的《什么是史学史?》一文。在文章中,作者对史学史的对象与任务,提出十点探讨性意见:
>
> (一)史学史上除按照一般通史的分期外,应另把史学史发展阶段分为两大时期:前马克思主义、前科学时期和马克思主义、科学时期。
>
> (二)史学史应反映出社会上的阶级斗争,但不是叙述阶级斗争本身,而是分析历史家、历史学派在思想领域内的斗争。
>
> (三)史学史和历史科学一样应阐明其自身的发展规律。
>
> (四)史学史应是历史科学的历史,而不是历史家的传记集和目录学。
>
> (五)史学史应和历史哲学或社会思想史有区别。
>
> (六)史学史应包括历史编纂与历史研究两者在内。
>
> (七)史学史应结合其他有联系的科学来研究。
>
> (八)史学史应总结过去史学的成绩。
>
> (九)史学史应以研究历史的同一方法来研究。
>
> (十)史学史对资产阶级伪史学应进行坚决的斗争。
>
> 作者认为:"我们所说的'史学史'意味着什么呢?是历史科学史,还是历史学科史?这个问题的解答,须取决于对历史学的概念和史学史的内容。"①

---

① 《学术简报·什么是史学史?》,《光明日报》1961年10月29日第1版。

　　此文的发表引起上海史学界的广泛关注,为此,上海史学会专门召开两次座谈会予以讨论,参加座谈会的有:周谷城、耿淡如、周予同、吴泽、金兆梓、李平心、林举岱、王国秀①、田汝康②、郭圣铭等。③《光明日报》刊有报道一则:

　　　　自从《学术月刊》1961年第十期发表了耿淡如《什么是史学史》一文后,引起了上海史学界的注意。最近,上海史学会就史学史的对象与任务问题,召开了两次座谈会。

　　　　会上,大家就史学史的研究对象与任务,史学史与历史哲学史等其他学科的区别和联系,史学史的编写原则以及中国史学史与世界史学史的关系等问题做了探讨。

　　　　关于史学史的对象与任务,会上基本上有三种意见:(1)史学史的对象是研究历史学派的斗争;阐明史学家的阶级地位及其世界观;说明历史著作产生的时代背景及其指导思想;阐明史料存在的状况;阐明历史科学本身发展的源流,尤其是马克思主义历史科学的产生,等等。(2)史学史是属于意识形态领域的一门学科,它的研究对象是史学,是

---

①　王国秀(1895—1971),江苏昆山人。1921年赴美国惠斯利大学攻读文学,1926年获美国哥伦比亚大学历史学硕士学位。回国后任教于金陵女子文理学院、大夏大学、圣约翰大学,新中国成立后历任震旦大学、女子文理学院、华东师范大学教授。著有《英国中世纪妇女生活史》《十八世纪中国茶和工艺美术品在英国流传状况》。

②　田汝康(1916—2006),云南昆明人。1940年毕业于西南联合大学哲学心理学系。1948年获英国伦敦大学政治经济学研究院人类学博士。新中国成立后任浙江大学、复旦大学教授。著有《内地女工》《芒市边民的摆》《滇缅边境傣族宗教仪式研究》《中国帆船贸易和对外关系史论集》等。

③　《上海史学会召开座谈会　讨论史学史对象、任务和编写原则　并就史学史同历史哲学史等的区别与联系等问题作了探讨》,《文汇报》1961年11月28日第1版。

研究史学发展、变迁、递嬗的历史,研究马克思主义史学产生的历史,以及马克思主义史学与非马克思主义史学斗争的历史。因此,史学史要对各家历史学说作出科学的评价,给以应有的历史地位;对史学遗产作清理工作,去其糟粕,取其精华。史学史不仅仅是历史编纂与史料考证,而应重视思想领域中的问题。当代著名的哲学家或哲学著作,虽然不属史学家和历史著作,但是它对史学思想和著作发生很大的影响,史学史也应当研究。(3)史学史首要的任务在于阐明史学史及史著本身发展的规律,其次在于总结过去的史学成就,再次就是对资产阶级伪史学进行具体批判。此外,有人提出史学史应当阐明史学观点、史学方法,其内容应包括史学的辅助学科,如史料学、文献学、目录学等。

关于史学史与历史哲学史的区别与联系问题。耿淡如认为,史学史应和历史哲学或社会思想史有所区别,史学史也不是历史家的传记集和目录学。另一种意见认为,史学史应当包括历史哲学史,否则就很难阐明史学思想领域内的斗争,而只剩下历史编纂学了。还有一种意见认为,史学史虽然不应当是史学家的传记和历史著作的目录学,但是又不能离开它。

关于世界史学史与中国史学史的关系问题,有些同志认为中国史学有其独特的系统,世界史学史应当讲中国史学史;而中国史学史在世界史学史中如何安排和处理是一个值得研究的问题。中国在唐代已有史学理论,中国史上过去是经史不分,史学的范围很广,地理学也包括在其中。中世纪的封建主义史学史的和近代资产阶级史学史跟马克思主义史学史的范围是有区别的。应该历史主义地对待。

在讨论史学史编写原则时,华东师范大学历史系提出必须严格区别世界观问题、学术问题与政治问题三者的关系,不能混淆。并认为,学术思想一经形成,有其独立性和延续性,编写史学史时,必须搞清各史学家和史学流派的源流、特点及其影响。此外,有人认为,史学史在整个学术思想史中的地位,它自身起有一定历史作用,同时又受整个学术思潮的制约。所以,必须以毛泽东思想为我们的指导思想,来加以估定。

　　这次座谈会上对上述问题,还只是展开初步的探讨论,究竟如何编写出一部完善的史学史,还有待于学术界作进一步的研究。①

　　10月21日下午,世界史学会在科学会堂研究世界古代中世纪组、世界近代现代史组开展学术活动问题,周谷城主持,王国秀、郭圣铭、林举岱、韩亦琦、陶松云、吴成平和先生等9人参会。先生言:前两天《学术月刊》编辑来过,说文章有影响,希望中国史方面也来一篇,希望周先生也写一篇,中外兼的。史学史编辑会议11月20日在上海开,周一良也来,要求林举岱、郭圣铭先生也来参加。我正在写《资产阶级历史研究的动向》,《学术月刊》明年一月号发表。我准备一年至少写十篇文章,报告也可以结合搞。现在有两个问题,一是世界史体系问题,一是史学史问题,其他专门性的问题不适宜讨论。现在《文汇报》、杂志等都要文章。关于资产阶级学派要翻译100万字,批评资产阶级流派放在高年级,史学史在三年级。搞中国史学史的有吴泽、陈守实,中西合璧的是周先生。我们应该鼓舞青年做,我们青年时写文章最起劲,现在青年很少写文章,史学会应该培养,鼓励青年,过去我们注意不够。现在有些青年不知道怎样用功,我们搞《辞海》也感到增长了不少知识。

──────────

① 《上海史学会座谈史学史问题》,《光明日报》1961年12月6日第4版。

历史学会、国际关系学会重复很不便,是否取消一方。①

10 月 28 日下午,上海史学会在科学会堂讨论史学史的对象与任务问题,周谷城主持,参会的陶松云、周予同、林举岱、陶樾、朱延辉、桂遵义和先生等 50 人。②

11 月 23 日,上海历史学会古代史组召集人讨论本组 1961 年年会活动,程天赋主持,出席者:周谷城、周予同、李平心、程天赋、陈希嵩、郭圣铭、艾周昌、吴成平、姚震寰、藏荣炳、杨宽、束世澄、谭其骧,先生与会。③

12 月 7 日,《人民日报》王若水来沪征求对《人民日报·理论版》的意见,上海社科联召开座谈会,到会的有哲学、经济、历史、教育、外文等各方面的理论工作者 19 人,先生与会,先生建议可多登些世界史方面、资产阶级史学思想批判等方面的问题。先生还说:据说北京新到一万多册外国来的书籍,可否请内行的专家学者选择若干有价值的翻译一些或介绍一些,供理论工作者参考。④

12 月 26 日,上海史学会投票选举理事。其中,周谷城220,金兆梓220,王国秀218,洪廷彦215,胡绳武219,姚舜钦218,朱永嘉217,沈以行220,耿淡如218,束世澄219,顾廷龙216,李平心216,奚原219,李亚农219,徐仑220,章巽220,车载216,张家驹214,吴泽219,程天赋216,程博洪214,陈守实

---

① 上海市档案馆:上海历史学会世界古代中世纪史组、上海历史学会世界近现代史组召集人会议记录,档案号:C43-2-199-66。

② 上海市档案馆:上海历史学会世界史组 1961 年扩大会议记录,档案号:C43-2-197-43。

③ 上海档案馆:上海历史学会中国古代史组召集人会议记录,档案号:C43-2-199-6。

④ 上海市档案馆:上海市哲学社会科学学会联合会学术组关于人民日报理论版的意见,档案号:C43-1-108-70。

219,杨宽 219,陈旭麓 219,蔡尚思 214,林举岱 219,魏建猷 214,周予同 220,谭其骧 219。发出选票 221 张,收回选票 221 张,有效选票 220 张,废票 1 张。①先生等被增选为理事。

关于改选上海历史学会理事的报告

根据会章规定,上海历史学会第六届理事的任期已满,需要在本年年会时改选。我们提出改选的原则意见是:原理事都予以保留,并为加强与各单位的联系,拟增选耿淡如(复旦大学历史系教授)、张家驹(上海师范学院历史系副系主任)、吴成平(上海师范学院历史系讲师)、朱永嘉(复旦大学历史系讲师)、时进(中共上海市委党校党史教研室副主任)为理事。此五人名单已征得有关单位党委之同意。

此上报告,请予报批。

此致

社联党组

上海历史学会党组

奚原

陆志仁

沈以行

1961 年 12 月 26 日②

是年,为了进一步发挥知识分子的积极性以及照顾地区、学科的平衡起见,中华书局编辑所修订《辞海》史料拟将有关人员工作进行调整,拟增加的编委名单有先生,备注如下:现任复旦大学历史系教授,在外国史方面有一定地位,二稿定稿时由他负

---

① 　上海市档案馆:上海历史学会关于增选理事、副会长的报告,档案号:C43-1-633。

② 　上海市档案馆:上海历史学会党组关于改选上海历史学会理事的报告,档案号:C43-1-113-40。

责外国史全部条目。调整后的《辞海》编委会名单历史类中有李亚农（上海社会科学院历史研究所）、奚原（上海社会科学院历史研究所）、徐仑（上海社会科学院历史研究所）、刘力行（上海社会科学院历史研究所）、杨宽（上海社会科学院历史研究所）、周予同（复旦大学）、蔡尚思（复旦大学）、谭其骧（复旦大学）、耿淡如（复旦大学）、李平心（华东师范大学）、吴泽（华东师范大学）、金兆梓（中华书局上海编辑所）。①

是年，中国史学界出现"史学史热"，亲历者张广智曾撰文《春意遍于华林——1961 年"史学史热"追忆》回忆，节录此文如下：

> 1961 年，正逢三年经济困难时节，曲折与坎坷相连，艰辛与探索接应。然而正是这一年，中国史学界发生的"史学史热"，在中国现代史学史上书写了绚丽的华章。是时，我已是复旦大学历史系高年级的学生，成为这场"史学史热"的亲历者。那时的场景，那时候的人，总是难以忘却。

> **史无前例的"史学史热"**

> 1961 年 1 月，面对严重的经济困难，党中央审时度势，开始纠正"大跃进"运动在各方面所带来的问题，飞速转动的共和国车轮放慢了节奏，转入了"调整、巩固、充实、提高"的新轨道。与此同时，史学界于 60 年代初萌发了科学史学思潮，从而引发了对历史学自身的反省并开展了关于史学史问题的大讨论，进而发展为"史学史热"。

> 是年 2 月，中共中央书记处发布了编写高校教材问题的指示。4 月，中共中央宣传部在北京召开了全国高等院校

①　楚焰辉：《1961 年中华书局辞海编辑所修订〈辞海〉史料选》，上海档案馆编《上海档案史料研究　第 22 辑》，上海三联书店，2017 年，第 296、298 页。

文科教材编选工作会议,会议明确提出,教材编写既不照搬苏联,也不仿效西方,而是要编写中国自己的文科教材。"史学史热"兴起正源于这次会议。

"史学史热"声势浩大,震动了当时全国史学界,北京、上海、广州、西安、济南等地高校和科研机构,纷纷召开学术座谈会,就史学史研究的相关问题,比如史学史研究的对象与任务、内容与分期、教材编写的原创与方法等,展开讨论。参与讨论的有:陈垣、熊德基、方壮猷、王毓铨、尹达、白寿彝、刘盼遂、刘节、张德钧、张鸿翔、孙书城、孙毓棠、何兹全、周春元、郑天挺、郑鹤声、胡厚宣、侯外庐、柴德赓、贺昌群、姚薇元、韩儒林、耿淡如、周予同、周谷城、吴泽、金兆梓、李平心、林举岱、王国秀、郭圣铭、田汝康等(以上为瞿林东据当时的报道统计)。

在上述名单中,我以为尤以白寿彝、尹达于中国史学史的贡献出众,白寿彝主编了6卷本的《中国史学史》,尹达主编了《中国史学发展史》,这两本书皆为传世之作。再览上列名单,似乎遗漏了当时享誉国内史学界治西方史学的名家齐思和与吴于廑,他们均为高教部《外国史学史》教材编写组的成员,都发表了至今看来仍颇有价值的学术论文,后者还主编了《外国史学名著选》,为西方史学史的学科建设作出了奠基性的贡献。

1961年中国史学界的"史学史热",在"双百"方针的指引下,讨论广泛而热烈,葳蕤春意遍于华林,呈现出了前所未有的景象:似乎思想的会饮在此岸举行,仿佛精神的百花在这里盛开。虽则短暂,但成就出色,影响深远,促进了现代中国史学的进步。其中较为突出的一点,正如瞿林东所归纳:60年代前期中国的史学史研究,已初步形成了全国范围内分工合作的局面——白寿彝所在的北京师范大学历史系,主要研究中国古代史学史;吴泽所在的华东师范大学历史系,主要研究中国近现代史学史;耿淡如所在的复旦大学历史系,主要研究西方史学史。以后的顺利发展无疑离不开昔时"史学史热"的因素和助力。

垦荒者的足印

"我们应不畏艰难,不辞劳苦,在这个领域内做些垦荒者的工作。我之所以提出本问题,不是妄图解答而是希望大家来研究、讨论并共同解决这个问题。比如垦荒,斩除芦荡,干涸沼泽,而后播种谷物;于是一片金色草原将会呈现于我们的眼前!"

1961年10月,正是"史学史"大讨论的日子里,复旦大学历史系耿淡如在《学术月刊》1961年第10期发表了《什么是史学史?》一文。上引这段话,是耿文之末尾句,他用形象的垦荒作比喻,鼓励学界同仁为正在勃发的中国西方史学史奋发作为。

耿淡如是中国世界史学科的开创者之一,中国西方史学史学科的奠基者。说起中国的史学史学科发展史,中国史学史一直是"领跑者",行至60年代前期,它已进入了"活跃时期",而中国的西方史学史倘从李大钊1920年在北京大学开设"史学思想史"起算,也有了40年的发展史。前人在这块外人世袭的领地上耕耘,虽有成绩,但直至50年代,西方史学史还未能成为一门独立的学科,还处在萌芽时期。西方史学史学科建设直至60年代初,才进入了它的奠基阶段。1961年2月,中央发布编写高校教材的指示,4月为此而召开了一次重要会议,对于中国的西方史学史学科建设,起到了非凡的意义。

1961年,耿淡如时年63岁,如果按现时来说,还正年轻着呢。不过他身体历来孱弱,其时已被师生们尊称为"耿老"了。我在大学念书的时候,听到最多的说法是"耿老不服老"。1960 年,在全系召开的"反右倾、鼓干劲"大会上,我第一次近距离地观察耿老:稀疏的头发,略显花白;脸上的皱纹,略显苍老;有神的双眼,略显深邃;讲话舒缓,慢条斯理,略带乡音。如今一个甲子过去了,先生在那次会上讲些什么全忘了,但他那不服老的声音却响彻会场,至今仍在我胸中回荡。

50 年代,由于工作的需要,耿淡如全身心投入世界中古史的教学与研究,是那时国内数一数二的世界中古史研究的权威。60 年代初,他致力于西方史学史的教学与研究,这一学术转向与复旦大学历史系学科建设的谋划配合,也与60 年代初国内思想文化界的温润相关,他作为中国西方史学史学科的奠基人,在 1961 年前后,为此竭尽全力,作出了重大贡献。……①

1962 年壬寅　先生六十五岁

1 月 13 日上午,郭圣铭在科学会堂作报告《论世界史体系问题》,朱延辉②作报告《关于世界史体系的一些问题》,周谷城主持,陶松云、郭圣铭、陶樾、黄瑞章和先生等 40 人参加。③下午,周谷城作报告《中世纪阿拉伯帝国的国际地位》,黄瑞章作报告《意

---

① 　张广智:《春意遍于华林——1961 年"史学史热"追忆》,《历史评论》2021 年第 3 期。

② 　朱延辉(1914—2002),江苏扬州人。1938 年毕业于清华大学历史系。历任上海大同大学、上海师范大学教授,参加《辞海》《世界历史词典》的编写工作,亦从事诗词的创作。著有《敝帚集》《敝帚诗稿》《敝帚诗词续集》。

③ 　上海市档案馆:上海历史学会世界史组会议记录,档案号:C43-2-212-1。

大利城市国家的形成与内部矛盾》,先生主持,苏乾英、王国秀等36 人参加。①

1 月 14 日上午,先生在科学会堂作报告《关于批判资产阶级史学的问题》,郭圣铭作报告《史学史的对象与任务》,曹增寿②作报告《试论外国史学史分期的标志》,林举岱主持,陶松云等35 人参加。③下午,讨论外国史学史编纂中的若干问题,先生主持,周谷城、郭圣铭、林举岱、吴成平、陶松云等 20 人参会。讨论世界史学史的地区范围问题、分期问题、对象和任务问题以及教科书编写问题。先生认为:资产阶级史学史仅仅是历史编纂学。他主张分工,认为教科书的编写与个人研究是不矛盾的,个人研究不受什么限制,可以偏向介绍。④

1 月 21 日下午,上海史学会举行会员大会,选举了新一届理事会:丁景唐、方行、王国秀、刘振海、刘维寅、朱永嘉、沈以行、束世澂、李亚农、李平心、李启华、车载、时进、吴成平、吴泽、陆志仁、陈希喬、陈守实、陈旭麓、林举岱、林德明、周谷城、周予同、金兆梓、洪廷彦、胡绳武、姚舜钦、姚震寰、耿淡如、顾廷龙、徐仑、奚原、章巽、张玫、张家驹、张铁毅、程天赋、程博洪、杨宽、蔡尚思、鲍文希、戴介民、魏建猷、谭其骧。⑤

1 月 25 日,上海国际关系学会第四届理事会选举产生。会长:金仲华,副会长:张耀辉、卢伯明、金学成、刘良模,秘书:杨琪

---

① 上海市档案馆:上海历史学会世界史组会议记录,档案号:C43-2-212-22。

② 曹增寿(1932—2023),江苏镇江人。1959 年毕业于苏联列宁格勒大学历史系。历任复旦大学历史系教授、世界近代史研究会常务理事,参加《辞海》《世界历史词典》的编写工作。著有《西线战争》《普鲁士王国的兴起》《德国吞并奥地利》等。

③ 上海市档案馆:上海历史学会世界史组会议记录,档案号:C43-2-212-57。

④ 上海市档案馆:上海历史学会世界史组会议记录,档案号:C43-2-212-87。

⑤ 姜义华主编:《史魂:上海十大史学家》,第 433 页。

华、张安友、庄咏文。理事会成员：金仲华、张耀辉、卢伯明、、齐维礼、褚葆一、石啸冲、刘良模、张安友、金学成、袁冬林、丘日庆、田汝康、杨琪华、江波、向哲浚、周圣炎、林举岱、朱延辉、唐淑平、余开祥、林远、耿淡如、杨殿陞、靳文翰、夏其言、李广润、张汇文、陶樾、梅公毅、谭思文。①

　　1月31日下午，上海市教育局在锦江饭店召开文科教材座谈会。刘大杰、吴泽、伍蠡甫、徐艳谋、周煦良和先生等人参加。先生言：每个国家都有史学史，如美国、英国、日本，但包括整个世界范围的史学史，还是新的，苏联也在讨论它的范围。开课情况，只有复旦开这门课，其他校都开单独的。古代、中世纪、近现代都搞在我一个人身上，希望国内多搞些史学史。②

　　2月11日，先生在《文汇报》发表《资产阶级史学流派与批判问题》，录此文如下：

一、史学流派的新陈代谢

　　西方资产阶级史学跟着资本主义形成与发展而兴起，就是在文艺复兴运动之后开始成长。史学历来是为阶级服务的。西方资产阶级史学在资产阶级尚未取得政权之前的主要任务，在于捣毁封建神学的历史概念。跟着阶级斗争的尖锐化，史学的刀锋也就越来越犀利。在这个斗争的过程中，史学反映了各个阶段的阶级斗争形势。最先出现了人文主义的史学，继之而起的是博学派（即考证学派）。在法国大革命前夕启蒙运动对旧制度发动了全面的冲击，理性主义史学派猛烈地摧毁了封建主义的旧史学传统。在这

①　上海市国际关系学会编：《回顾与展望：庆祝上海市国际关系学会成立五十周年》，第124—125页。

②　上海市档案馆：上海市教育局关于文科教材座谈会记录，档案号：B243-2-270-24。

以后,资产阶级史学迅速发展,于是接踵而来了浪漫主义史学派、实证主义史学派、德国兰克学派与普鲁士学派等等。在第一次世界大战以前史学派别交替过程就是这样。

"新陈代谢是宇宙间普遍的永远不可抵抗的规律。"①史学派别的此伏彼起正是证明了这项真理。西方资产阶级史学在18、19世纪反映了西方资产阶级在资本主义的上升阶段并由自由资本主义过渡到垄断资本主义——帝国主义这个时代的资产阶级意识形态。资产阶级鼓励了有利于己的史学发展;反过来史学家在对资产阶级争取政权的斗争上也起了有力的辅助作用。大家知道,正在法国阶级斗争最激烈的时候,"启蒙"时期史学派对封建神学的史学观点进行着无情的攻击;伏尔泰称中世纪编年史是"野蛮时代的野蛮史",终于创立了资产阶级的新史学。那时史学的领导地位在西方无疑是属于法国方面。可是到了19世纪中叶,情况不同:史学的领导地位则转移到以柏林大学为中心的兰克学派了。

兰克学派对当时德国正在发展着的资产阶级特别是德意志容克地主阶级来说,是最能符合于他们利益的史学流派。兰克不赞成法国启蒙时期理性主义的史学,因为它蔑视了中世纪历史;也反对浪漫主义史学派,因为它过分煊染了中世纪时代。他主张每个时代都"接近于上帝",每个时代在上帝面前都是平等的;就是说每个时代各有其优缺点。他还反对理性主义史学的普遍原则和浪漫主义史学派的情感解释。虽然还带有某些神秘的历史观念——历史是显示"上帝之手"——但他严格要求"客观"的历史,即后来所谓"历史主义"。他的名言是历史应该"象它实际曾是什么

① 《毛泽东选集》第1卷,第311页。

样"，就是说，它应如实地描写出来。他强调使用第一手资料，即档案、活动者的记录与通讯等等来编写历史；主张事件的最近证人是最好的证人。他还着重指出历史的继续性和世界性。他的 60 多卷著作中充满着崇拜"伟人"的思想；他认为：历史上的决定因素是政治家。他站在容克地主阶级的保守派立场上，反对自由主义与社会主义，拥护普鲁士的霸权与俾士麦的铁血政策。他创立了 19 世纪中"客观"历史的传统。这个号称"讲台上的俾士麦"影响远播，欧洲大陆与英美史学界从他受到了相当大的影响。

可是跟着资本主义转入垄断阶段，兰克学派也站不住脚了。兰克的"超脱"态度被认为"从议会窗口瞭望事件的进行"；他的"客观"历史被责为缺少思想性。有人批评他太偏向于中庸之道；还有人埋怨他对世界主义缺少热情。兰克学派失势的理由很简单。兰克学派的史学思想是拥护自由资本主义时代资产阶级的利益的，但后来，它是不能符合于垄断资产阶级的利益。因此，到了第一次世界大战前夕，西方史学界抛弃了兰克的史学传统。

二、当前史学的危机与紊乱

19 世纪唯心主义史学家曾推崇兰克为"科学"历史的建立者，历史批判法的创导人。的确，他曾奠定西方历史研究的传统。可是，他的客观主义决不是客观的，也不是科学的。客观主义是和唯物主义截然不同。正像列宁所指出的那样，"客观主义者证明现有一系列事实的必然性时，总是不自觉地站到为这些事实做辩护的立场上；唯物主义者则是揭露阶级矛盾，从而确定自己的立场。"[1]兰克学派虽然是非客观的、非科学的，但他们还多少坚持所谓"历史主

---

[1]　《列宁全集》第 1 卷，第 378—379 页。

义"。然而,继之而起的历史家或流派,在帝国主义阶段,连这一项研究历史的传统,也被置诸度外了。

现在资产阶级历史家所做的,是曲解历史,甚至伪造历史,来反对工人阶级。恩格斯早已揭露他们的本质,他说,"至于说到历史科学,包括哲学在内,那末在这里,那种旧有的、不顾一切地从事理论研究的精神也已随着古典哲学而完全消失了。起而代之的,则是不动脑筋的折中主义,是恐怕失去职位和收入的顾虑,乃至极其卑劣的升官发财的思想。这种科学的官方代表者都已变成了公开地站在资产阶级和现存国家一边的思想家,但这已是在两者都公然敌视工人阶级的时代。"①

时至今日,资产阶级历史学正象资本主义本身那样,发生了总危机;关于这一点他们自己也是懂得的。例如,英国巴拉克劳(G. Barraclough)在他的《变动世界中的历史》(1955 年出版)里说:"今天的急切需要之一,是对于近代史过程作出一个新见解。自从战争结束以来,我们在感觉承袭的历史见解之不足的情态下进行研究。"所以他主张:改编欧洲史是急不容缓的;人种中心或欧洲中心的观点已不适用(第 9 页)。德国爱尔弗勒·韦伯(Alfred Wber)在他的《告别欧洲史》(英译本,1948 年出版)里说:"我们被一种不确定的观念围绕着,因为我们觉得自己踏进一个新时代的大门口,而对于这时代,我们的已往经验不能再提供什么可靠的指导了。"武德华德(V. Woodward)在 1959 年美国历史学会年会上所提出的论文《再解释的时代》(美国《历史评论》1960 年 10 月号)里面开首就说:"现有无数的影

---

① 恩格斯:《费尔巴哈与德国古典哲学的终结》,人民出版社,1960 年,第 49 页。

响已引起了历史的再解释。"他指出：共产主义与非共产主义世界间之思想意识斗争，现时在公众注意中已占着这样大的部分；俄国所已赢得的胜利会推翻传统的历史解释（第16页）。

然而资产阶级历史家由于他们的阶级性和顽固的立场观点，虽知道危机而不能自拔。他们一方面否认历史发展的规律性甚至历史事实的客观性，反对历史唯物主义，并经常诬蔑马克思主义历史科学；另一方面，他们也反对资产阶级旧传统的历史概念："历史主义"、"科学的历史"、"因果律"等等。

由于这些缘故，这批历史家提出各式各样的主观主义的论点，把各种唯心主义的哲学观点进一步注入了他们的历史著作里。例如，英国历史学家特勒维连（Trevelyan）在他的论文《再发现历史女神》（1913年）里主张：要恢复历史的早期地位，即反对科学的历史而以历史作为文艺的一个部门。在他看来，我们不能从历史里获得一般通用的因果律，历史解释不是科学的而是教育的，即教育人们回想到过去。科令武德（Collingwood）在历史解释方面整个拒绝所有19世纪实证主义的遗产。他以思想来替代"实证主义"的观念，作为历史考察的基本概念。他主张：历史家必须深入事件的"内部"，察出与事件有关的历史人物的思想。所以他认为历史是过去经验的重现。历史家仅仅通过证据不会知道过去，"历史家必须在自己的思想中重演过去"（见他的《历史的观念》，1946年）。新唯心主义历史家德国狄尔太（Dilthey）与意大利的克罗契等，从历史的解释中还排除了"原因"与"规律"的概念，而美国实用主义历史家虽保留着原因的概念，但也拒绝了规律的思想。

美国反动历史家替垄断资本家集团服务，最为卖力。

他们的主观主义的历史解释现已经过相对主义而转到现在主义的历史解释了。鲁滨生（J. H. Robinson）在他的《新历史》（1912 年出版）里写道："在以前，现在曾是过去的自愿牺牲者；现在这个时候已经来临，就是应转向过去，来利用过去以利于进步方面。"俾尔德（Ch. Beard）在《美国文明的兴起》（1927 年出版）里开首就说："一种文明的历史，如果被聪明地理解，可成为文明的一种工具。"他还主张："历史是一种信仰的行为"（1934 年）；又在《崇高的梦想》（1935年）里，反对兰克的历史主义而提出了历史的相对主义并否认了客观真理。他说，历史家的能力是有限的。他可搜寻但不能找出历史的"客观真实，即编写历史象他真正曾是什么样"。有些美国历史家还进一步主张：所有历史是不可避免地以今天的观点来写的；它不仅是当代的历史而且是在目前被认为对于当代重要的历史。这就是现在主义的历史观。不言而喻，那是最适合于垄断资本家利益之要求的。

此外，还有一种所谓"玄历史家"（Metahistorians），另称"超历史家"。他们企图建立一种无所不包的历史体系来解释整个的历史过程。因此，玄历史家著作里充满着玄想解释与诗意暗示。施宾格尔与汤因比就是属于这一类。前者在其《西方的衰落》里提出文化循环论；他把每个文明再分为春、夏、秋、冬四季，认为西方文明由于以实际目的替代精神活动而已进冬季阶段。后者在其《历史研究》里提出文明衰亡论，主张：在历史上 26 种文明中大多已死亡或正在垂死，只有西方基督教文明尚有续存的希望。这批历史家自由运用空论与幻想，他们的"理论"是难于在经验上获得证实的，因为它们与历史事件的正确资料离得太远，而且所包含的假设又是多得不得了。这里，当然谈不上什么"历史主义"，更加谈不上所谓"科学"的历史了。玄史学家企图建立与马克思主义历史科学完全相反的历史解释来为垄断资本集团服务的。

上面仅仅举出几个例子来说明目前资产阶级的史学紊乱情况。须知，除了历史唯物主义的史学外，没有什么真正的历史科学。唯心主义历史家的企图，都是枉费心机的，因为他们的命运和资本主义一样地走到了末路。

三、批判与介绍

资产阶级的历史家里形形色色的，资产阶级的史学"理论"是五花八门的，但他们具有一个共同目标，即反对马克思主义的历史科学。为此，我们必须加以批判。

为了批判，须先知道西方历史家的类型。一般说，历史家是从事研究历史而有重要著作者。可是在我们看到的所谓历史家中间，有的只是关于历史思想的著作而没有或很少有关于叙述性的著作，例如德国的黑格尔；有的虽有巨大的历史著作，但是把历史作为文学来处理的，例如英国的麦臬莱（Macaulay）与喀莱尔（Thomas Carlyle）；有的原来不以历史为专业而有很多名著，例如丘吉尔（Winston Churchill）。还有从事编辑资料或历史文献的编辑家；他们写了一些导论或加上一些注释，然而他们的工作对历史研究却发生了巨大的影响，例如在第一次世界大战后，德国弗里特里希·提姆（Friedrich Thimme）主编的《欧洲政府的大政策，1871—1914年》50卷，附以有争辩性的注解。所以历史学家可以包括三个类型：历史思想家或哲学家、历史编纂家、历史编辑家；也可分为专业史家与非专业史家。

然而，我们不能把所有知名的历史家（不论属于什么类型）或历史学派一个一个地拿来批判，因此，必须挑选应受批判的对象。一般说，当代的资产阶级史学流派应先受批判；而在他们中间那些对历史唯物主义历史学最凶恶的敌人更应先受批判。

这样看来,在进行批判之前,我们有几项工作须先去做:第一,要了解资产阶级史学发展的一般情况:这里应包括他们的史学传统、史学著作、史学思想与编纂方法,特别是那些促使他们史学发展的社会、经济、政治等因素;第二,要从资产阶级历史家或学派中间挑选出批判的对象,包括他们的历史思想与历史编纂等。这里还须衡量他们的反动性与他们在史学界中所占的地位。当然,如上所说,反动性多而影响大的历史家,应该作为重点;第三,要研究他们的著作并考察他们的资料来源。这里还应作出扼要的介绍,把它们的内容如实地总结出来,作为批判的根据;第四,还要了解批判史家的阶级立场与思想根源、生活与时代背景。当然,上说的一切工作是有困难的。

比如,就介绍资产阶级史学思想与著作来说,我们必须用很大工夫才能完成。唯心主义历史家所构成的一套思想体系,本来是与历史唯物主义背道而驰的。要了解这些史学"理论",尤其是那些涉及形而上学范畴的历史思想,有时是很不容易的。而且有些资产阶级史学家的著作,卷帙浩繁,例如,汤因比的《历史研究》,单单这一种著作就有12卷。如果我们不去作一番探索而了解其基本思想与论点,那么,对他们将怎样进行批判呢?而且我们的批判不同于资产阶级历史家对自己同行著作的批判;他们是以唯心主义的观点来批判唯心主义的观点,而我们则是以历史唯物主义的武器来向反动的历史堡垒进攻的。所以,怎能不去找寻敌方的弱点呢?此外,我们也不是为了批判而批判。我们要通过批判,进一步来说明资产阶级史学的本质,提高我们对马克思主义史学的认识水平,扩大我们历史知识的领域,尤其重要的是找出历史科学本身的发展规律。另一方面,在资产阶级学者著作中有时也有若干可取的地方,或者在史料方面,或者在编纂法方面,所以,这里也应该考虑到批判继承问题。这样看来,为了批判,介绍工作也是必须进行的。①

编者按:《资产阶级史学流派与批判问题》一文先收入1961年上海历史学会年会论文集中,后经过修改发表在《文汇报》上,发表的文章缺少结尾的最后两段,现依据论文集中的内容补上:

至于批判资产阶级史学的方式,是可以多样化的。我们可以挑选他们之间共同的或类似的主要概念与"舆论",作为批判的对象,例如,关于他们反对马克思主义的学说,或如关于他们的世界史的概念。我们可批判一个历史家或一个历史学派的整个历史思想体系,或者关于他们对特殊问题上的意见。我们可以批判某一部重要而有影响的反动历史著作。我们还可以批判资产阶级历史家相互批判的意见;因为他们自己之间的吵架是常有的事情。

以上所说的批判介绍工作,在世界史的教学上,我们已零零碎碎地做了一些,可是远远地做得不够。而且为了编写西方资产阶级史学,还须进一步作出有系统的全面的批判工作。再说一遍,批判介绍资产阶级史学,在我们目前的史学水平上是有困难的,但在群策群力之下将会做出更大成绩的。须知这是世界史学上的两条道路的斗争;而新史学的建立,有赖于这项工作的适当进行。②

---

① 耿淡如:《资产阶级史学流派与批判问题》,《文汇报》1962年2月11日第3版。

② 上海市档案馆:关于批判资产阶级史学的问题——上海历史学会1961年年会论文集,档案号:C43-1-63-152。

2月19日至2月26日,上海市高教局在衡山宾馆召开"外国史学史与资料选辑"讨论会,北京大学、武汉大学、杭州大学、南京大学、中山大学、厦门大学、复旦大学、华东师范大学、上海师院等高校的20余位学者与会讨论,文科教材编选工作办公室历史组组长蒯伯赞到会发言。周谷城主持,2月19日,张芝联、田汝康、王养冲①、齐思和和先生等参与讨论。先生言:第一阶段,摸索,有关资料很少。以历史时期编写,很侵犯到历史。以作家编写,会变成作家传。这是教科书,是大学三四年级学的,在目前情况下用的。2月20日继续讨论,发言的有郭圣铭、吴泽、吴于廑等。②会后,上海市高等教育局有一份讨论报告,将此报告录之如下:

> 根据教育部指示,在上海召开了"外国史学史"与"近代现代资产阶级史学流派资料选辑"的讨论会。参加会议的有北大、武大、中大等九个高等学校的有关教师廿余人。会议就复旦大学历史系起草的"外国史学史"大纲和"近现代外国资产阶级史学流派资料选辑"选目草案,对编选本教材的若干主要问题进行了讨论,在取得基本一致意见的基础上,安排了编写任务。会议期间,上海高教局曹未风副局长、文科教材编选工作办公室历史组组长蒯伯赞同志曾先后到会作了指示。
>
> 会议还对今后如何开展世界史的研究和加强世界史的

---

① 王养冲(1907—2008),上海南汇人。1941年获法国巴黎大学文科博士,1947年回国后任复旦大学社会学系教授,1952年转入华东师范大学历史系。著有《法国大革命研究》《西方近代社会学术思想的研究》等,译有《拿破仑书信文件集》《罗伯斯比尔选辑》等。

② 上海市档案馆:上海市高等教育局关于外国史学史资料讨论会记录,档案号:B243-2-270-33。

问题进行了讨论。兹就主要问题汇报如下：

（一）外国史学史的对象与任务

对外国史学史的对象与任务的看法，基本上是一致的。多数人认为史学史是研究史学本身发展的历史，它的根本任务是阐明史学本身发展的规律。它的具体内容应该是通过各个历史时期重要史家与重要史学著作的介绍与分析，说明史学发生发展的过程及其与社会历史条件的关系。以及各个国家在各个历史时期的史学特点，史学内容的逐渐扩大，历史编纂法的演进，史学辅助学科（如人类学，考古学）的发展，史学领域内的思想斗争，历史如何发展成为科学等等。

对史学史应该包括那些内容、在那些是主要的问题，有不同的意见。吴泽（师大）和胡玉堂（杭大）认为史学史应偏重史学思想和史学方法的叙述。多数人则认为重视史学思想是对的，但史学史并不等于史学思想史，不能把史学史写成哲学史或者思想史。蒋相泽则认为偏重思想史并不等于就是思想史或哲学史，因为是通过史家和史学论著的评价来阐明史学发展的。郭圣铭则认为史学史的主要内容应该是研究历史知识的积累过程，治史方法的完善过程，说明史料的存在情况，对过去历史著作作科学的结论，校订历史著作的错误，阐明历史学领域中的思想斗争和史体发展的规律（史诗、编年、纪传、纪事本末等）。

（二）史学发展的规律问题

胡玉堂提出史学发展的规律就是历史研究方面的唯物主义逐渐增长的过程。吴于廑认为，就史学发展总的趋向来讲，是唯物主义战胜唯心主义的过程，但这并不等于说唯物主义成份的增长，在史学发展的每个历史时期都是十分显著的。例如欧洲中世纪时期的史学，其唯心主义成份就远远超过古代奴隶社会时期的史学。施子愉认为唯物主义成份的增长应该是表现在：原来历史现象是被看作神意的，以后出现含有各种唯物因素的介释。例如用地理环境来介释历史现象，但史家本人的思想仍是唯心的。例如兰克的史学著作的内容和编纂方法比他以前的史学著作有更多的唯物成份，但他的史观是唯心的，他认为历史是由上帝的手所掌握的。因此施子愉认为在史学领域中唯物成份的增长应该看成是发展规律之一，但还有其他的方面，如研究范围的扩大、史料鉴别方法及体裁的演进以及辅助学科的发展，皆有其规律性。耿淡如认为史学的发展规律可以从史学方法、史学内容和介释历史（史观）三个方面去寻找。

（三）关于作为教材用的史学史的要求与内容问题

会上多数人都认为应该把建立严谨完善的外国史学史体系与写一本适合当前水平的外国史学史教材区别开来，认为作为一门学科来讲，它的基础还很差，不可能一下子写出一本体系完整的著作来。当前，写教材应该从实际水平出发，先编一本简明扼要、重点突出、提纲式的教材，然后再通过专题研究，逐渐扩大范围，把它完善起来。

通过讨论，大家对史学史教材的体系与基本内容，取得了比较一致的意见。具体的意见是：

1. 暂不考虑史学史的分期问题，在体系上分章不分篇，每篇之前皆应首先简要地叙述其社会历史背景、时代思潮的特点，以便说明史学产生和社会历史背景和时代思潮的关心。

2. 在叙述史学发展过程时，应注意给学生以具体知识，力避作空泛的评论，因此对每个时期的史学，应选择这个时期的主要史学流派中的主要史学家、主要史学家的主要代表著作、主要代表著作中的主要内容与观点,认真地予以介绍,能分析评价则给以适当的分析评价,否则不硬作批判。

3. 应通过叙述史学的具体发展过程,说明史学领域中的思想斗争,说明历史如何发展成为科学。

4. 应阐述各个时期的史学编纂方法,史料鉴别、整理与研究的状况,并适当的介绍与史学发展有关的重要学科的状况。

5. 字数应限制在廿万字以内。

（四）关于史学史的范围、名称和上下限的问题

这几个问题在讨论过程中争论的比较热烈。一种意见认为复旦提出的提纲把书名称之为"外国史学史"不妥当,还是按照习惯的用法称为"世界史学史"比较合适,因为外国是指中国以外的现代国家,如果是这样,那么历史上的国家如希腊、罗马、阿拉伯将怎样处理? 认为东方人编写的史学史不写东方部分是不妥当的。一种意见认为"外国史学史"的名称还是比较妥当,因为外国并不一定意味着要将所有中国以外的国家。至于不写东方的史学亦不要紧,因为从当前条件看,写"外国史学史"还是宜以欧洲为主,东方各国的史学我们了解得很少,硬写进去,分量不多,反而显得成为西方的附庸。再一种意见认为"外国史学史"或者"欧洲史学史"更确切一些。这个问题讨论到最后,始终没有取得一致的意见。至于范围大家基本上都同意暂时先写西方国家的史学,以后有条件时再写东方的史学。

上限的问题,大家一致同意从古代希腊史学写起;下限的问题看法不一致,一种意见认为史学史写到现代,理由是史学史的重要内容之一应该论述马克思主义史学与反马克思主义史学之间的斗争。如果不写现代,则根本上看不出马克思主义史学如何在斗争中发展,同学亦十分需要这方面的知识来扩大知识面。如果不写现代,不能满足同学这

方面的要求。一种意见认为原则上应该写到现代,但事实上有困难,因为现代的问题很复杂,写现代的史学史就应该写现代的史家、史著并予以评介,但在今天如何写,很困难,例如写苏联的史学不能不写"联共(布)党史"与新版的"苏共党史",如果写这两部书,我们如何评价呢?此外一些东欧人民民主主义国家如波兰、捷克的史学著作,有些简直和资产阶级史学的著作差不多,如果写,我们如何评价呢?持这种意见的同志认为根据经验,如果写现代必须经领导郑重审查,即使能出版,亦必然会拖得很久,不能及时满足教学的需要,不如把下限放到十月革命,以后的就不写了。经过讨论,基本同意下限写到十月革命。至于十月革命以后的资产阶级史学则用资产阶级史学流派资料来代替。

(五)史学史上的批判和继承问题

在讨论中吴泽和胡玉堂提出史学史上的批判和继承如何处理的问题。耿淡如认为目前对有些流派和史著进行批判还有困难,如果批判不准确倒不好,因此主张没有把握的就只给予适当的估价,不作批判。胡玉堂认为一部分史学著作在当时的作用与贡献容易肯定,但今天我们从其中继承些什么则不明确。吴泽认为怎样正确的把阶级观点和历史主义正确的结合起来颇不容易。例如王国维是个唯心主义者,在政治上很反动,但在史学上的成就和贡献很大,对这样的人与著作究竟如何评价才算恰当。吴于廑认为所谓继承应该是继承前人著作中的合理成份,加以发扬光大。此一问题仅仅提出,并未深入讨论下去。

(六)历史与哲学,历史家与哲学家的关系如何处理问题

有人提出在写史学史,选择重要史家和史学著作时,遇到有些人虽不是历史家,但在史观发展史上却是重要的代表人物;有些著作虽不是专门的历史著作,但却是重要

的历史哲学著作,这样的人物到底要不要写的问题。对于这一问题,周谷城认为历史哲学家与历史学家,历史哲学著作与专门史学著作应该有所区别,写史学史应以写史学家和历史著作为主;对于既是哲学家又是史学家的人物,要以他在那方面的影响和作用更大来决定,应以是否具有代表性来作为取舍标准。田汝康、张芝联则认为应根据具体情况来确定,不能一概而论,例如黑格尔虽不是历史学家,他的《历史哲学》虽不是历史著作,但写史学史还是应该写的。

(七) 对于马克思主义史学的兴起一章如何写法的问题

大家一致认为这是史学史中十分难写的一章,有人说在历史专业的课程中至少有三门课(哲学、政治经济学、世界近代史)会讲到这一问题,写史学史当然要写这章,但如何避免重复,而且要写得准确,确是个问题。有人认为马克思、恩格斯的许多著作都可说是历史著作,然而又不完全是专门的历史著作,究竟应选那些著作作为史学著作来写。有人提出应把《共产党宣言》、《英国工人阶级的状况》、《法兰西内战》、《路易·波拿巴政变记》和《德国农民战争》等书作为历史著作来写。有人则认为这一章应着重写马克思主义史学出现后在其影响下用马克思主义观点从事历史研究的人物与著作,如普列哈诺夫、拉法格、梅林、拉布里奥拉等人及其著作,多数都同意最后一种意见,但对如何写马克思和恩格斯的史学观点及著作,觉得一时很难确定下来,还必须再进行专门的讨论与研究。

(八) 关于近代现代"西方资产阶级史学流派资料选辑"选目草案的讨论

1. 目的性与选材范围问题

多数意见认为选辑流派的目的是为了扩大同学的知识

面,为了了解敌情,提供批判的资料。有人认为所谓流派是指现代资产阶级没落腐朽的东西,只可作为批判的资料,根本没什么可继承,因此,选材的范围应限于现代,近代部分即资产阶级上升时期的东西,还有可继承的部分,可作为名著选,配合史学史作为同学的参考资料,不必按流派来选,这一意见得到会上大多数人的同意。会上有人反映,这本书给同学看,还有些困难和问题。

2. 编选的体例问题

田汝康在介绍编选的体例时提出:①按照史学界一般通用名称如"德国历史主义"的历史、"浪漫主义"的历史、"实证主义"的历史来选;②按照历史哲学的标准来选;③按国家的范围来选等三种方式。经过讨论大家认为还是以人为单位来选为适当。因为这样的体例既便于编排,又可避免给史家戴错了帽子。

3. 选材内容的标准问题

多数意见认为现代资产阶级流派的东西虽然是腐朽和反动的,但为了使读者能了解其全面的反动史观,在选材时应该选择能够全面反映反动史观的部分,应该从学生实际出发,考虑当前学生的条件选择材料,而不要挑选那些赤裸裸的不值一驳的反动词句。同时在选材时,如果某一反动史家的某一著作不能全面反映其观点时,可以在他的其他著作中选辑,不必限于一书。

上海市高等教育局
1962 年 3 月 13 日①

---

① 上海市档案馆:上海市高等教育局编文科教材编选工作汇报(27)("外国史学史"与"近代现代资产阶级史学流派资料选辑"讨论会情况),档案号:B243-2-951-37。

2月27日下午,先生邀请来沪参加"外国史学史与资料选辑"讨论会的齐思和、吴于廑到复旦大学历史学系作学术报告。齐思和报告的题目为《欧洲史学史发展中的特点》,吴于廑报告的题目为《关于古代东方奴隶制若干问题》,两位所作报告在当时复旦大学历史学系师生中引起了热烈的反响。耿淡如、齐思和、吴于廑,皆留学哈佛,学成皆归国,从业皆世界史(耿、齐侧重世界中古史,吴专注世界上古史),又都有功于中国西方史学史学科建设的构建。此次相聚于复旦园,是三位先生第一次也是仅有的一次相会,这既是他们学术生涯中的要事,也是中国现代史学史上的一则佳话。①

3月3日,上海史学会举行理事会会议。会议推举周谷城为会长,周予同、奚原、李平心、沈以行、吴泽为副会长,程天赋、刘振海、胡绳武、陈希嵩、姚震寰,洪廷彦为秘书。各组召集人:中国古代史组,吴泽、谭其骧、杨宽。中国近代史组,徐仑、魏建猷、胡绳武、陈旭麓、夏东元。中国现代史组,蔡尚思、刘振海、张铁毅、林远、郑灿辉、刘宏谊、韩明盛、甄宝亭、张有年。世界古代史组,耿淡如、郭圣铭、韩亦琦。世界现代史组,林举岱、田汝康、靳文翰、冯纪宪、吴成平。会议安排了1962年的学术活动。②

3月12日,上海召开"外国史学史"与"近代资产阶级史学流派资料选辑"讨论会,参会的有北大、武大、中大等九个高校的教师。会议决定了外国史学史的任务安排:

　　　　编写外国史学史的任务安排:
　　　　武汉大学负责编写:
　　　　第一章:古代希腊史学
　　　　第二章:古代罗马史学

---

① 此条为张广智老师亲笔写出。
② 姜义华主编:《史魂:上海十大史学家》,第433页。

复旦大学负责编写：

导言和结论部分

第三章：五—十三世纪的史学

第四章：十四—十七世纪的史学

第五章：十七—十八世纪的史学

中山大学负责编写：

第六章：十八世纪末—十九世纪中叶的史学

第八章：十九世纪后期至二十世纪初期资产阶级史学的没落和反动

北京大学负责编写：

第七章：马克思主义历史科学的兴起和发展①

3月15日，上海市历史学会推定世界古代中世纪史组的召集人为：耿淡如、郭圣铭。②

3月25日，《文汇报》编辑部邀请史学界部分人士举行座谈会，讨论世界史教学于研究工作，先生参加，录《文汇报》的报道如下：

> 近年来史学界对世界史的研究工作，极为关心，许多地方曾进行了讨论。本报编辑部特于最近邀请史学界部分人士举行座谈会，就有关世界史教学与研究等问题，交换意见。
>
> 出席这次座谈会的有：北京大学翦伯赞、齐思和、张芝联，复旦大学周谷城、耿淡如、田汝康、胡绳武，武汉大学吴于廑、施子愉，杭州大学沈炼之，南京大学蒋孟引，华东师范

① 上海市档案馆：上海市高等教育局编文科教材编选工作汇报（27）（"外国史学史"与"近代现代资产阶级史学流派资料选辑"讨论会情况），档案号：B243-2-951-37。

② 上海市档案馆：上海历史学会关于召开理事会议的通知，档案号：C43-1-627-1。

大学吴泽、郭圣铭,山东大学刘明翰,厦门大学胡永树,上海师范学院朱延辉。上海高等教育局副局长曹未风也应邀参加了座谈会。

大家在会上谈论了进一步开展世界史研究工作的重要意义,分析了研究工作的现状,并且对今后做法提出了一些建议。

开展世界史研究具有很重要的意义

很多人认为必须更好地研究世界史,这不仅是为了满足教学工作的需要,适应历史科学本身发展的需要,而且是为了进一步加强同全世界人民的友谊和团结,更有力地反对帝国主义的侵略政策和战争政策,争取世界和平、民族解放、民主和社会主义事业的胜利。我们从历史角度看清了整个世界的演变过程,就能更深刻地认识目前世界形势,科学地预见世界发展前途。人类光明的未来,将鼓舞着我们更积极地投身到当前的革命斗争中去。

大家兴奋地畅谈了建国以来世界史研究工作的成就。由于党和国家的重视,从事世界史教学和研究的队伍扩大了;新的世界史体系正在马克思列宁主义、毛泽东思想的指导下建立起来;教学和研究的范围拓展了;论著、译作的数量和质量有了增加和提高;世界通史教材已经编写完成;必要的参考资料已经有初步的积累。正是形势大好,大有可为。只要我们世界史工作者进一步解放思想,不怕困难,树立雄心壮志,在现有基础上,充分利用各种有利条件,加上一把劲,世界史研究工作一定可以取得更大成绩,赶上社会主义建设事业发展的要求。

如何进一步开展世界史的研究?从队伍的培养到规划的制定,从资料工作到学术活动,大家都有所议论,提出了很多有益的意见。

培养新生力量是当务之急

大家认为,培养新生力量,扩大队伍,是当务之急。现在有些老专家还都担负着相当重的教学任务;只有青年教师增多了,老专家才有可能腾出手来从事学术研究。不少人特别指出:在培养接班人的时候,要注意对他们提出严格要求。接班人首先要树立牢固的专业思想,热爱世界史教学和研究工作;其次,要有熟练的基本功,扩大知识面,除了有关世界史著作、外国语(一种到两种)等必须学好之外,还应该多多阅读世界文学名著、人物传记等书,熟悉各国社会生活风俗习惯等方面的情况,以加深对各国历史的理解。

对教学和研究工作要加强领导,统一规划

要扩大队伍,同时要对教学、研究工作加强领导,统一规划。这是大多数发言者的看法。目前,各地教学、研究力量合作还不够紧密;研究项目有的重复过多,有的却是空白。很多人建议制定全国性的世界史研究规划,并且在全国设立一两个研究中心,把各地教学、研究力量组织起来,有领导、有计划、有步骤地展开工作,使研究项目相互配合,日趋齐备;人力分工协作,各展所长。如有可能,最好办一个世界史学刊物,交流各地教学、研究以及资料积累等方面的情况。

在世界史领域内有很多工作可以做

一谈到研究规划,大家都觉得世界史领域非常广阔,有很多工作可以做,而且要立刻动手做。不少地区(如非洲、拉丁美洲等)的历史有待深入研究;通史以外,国别史、断代史、史学史等过去还研究得不多;专题研究要加强,普及工作也要大力开展;有关世界史的工具书、年表、地图等也需要编纂和绘制。有的人还主张各校要根据人力、资料等条件,利用所在地的历史、地理等方面的特点,确定世界史的

重点研究项目,搞出特色来。例如内蒙古以蒙古史为重点,广东、福建等地以东南亚地区史为重点。

充分利用现有资料　加强名著翻译介绍

与会者都很关心资料问题。有的人感到,国内资料不很充足,是研究世界史的一个困难。但大多数人认为,我国现有资料已经可以初步满足研究工作的需要,有很多资料还未充分加以利用。我国古代历史著作中保存了大量的关于各国历史、中外关系史的宝贵资料,更是我们研究世界史所特有的有利条件。大家希望,各地图书馆所存世界史参考书的目录要尽早编出来,外文书店供应图书的数量和种类要适当增加,各大学图书资料要互通有无,世界史学名著以及各种原始资料的翻译介绍要加紧进行,使世界史的研究工作更为顺利。

有人提出,世界史方面的学术活动,过去比较少,今后要大力开展。对此,与会者都表示赞成。有的人建议,各校可以环绕世界史教学中所发生的问题或是配合世界历史事件、人物等的纪念,经常展开各种学术研究、讨论活动。各地学会也要多组织些世界史问题讨论会。

会上,大家表示,有信心也有决心进一步开展世界史的研究工作,扩大研究领域,提高学术水平。①

5月27日始,复旦大学为庆祝建校五十七周年,举行了第八届科学报告讨论会。在这次报告讨论会历史学分组会议上,该校历史系师生提交了报告和论文共十三篇。讨论分中国史、历史地理和世界史三组进行。参加者除本系师生外,还有华东师大、上海师院、上海社会科学院历史研究所、上海人民出版社等

---

① 《如何进一步开展世界史研究　史学界部分人士座谈世界史教学与研究问题》,《文汇报》1962年3月25日第1版。

许多单位同志。陈守实的题目为《跋〈土官底薄〉——再论民族问题》、谭其骧的题目为《历史上的中国范围、王朝疆域和中国与王朝的关系问题》、胡绳武和金冲及的题目为《1903 年初的中国思想界》、周谷城的题目为《祖国史家对外国的研究》、王造时的题目为《美国在华盛顿会议上的裁军建议》和先生的《西方资产阶级史家的传统作风》等。①

6 月 14 日，先生在《文汇报》发表《西方资产阶级史家的传统作风》。

8 月 14 日，《文汇报》"学术之窗"介绍先生积极编写外国史学史教材情况。文言：

> 复旦大学历史系耿淡如教授，正在开始编写外国史学史教材的中世纪部分。外国史学史是一门新课程，它的对象与任务究竟是什么，史学界至今尚未取得一致的看法。以马克思列宁主义原则和历史唯物主义观点来编写、讲授史学史，至今尚有一定困难。因此，编写工作对耿淡如教授来说，完全是一种新的尝试。即使在盛暑，他也坚持每天至少写上三四千字。
>
> 编写外国史学史最大的困难是材料不足；有关资产阶级史学流派产生与发展的情况以及著作内容等往往缺乏第一手资料。为此，首先就需要大量翻译外国史著。耿淡如教授为了编好外国史学史，早在一年多以前，就开始做了一系列的准备工作，翻译了苏联以及英美等资本主义国家著名史学家的有关史学史的著作和资料，研究了资产阶级史学流派的产生和发展，对史学史这门学科的任务与对象作了探讨，并写成了有关论文若干篇。最近，他翻译的英国著

---

① 复旦大学历史系学术通讯组：《复旦大学历史系举行第八届科学报告讨论会》，《历史研究》1962 年第 4 期。

名史学家古奇所著的《十九世纪的历史学与历史家》一书即将定稿出版。这是一部有参考价值的史学史学术著作,全书长达六十万字。耿先生对记者说:"古奇的这部史学史著作,对我们今天编写外国史学史仍有启发作用。他虽是站在资产阶级的立场上来进行研究,但是他这部书里有丰富的第一手资料,这对我们是有用处的。"

　　耿先生现在编写的外国史学史是中世纪欧洲部分,中世纪是西欧史学的衰落时期,早不如希腊罗马时代,晚更不及资本主义上升时期资产阶级史学的兴盛。但是要写好史学史中世纪部分,对前后两个时期都必须有所研究,才能摸清欧洲史学发展的线索。耿先生在这项编写工作和翻译外国史学史著作的过程中,发现了许多值得探索的问题。他今后准备针对外国史学史中的一些重要问题,系统地介绍和批判各个资产阶级史学流派,深入探讨他们的研究方法和传统作风。①

　　9月20日下午,上海史学界同行在科学会堂座谈如何加强世界史的学术活动、商讨下半年及交流世界史图书资料情况,先生主持,参加者还有周谷城、王国秀、郭圣铭、陈祖源、吴成平等,共8人。先生言:今年下半年的活动,一部分人在《辞海》,但大部分不在《辞海》,还是可以活动。关于展开世界史的活动,能展开,但展开不快。青年一代接班人少,应注意年会中派青年人提出报告,提高他们的研究兴趣,不要都是老年的教师去讲。中国人研究外国的资料索引是否可以搞。②

----

①　申:《耿淡如积极编写外国史学史教材》,《文汇报》1962 年 8 月 14 日第 3 版。

②　上海市档案馆:上海历史学会世界史组会议记录及会议通知,档案号:C43-2-211-25。

9月27日下午,郭圣铭在科学会堂作报告《批判汤因比的反动史观》,先生主持,共22人参加。先生开首言:今天请华东师大郭圣铭教授介绍汤因比的历史思想,历史方面著作很多,出了12卷。他是多产的作家,资产阶级学者对他的批判也很多。西方学者只怕没有人批判,越批判越有名。他收集了各种批判来作回答。总结时说:郭先生从思想上批判汤因比的说法,□□与西方政治的关系,他是多产的作家,今后可能还会出。今天我们学术性的批判是很少的。我们出了汤因比"历史研究"的节本。他的第十二卷是答复批判的。其中有争论。他们的批判截然不同于我们的批判。今天的批判是开端,这工作要大家来做。郭圣铭的报告很有启发性。①

11月20日下午,中山大学副校长陈序经②在科学会堂作报告,介绍东南亚古史研究,上海历史学会邀请先生等人参加,先生因故未参会。③

12月2日,上海市哲学社会科学联合会党组致函上海市宣传部,提议先生为中国亚非学会上海分会理事候选人。④

年底,为了贯彻高教部关于编写文科教材的精神,众多学者在上海开会,会议决定先生主持编写《外国史学史》。据参加会

---

① 上海市档案馆:上海历史学会世界史组会议记录及会议通知,档案号:C43-2-211-33。

② 陈序经(1903—1967),广东文昌人。1925年毕业于复旦大学,1928年获美国伊利诺伊大学博士学位。回国后历任岭南大学、南开大学、西南联合大学教授。新中国成立后,1952年出任中山大学副校长,1962年兼任暨南大学校长,1964年调任南开大学副校长。著有《中国文化的出路》《文化学概观》《疍民的研究》《南洋与中国》等。

③ 上海市档案馆:上海历史学会世界史组会议记录及会议通知,档案号:C43-2-211-56。

④ 上海市档案馆:上海市哲学社会科学联合党组关于送上亚非学会对简章和理事人选修改和补充的报告,档案号:A22-1-557-109。

议的金重远回忆：

> 1961 年底，为贯彻高教部关于编写文科教材的精神，在上海召开了外国史学史教材编写会议。出席的有北京大学的张芝联、武汉大学的吴于廑、南京大学的蒋孟引和王绳祖、中山大学的蒋相泽、杭州大学的沈炼之、华东师大的王养冲和郭圣铭、复旦大学的耿淡如、田汝康和金重远等人。
>
> 会议对当代西方各种史学流派的形成和发展作了讨论，并一致认为外国史学史应列入高校历史系的教学计划，还决定由耿淡如先生主持编写《外国史学史》，由田汝康先生负责编译西方史学流派的资料。前一工作由于耿淡如先生不久即身患重病，无法进行。①

是年，先生翻译英国历史学家古奇名作《十九世纪历史学与历史学家》，部分译作油印刊出，供历史系学生阅读。又，该书在"文革"前已译就，直至 1989 年才由商务印书馆作为"汉译世界学术名著丛书"之一出版。②

1963 年癸卯　先生六十六岁

1 月，先生翻译美国学者汤普逊的《中世纪经济社会史（300—1300 年）》下册，由商务印书馆出版。

1 月 10 日，上海市委教育卫生部干部处不同意先生担任中国亚非学会上海分会理事，理由是：耿淡如在解放前曾担任过三所大学的政治系主任职务，写过很多为蒋政权效劳的文章，不应该安排理事职务。如果考虑耿淡如是搞世界史的，在学术界是一方面，那么，田汝康（已提名）可以代表，田是世界通史教授，并

---

① 田汝康、金重远选编：《现代西方史学流派文选》，上海人民出版社，1982 年，编者的话第 1 页。
② 耿淡如著，张广智编：《西方史学散论》，第 339 页。

专长亚非史。①

3 月,先生在《现代外国哲学社会科学文摘》第 3 期翻译美国学者穆顿·怀特(Morton White)的《历史解释》,录该文"内容提要"如下:

> 历史解释不应认为是以前事解释后事的因果关系,因为这种解释模式,不仅可应用于历史解释,而且可应用于其他科学解释。
>
> "解释"是诸陈述的集合。一种科学解释,是由各项有关所说科学真实的陈述构成。所以,历史解释是取决于它是否包含专属历史的名辞。在历史陈述里,有的是专属历史的名辞,其他是从历史预先假定的科学移来的名辞。前者是专属历史的名辞;后者是非专属历史的名辞。历史陈述包含大批来自其他科学的名辞。但专属历史陈述必要地包含专属历史名辞。历史解释是包含专属历史陈述作为组成部分的解释。从逻辑观点看,历史解释基本上和社会学解释相同,因为专属历史名辞和社会学名辞没有什么区别。

3 月 30 日上午,郭圣铭在科学会堂作报告《启蒙时期欧洲的史学》,陶松云作报告《十九世纪俄国的欧洲史学家》,王养冲作报告《译介法国资产阶级历史综合派》。会议由先生主持,黄瑞章、徐先麟、陈祖源等 25 人参加。②

5 月 14 日下午,上海史学界同志在科学会堂对《世界通史》课本上古部分、中古部分两册提出改进意见,周谷城和先生主持,陈祖源、孙道天、韩亦琦、郭圣铭、黄瑞章、徐先麟等 12 人参

① 上海市档案馆:上海市哲学社会科学学会联合会党组关于提议中国亚非学会上海分会会长、副会长、秘书长人选的报告,档案号:A22-1-557-105。
② 上海市档案馆:上海历史学会会议记录,档案号:C43-2-220-58。

加。①会后,上海历史学会有关于《世界通史》座谈会上反映思想动态情况的报告:

(机密)上海历史学会"世界通史"座谈会上反映的思想动态

高等学校文科教材编写工作办公室周一良、吴于廑最近致函复旦大学耿淡如,要求他组织上海史学界同志讨论高等学校课本"世界通史"上古部分、中古部分两册(62年出版,高等学校范围内发行),提出改进意见,供修订时参考(该书原拟今年7月出版,公开发行)。耿淡如即通过周谷城,以上海历史学会世界古代史组名义,于5月14日召开了一次小型座谈会,出席的有周谷城、耿淡如、郭圣铭、陈祖源、韩亦琦、徐先麟等十余人(林举岱、李春元、蔡颖、陆满堂、吴成平、陈有□等未到会)。会上除对书的内容提了一些具体意见外,还谈了对集体编写、西方教科书的一些看法。

"世界通史"课本是教育部委托一些单位集体编写出来的,为世界史教学提供了很大的方便,徐先麟(师院)在会上说:"有统一教材对我们有很大帮助,短期搞出很不容易。"耿淡如了解编写的过程,说:"(他们)去年在前门饭店苦干了20天,天气很热,而且搞到晚上12点,编写的精神值得我们佩服,比我们在浦江饭店修'辞海'要紧张多了。"但也有人表示很轻视,郭圣铭(师大)说:"编一部世界史,在胸中应该有一部世界史,总的看来,此书水平一般,教科书应有教科书的规格,不能马虎。此书可商量之处很多,抄也没有抄好(按:指抄苏联十卷本'世界通史')。"

关于集体编写的方式,议论很多,实际上是在借题发挥,攻击群众路线的工作方法。韩亦琦(师院)认为:"以急

① 上海市档案馆:上海历史学会世界古代史组会议记录、通知等材料,档案号:C43-2-224-111。

就章的方式写一部教科书,而不是从长计议,(这种方式)可以再考虑,现在是要求好,希望修改这部教科书的时间放长一些。"郭圣铭说:"此书所以出现这种结果,与编写的过程有关系,先委托某一学校写,各人分写一段,书中可以看出改的痕迹,主编者为了迁就底稿,比自己写还困难,我看此书7月里不能出版,可以推迟一年。"又说:"这风气需要扭转,周扬同志曾给周总理一个报告,说编写时间不宜太急。"周谷城作了补充:"'辞海'也是一样,起初以为两个月可以完成,结果比旧辞海花的时间很多。"又说:"我们这么伟大的国家在编这本书(指'世界通史'),如不够理想就可惜了。"

他们对个人编书的兴趣很浓厚,要求编书自由化。周谷城提出:"是否出一种部本(教育部统一教材),其他则随便写。"郭圣铭说:"书多可以促进",周又说:"同商品一样,货多可以比较。"

周谷城在会上还表露了对西方国家教科书的留恋和由衷好感,说:"美国教科书非常通俗,无师可以自通,书上附有参考书目、习题,非常合乎逻辑,形式上可以学他们。"又说:"现在(我们书中)的文字喜欢定义式,不是自然叙述下来的","现在的书不能起教育作用,学生读它象吃苦药一样。"这勾起耿淡如、郭圣铭等的同感,耿说:"西方的教科书不是在课堂上讲的。"(意谓学生在课外可以看得懂)①

7月,上海历史学会列出1963年度工作计划,其中世界近代现代史组计划组织四次学术报告,由先生讲兰克学派。②

① 上海市档案馆:上海历史学会关于"世界通史"座谈会上反映思想动态情况的报告,档案号:C43-1-642-11。
② 上海市档案馆:上海历史学会1963年度工作计划(草案),档案号:C43-1-642-3。

　　7月9日下午,上海世界史同仁在科学会堂研究本年度工作,先生主持,林举岱、吴成平、蔡颖四人参加。先生言:主要讨论三个问题,常规活动,总路线与研究世界史的关系,亚非拉美史研究。可座谈世界现代史教学上的若干问题,(反修、阶级斗争等等,很多)有些专门性的问题也可以研究。我们史学史已暂时停顿了。有些资产阶级历史理论,要弄懂已不太容易,暂时搁一搁。现代的史学家,注意的还不够。史学的理论方面也可以作为一个题目。对西方哲学的研究很弱。我是客串研究历史,专业研究历史的还在培养。外文方面,资料方面也有阻碍,文章一写出来有人批判,内心总有些怕,不然这现象难以解释。以新的观点解释过去的史实有不少困难。①

　　8月16日,先生填写民盟盟员著作出版调查表。

　　　姓名　耿淡如　年龄　66　籍贯　江苏　工作岗位名称及担任的职务　复旦大学历史系教授

出版书名	出版社	出版年月及版次	备注
1 中世纪经济社会史上册	商务印书馆	1961	译自英文
2 中世纪经济社会史下册	商务印书馆	1963	译自英文
3 世界中世纪史原始资料选辑	天津人民出版社	1959	译自俄文
4 世界近代史文献第一分册	高等教育出版社	1957.7	译自俄文

---

①　上海市档案馆:上海历史学会古代史组、世界近代现代史组召集人会议记录、通知等材料,档案号:C43-2-224-125。

5 世界近代史文献 第二分册	高等教育出 版社	1957.11	译自俄文
6 世界近代史文献 第三分册	高等教育出 版社	1958.11	译自俄文①

12 月 20 日,上海市社会科学联合会召开社联委员扩大会议,传达中国科学院哲学社会科学部学部委员会第四次扩大会议主要内容,动员上海社会科学工作者积极参加反修斗争,训练和教育理论队伍,为进一步批判现代修正主义,研究当代革命问题创造有利条件,会期为期十天,参加会议人数 2733 人,出席人数 1500 人,列席人数 1233 人,先生作为复旦大学历史系代表之一参会。②

1964 年甲辰　先生六十七岁

3 月,由先生合译英国历史名家汤因比的《历史研究》(下册)出版,合译者还有曹未风、周煦良、林同济、王造时等名家。③

5 月,先生在《现代外国哲学社会科学文摘》第 5 期翻译美国学者欧劳(Heinz Eulau)的《美国福利国家:既不是意识形态也不是乌托邦》。录"编者按"如下:

　　近来美国报刊竭力宣扬所谓"福利国家"的观念来反对社会主义意识形态,并企图把垂死的资本主义从危机中挽

---

① 　上海市档案馆:中国民主同盟上海市委员会盟员著作出版调查表(耿淡如),档案号:C44-2-252-82。

② 　上海市档案馆:上海市哲学社会科学联合会党组关于传达中国科学院哲学社会科学学部学部委员会第四次扩大会议的计划,档案号:C43-1-137-2。上海市哲学社会科学学会联合会委员会扩大会议出席人员名单,档案号:C43-1-137-19。

③ 　耿淡如著,张广智编:《西方史学散论》,第 345 页。

救出来。本文亦为一例。作者通篇讨论过去罗斯福的"新政"，但却以"美国福利国家"为标题；其用意是要借"新政"来例解美国当前政治的成熟性。所谓成熟性，依他的意见，即政府随机应付急切的社会需要与压力，是杜威的工具实用主义的运用。这虽然承认了表面现象，但掩盖了问题的实质。至于认为成熟性在于能满足人的需要，不是通过意识形态和暴力来解决问题，那当然是一种歪曲和谎言。实际上"新政"是以重建金融—银行制度、刺激私人投资和购买力、毁坏一部分农产品等措施，来缓和经济危机和阶级矛盾。它是美国垄断资产阶级运用镇压与欺骗的两面手法、进一步麻痹劳动人民革命意志的一种阴险国策。本文作者把罗斯福"新政"说成是美国"福利国家"的典范，并大肆吹嘘资产阶级民主政治的"活力"，这显然是同目前美国政府标榜继承"新政"传统的政治实践相呼应的，从这里也可以看出当代美国政治思想的一种倾向。

录"内容提要"如下：

罗斯福的新政是美国民主政治（美国福利国家）在危机时代活力的证明。它不是一种意识形态，因为它不是代表一种内部协调的思想体系；它不是一种信仰，因为它所表达的，不是一个对更好明天的信仰，而是对今天行动的号召；它不是一次十字军，因为它不是为了实现预定的改革计划而进行的运动，"蓝鹰运动"与其说是十字军不如说是马戏；它不是一种实验，因为它不是要测验理论上的命题，而是要应付当前的社会需要与压力；它不是一次反抗，因为"新政大多数"不是由于反抗的观念而是由于对政府的新信任心理而投票的；最后，它也不是一种崇拜；因为新政的领导是"集体的"，而且罗斯福是一个政客，而政客的形象不会被看作崇拜对象的。新政究竟是什么的？新政是福利国家政治成熟状态的表现。它解决国家问题的办法，不是通过意识形态或暴力而是通过政治的策略的。它不是回到一个意识形态的昨天道路，也不是走向一个乌托邦的明天道路；而是以一种政治成熟的精神来驾驭政治力量的。新政是反映一种成熟的民主政治的必然性及其障碍的统治过程。

8月10日上午，复旦大学举行座谈会，坚决支持美国黑人的革命斗争，纪念毛主席的《呼吁世界人民联合起来反对美国帝国主义的种族歧视、支持美国黑人反对种族歧视的斗争的声明》发表一周年，先生参会并发言，发言的还有：周同庆、朱东润、赵景深、徐艳谋、田汝康、全增嘏、黄缘芳、谷超豪等，他们一致认为，美帝国主义是美国黑人和美国全体劳动人民的共同敌人，也是全世界各色人种和一切被压迫民族的共同敌人。他们说，美国黑人反对种族歧视的斗争，是从美帝国主义心脏内部爆发的革命斗争，它是同全世界被压迫人民和被压迫民族的革命斗争紧密相联的。我们坚决支持美国黑人的正义斗争。可是，现代修正主义者却同各国人民相反，他们不敢支持美国黑人的斗争，不敢反对美帝国主义，而且还竭力为美帝国主义涂脂抹粉，这就再一次充分暴露了他们背叛被压迫人民和被压迫民族利益的可耻面目。①

9月，先生招收世界中古史研究方向和西方史学史研究方向的学生入校。前者两名：杨群章、盛祖绳，后者一名：张广智。②据张广智回忆：

赴　考

考试前夜，朔风呼号，大雪纷飞。在朦胧的睡意中，我

---

① 《复旦大学师生座谈纪念毛主席声明发表一周年　胜利必属敢于斗争的美国黑人》，《文汇报》1964年8月11日第2版。
② 耿淡如著，张广智编：《西方史学散论》，第345页。

仿佛感受到了风的呼啸,雪的飘扬。

翌日,雪停风缓,天也放晴了,在熹微的晨光中,一眼望去,偌大的复旦园,白茫茫一片,竟是一派北国风光。在凛冽的寒冬的早晨,步履急促的一群年轻人,踩着白雪,向考点登辉堂(即现相辉堂)前行,身后留下了一串又一串的足印……

开考第一门为外语(有英、俄两种选择),外语考试历来都被视为能否录取的一道坎,因此谁都马虎不得。从后排望去,黑压压的一片,哪顾得什么窗外的寒冬腊月,个个都聚精会神答题。如今想来,那情景也出现在未名湖畔的教室里,或在清华园的厅堂中,因为这是新中国 17 年间第一次规模宏大的"全国性统考",放眼全国,那该是何等的壮观场景啊。

这次"统考",的确很正规,很严格。考试课程,专业方向课有两门,当然还有政治、外语,给我印象深的一点是,还要考语文,不是考语文(或文学)知识,而是写一篇命题作文:《科学工作者应该重视语文修养》。现在看来,那时的主政者与命题者都是颇有眼光,不乏睿智的。

这次"统考",在全国大概招了 1000 多人,复旦招了不到 70 人,联想到当今的"考研热",我国研究生人数飙升至世界前列(复旦如今每年招收的博士研究生就与当时全国硕士研究生的招生人数相当)抚今思昔,真让人有隔世之感了。

受 教

"您对耿淡如先生最深的印象是什么?"小钱问道。

我脱口而出:"谦虚治学,谦虚做人"。也许是"近朱者赤近墨者黑"吧,我虽不能学到耿师的学问于万一,但有一点我是在认真地学,而且一辈子在学,那就是耿师的谦和。

我自 1959 年进入复旦历史系求读,尔后工作,迄今 50 余载,不事张扬,尤喜随和,用常讲的一句话来说,那就是处世低调,在内敛与外向之间张弛有度。当然,与耿师一样,对于权势或逆行,我也是不会屈服的。

"我在《先行者的足印——追忆中国西方史学史学科的奠基人耿淡如先生》一文中,已有对耿师的诸多追忆,这里就他的'习明那尔'教学方式做点补充吧。"我说,"我之受教,真的可归之于耿师的'习明那尔'。"

"习明那尔",即西文 seminar,专题讨论班之意也。小钱选过我开设的"西方史学专题研究"一课,当然知道这个"习明那尔",原是 19 世纪德国史学大师兰克培养历史学精英的教学方法。耿师非常崇尚兰克史学,而对兰克的"习明那尔"的运用更是娴熟自如。

我们这一届虽经"全国统考"而来,但象课程体系等,各个方面远不如现在这样"正规",遑论中国式的研究生教育模式的构建。其实,在"文革"前 17 年间的中国研究生制度,大体是学苏联的;而现今,一切又以西方(主要是美国)为圭臬了。至于说到我们那时的研究生教学,除外语、政治为众人必修外,其余各个专业方向的课程设置虽也有名目,但导师的"自主性"与"随意性"很大。以我的西方史学史专业方向为例,培养计划中也列有多门课程,但实际上各门课多围绕西方史学而展开,任课老师嘛,基本上只有耿师,学生就只我一人而已(我们这届历史系共招 7 人)。

现在回想起来,耿先生培养我的模式,近乎中世纪手工业作坊的那种师傅带徒弟式的方法,所谓"习明那尔",实际上是一对一的"教",像是在"聊天"。然而在这种"随意"的"闲谈"氛围里,蕴含着高深与思辨;在看似"自主"的"自由"空间中,感悟出真知与启示。耿师之授教,就是用这种个别传授的方式,培养学生分析问题和独立思考的能力,我以为,这真是得兰克的"习明那尔"教学法之真谛。

耿师住徐汇区天平路,每次上课,都是在先生家中的客厅。厅中摆设,简洁素雅,但给来访者印象很深的一点是,厅中一侧有一架中文打字机,先生家的保姆兼作打字员,我每次上课时,都可以听到那咔嚓、咔嚓打字的声音,故从先生那儿出来的文稿均是整洁划一的打字稿,这在那个年头,也算是很时尚的一种书写工具了。说起这些,真实的"历史细节"又在我眼前浮现了。

某日,耿师家客厅那架中文打字机的咔嚓之声,一如既往。"上课"了。

"今天我们谈谈近代以来西方史家的作风。"耿师开门见山地说,"我们对西方史家的分析,不只是作阶级的归属,也要作史家作风之辨别。这里说的作风,主要取决于对以下这一问题的回答:历史是论证还是叙述?"

说到这里,先生打了一个比喻:历史是法院还是戏院?史家是摄影师还是绘画家?绝对的"法院派"或"戏院派"是难以找到的,史家之写史,总是在偏于论证还是偏于叙述之间,像钟摆那样回荡着,摆来摆去……

在这里,先生停顿了一下,要我据此先说一下文艺复兴时代西方史家的作风,这是老师上次布置的作业,我自然是做足了功课。于是我以那个时代的"政治修辞派"(以马基雅维里为代表)与"博学派"(以让·马比昂为代表)为例,说了一通前者的"作风"偏于论证,后者的"作风"偏于叙述。

"好,说的头头是道。"先生总是用褒语鼓励他的学生,哪怕是我点滴的进步。

接着先生逐个梳理了文艺复兴时代之后近代西方史家

的"作风"，特别指出伏尔泰学派偏于论证，兰克学派偏于叙述。

这中间，先生不时提问，学生不时回答，提问——回答——再提问——再回答，循环反复。时间就这样地流逝着，那打字的咔嚓声也不知从什么时候停歇了。

先生最后小结："近代西方史家这'钟摆现象'的产生，一是取决于资本主义的发展与政治斗争的需要，另一是取决于史家的类型。"话语不多，但画龙点睛，启人心智。这种"钟摆现象"不也成了一条解开近代以来西方史学谜团的"阿莉阿德尼之线"吗？后来，我根据先师的启示，对近代以来西方史学中的这种"钟摆现象"有所发挥，在一些论著中写出了自己的学术心得。①

张广智在《树德坊纪事》中回忆先生上课时的情景，节录此文如下：

上课这天，我们都起得很早，从学校出发，横跨过大半个上海市区，换乘几辆公交车才能抵达树德坊 7 号耿师家。课在底楼的客厅进行，厅中的摆设，简洁素雅，给我印象很深的一点是，厅中一侧有一架中文打字机，家中的保姆兼做打字员，每次上课时都可以听到那咔嚓、咔嚓打字的声音。说是"上课"，其实是"聊天"，然而，在这种"随意"的"闲谈"氛围里，蕴含着高深，领悟出真知，培养了独立思考的能力，更为重要的是，从先师那里懂得了为学之道，一种对学问的尊重，一种对学术的敬畏。

某日，耿师说起外语对学习世界史专业的重要性，并以

---

① 　张广智：《1964：中国研究生教育之一页——追忆我在复旦的研究生生涯》，《安徽史学》2010 年第 4 期。

自身为例开导我们,记得有两条:第一,要掌握一门外语,就像打拳一样,在于拳不离手,不断地操练,倘要尽快进入专业领域,可找一篇人物传记"啃读",这之后的路便平坦多了;第二,要多掌握几门外语,倘仅为专业着想,如有一门西语的根底,其他语种都可以通过自学解决。在这方面,耿师在我系世界史教师中是顶尖者,他通晓多门外语,如英文、法文、德文、拉丁文,早在1933年就有译著《近世世界史》问世,由此奠定了作为"翻译名家"(何炳棣语)的地位。20世纪50年代初因工作需要,他又自学俄文,很快就运用在教学科研中。令人感动的是,他晚年坚持在病房里自学日语,还抱病为我系当时新成立的拉美研究室翻译西班牙文《格瓦拉日记》等,其业绩犹如"奥林匹斯山的宙斯",我辈是无法企及的。

现在回想起来,这种一对一的"上课",与耿师零距离的"聊天",我需做大量的课前准备,需要花出"满头大汗"的气力。然而,在耿师手把手悉心教诲下,即便顽石也会成金。自此,我打下了日后从事西方史学史研究的扎实基础。新时期以来,在耿师的精神指引下,在教学上我得以"跟着讲",从西方史学史、西方史学名著导读、现代西方史学理论到西方史学史专题研究;在科研上,我得以"接着做",我和耿师第三代传人,从编纂《西方史学史》《西方史学通史》到《近代以来中外史学交流史》,为中国的史学史学科体系、学术体系与话语体系作出了一点微薄的贡献。

岁月流变,如今的树德坊7号户主已易人了。在那里,我伫立良久,这引起了隔壁长者的好奇,听我讲述原委后,老人说:耿先生一辈子都献给复旦了。是的,他从树德坊走来,风雨兼程,一路前行,在史学的田野里拓荒耕耘,是第一代中国世界史学科的开创者之一,中国西方史学史学科建设的奠基人。他为中国史学,尤其是世界史和西方史学史打造基业,为后来者铺路。虽无引领潮流之壮语,也无震撼史坛之巨著,却默默奉献,"深深的水,静静地流";不奢言横说中外,不空谈纵论古今,而始终秉持"谦虚治学,谦虚做人"的立身之道。这八个字也成了我毕生的格言,这或许正是当下那些个学问大家或大师们最为欠缺的一种素养……①

是年,据谭其骧回忆,先生 1964 年开始患膀胱癌,开过三次刀,通四五种外文,翻译不少东西,还要学日文。②

1965 年乙巳　先生六十八岁

1 月,先生在《现代外国哲学社会科学文摘》第 1 期翻译美国学者拉铁摩尔(Owen Lattimore)的《历史上的边疆问题》。录"编者按"如下:

> 本文作者以研究边疆史为幌子,对中国历史大肆歪曲,并进而提出所谓"排他性"边疆和"包括性"边疆的谬论,胡说什么由于近代工业交通的发展,排他性边疆逐渐转化为包括性边疆,边疆已不复是固定的,而是越来越多地向外扩大。其实拉铁摩尔贩卖的并不是什么新货色,早在几十年前,美国边疆史学派特纳之流就鼓吹过美国历史中的"开拓精神",提出了所谓"边疆移动论"来迎合当时美国大资产阶级向外扩张的需要。而今,拉铁摩尔的两类边疆论的实质也不过是"边疆移动论"的翻版,妄图为现代新殖民主义提

---

① 张广智:《树德坊纪事》,《解放日报·朝花周刊》2021 年 6 月 3 日第 11 版。

② 葛剑雄:《悠悠长水:谭其骧传(修订版)》,广东人民出版社,2014 年,第 373 页。

供论据。在本文结尾中,作者转弯抹角地说美国集团的边疆"有包括全世界的可能性",这就充分暴露出这位披着学术外衣的敌国主义侵略政策谋士的嘴脸了。

录"内容提要"如下:

> 两类边疆在历史上具有特殊意义:一是属于同一类型的两个社会之间的边缘,一是属于不同类型的社会之间的边疆。自然边疆:水道和山岭是随着情势而改变的,所以边疆是属于社会而非地理的起源。
>
> 以中国历史上的边疆作为模型,可看到北方的边界是比较静态的,即中国人不利于深入蒙古大草原;而南方的边界是动态的,即他们有一个潜伏的可进一步扩张的不确定范围。长城的建筑是为了防止"蛮族"的闯入,但"蛮族"占有战略上的便利,即侧面移动的灵活性,时常骚扰中国北疆。
>
> 古代文明世界具有类似中国北疆情况:伊朗地区最早出现城垣防线;罗马莱茵—多瑙河建立防御工程。新型边疆,即海外边疆出现于大航线运动之后。欧洲人占夺殖民地筑起防线。在工业与交通发展后,边疆更加倾向于扩大范围。第二次世界大战后,美国集团的边疆与苏联集团的边疆都有包括全世界的可能性,而印度集团的边疆只能暂时为两者之间缓冲。

5月,先生在《现代外国哲学社会科学文摘》第5期翻译美国亚洲研究会1964年3月22日举行的第十六届年会上宣读关于中国研究与社会科学关系论文5篇中的2篇。文章认为,今天所谓汉学已和法国人伯希和的汉学大不相同:从研究传统中国转到当代的中国,从研究中国文化的特殊方面转到它的一般方面,从旧式的考据研究法转到应用最新社会科学上的各种研究技术,并强调汉学与社会科学的关系。"汉学死了,中国研究万岁"反映这个领域内的整个趋势。文章虽从不同角度来讨论"中国研究",但其目的是一致的,即所谓"鼓励年青一代从事中国研究,特别重视中国的社会改变、经济发展与政治情况的研究",并指望"社会科学家与汉学家协力进行"。文章还别有用心地指出"香港是研究新中国的适合地点"。

12月15日,先生抱病为复旦大学历史系本科生开设《外国史学史》课程。据张广智回忆:

> 1964年12月。世道不安,学校的教学秩序因"四清"而被打乱,他为本科生最后一次上《外国史学史》时已是12月15日,那时申城已入冬了。

> 1965年年初,先生年迈且患大病开刀后,原先羸弱的身体更为虚弱了。但逢到上课的日子,他起早从徐汇区天平路的家里出发,要换乘几辆公交车,赶往市区东北角的学校上课。二节课下来,见先生疲惫不堪,大口地喘气,不时地咳嗽,但他从来不说一声苦。

> 在这"最后一次"的第一堂课上,我听到先生语重心长地对学生说:"你们做人要谦虚,做学问也要谦虚啊!"

> 此时,我充当耿先生的助教,协助老师编译供学生课外阅读的《西方史学史译丛》。某日,寒风刺骨,我在车站等候先生,他一下车就连忙从布包里拿出一本现代英国史家古奇的名著《十九世纪历史学与历史学家》(英文版)和一份文稿给我,说:"这篇出自古奇关于兰克的译文,你给我校对一下,有译错或不妥的地方,尽管改就是了。"面对通晓多门外语(英文、俄文、法文、德文、西班牙文、拉丁文等)而虚怀若谷的导师,我无言以对,惟有将"谦虚做人,谦虚治学"的教诲默记在心底里。这"谦虚做人,谦虚治学"是他奉行的品行和气度,也成了我毕生的格言。

　　先生教学育人,对青年一代充满了期盼。我在编《耿淡如先生学术编年》时,从华东师范大学档案馆查阅到 1947 年 4 月的一则史料,里面有耿师对青年一代的谆谆教诲:

　　一般青年往往喜欢高谈阔论,不务实际,常常言行不能一致,我们是年轻的一群,怀有执诚,纯洁,正义和果敢等青年优越的条件,但也难免不染有一般青年的缺陷,尤其是言行方面确有不相符合的地方,我们因此以“立行”二字自勉也希望具有同感的同学和朋友们,与我们紧携着手互相惕励,倘若每个人皆能保持这种美德,对于国家民族无疑的皆有极大的影响。①

　　是年,先生患重病,住院治疗。出院后,原来羸弱的身体更加衰弱了。②

---

① 　张广智:《耿师轶事》,《文汇报·笔会》2023 年 8 月 30 日第 7 版。
② 　耿淡如著,张广智编:《西方史学散论》,第 346 页。

卷四　1966—1975 年

1966 年丙午　先生六十九岁

1 月 5 日,先生曾为张广智的一篇作业写下如下评语:

> 本文根据西方资产阶级史学发展过程,阐明史学为阶级斗争的武器,这个道理,讲得头头是道。论点正确,文笔畅达,虽算不了深入探索,也可称佳作。所有细节上的问题,均见附帖标签。耿淡如,66,1,5。①

6 月 15 日,李平心去世,享年 62 岁。

9 月 3 日,陈梦家②去世,享年 55 岁。

1967 年丁未　先生七十岁

1968 年戊申　先生七十一岁

1 月 8 日,童书业③去世,享年 60 岁。

---

① 此条评语由张广智老师提供。

② 陈梦家(1911—1966),浙江上虞人。1932 年毕业于中央大学法政系。历任青岛大学、清华大学、西南联合大学教授。新中国成立后任职于中国科学院考古研究所。著有《西周铜器断代》《尚书通论》等。

③ 童书业(1908—1968),浙江鄞县人。1935 年赴北平,成为顾颉刚的学术助手。1937 年后,历任光华大学教授、上海市立博物馆历史部主任、总务部主任。新中国成立后任教于山东大学。著有《春秋史》《中国疆域沿革略》等。《童书业著作集》7 册,2008 年由中华书局出版。

8月1日，蒙文通①去世，享年74岁。

8月12日，先生遭受"造反派"迫害，罪名是"反动学术权威"和"美国特务"，被关在复旦大学10号楼（研究生楼）"牛棚"里。按：是时，复旦大学党委副书记徐常太与先生同关在一间房子里。先生对他说过："常太同志，眼前的纷乱与不宁终会过去的，就像你的姓名所寓意的那样，慢慢地会好起来的，回到生活的常态，百姓总会过上太平安康的日子。"②

12月18日，翦伯赞③去世，享年70岁。

1969年己酉　先生七十二岁

2月28日，"清查"工作结束，"造反派"强加给先生的罪名不能成立，于是先生从"牛棚"里被放了出来。④

7月29日，范文澜⑤去世，享年76岁。

---

① 蒙文通（1894—1968），四川盐亭人。1911年，受教于廖平、刘师培。1929年后历任中央大学、成都大学、河南大学、北京大学、四川大学等校教授，新中国成立后任教于华西大学、四川大学。著有《古史甄微》《周秦少数民族研究》等。《蒙文通全集》6册，2015年由巴蜀书社出版。

② 耿淡如著，张广智编：《西方史学散论》，第346页。

③ 翦伯赞（1898—1968），1937年主编《中苏半月刊》，1946年任大夏大学教授，新中国成立后任北京大学历史系教授、主任，北京大学副校长、中国科学院学部委员等。著有《中国史纲》《历史哲学教程》等。《翦伯赞全集》10卷，2008年由河北教育出版社出版。

④ 耿淡如著，张广智编：《西方史学散论》，第346页。

⑤ 范文澜（1893—1969），浙江绍兴人。1917年毕业于北京大学文科，历任北京大学、北京师范大学、河南大学教授。新中国成立后任中国科学院中国近代史研究所所长、中国史学会副会长等。著有《文心雕龙注》《中国通史简编》《中国近代史》等。《范文澜全集》10卷，2002年由河北教育出版社出版。

10 月 7 日,陈寅恪①去世,享年 79 岁。

10 月 11 日,吴晗②去世,享年 60 岁。

1970 年庚戌　先生七十三岁

1971 年辛亥　先生七十四岁

1972 年壬子　先生七十五岁

1973 年癸丑　先生七十六岁

是年至 1974 年间,先生抱病为复旦大学拉丁美洲研究室翻译《格瓦拉日记》《马里格拉文选》《圣女贞德传》等著作。③据陈才兴回忆翻译的始末时说:

> 1964 年,国务院外事领导小组会同中国社科院和高教部经毛主席批准,在全国成立一批国际问题研究机构,并确定在复旦成立资本主义国家经济研究所和拉丁美洲研究室。有独立的编制和经费,外汇由教育部直接拨发,专款专用,世经所 2/3,拉美室 1/3。有独立的资料室,订有外文报

---

① 陈寅恪(1890—1969),江西修水人。1910 年游学欧洲,1925 年回国历任清华大学、西南联合大学、香港大学、广西大学、燕京大学教授。新中国成立后任岭南大学、中山大学教授。著有《隋唐制度渊源略论稿》《柳如是别传》等。

② 吴晗(1909—1969),浙江义乌人。1931 年毕业于清华大学历史系,历任清华大学、云南大学教授。新中国成立后任北京市副市长、中国科学院哲学社会科学学部委员、北京市历史学会会长等。著有《胡应麟年谱》《朱元璋传》等。《吴晗全集》10 卷,2009 年由中国人民大学出版社出版。

③ 耿淡如著,张广智编:《西方史学散论》,第 346 页。

刊 100 多种,每年直接向国外订购一两批外文专著。拉美室由程博洪先生任研究室主任,党、政由历史系代管,筹建工作刚开始不久,因"文化大革命"而搁置。

1968 年初,我和刘文龙教授作为出国储备师资从北京语言学院来到复旦大学中文系。一个偶然的机会,我们俩被调到了复旦拉美研究室。因当时正是"文革"最疯狂的时期,读书无用,中文系要取消,搞大文科的传言不断,而该室有许多西班牙报刊和书籍,无人翻阅,我们想利用大学毕业后所学的西班牙文,翻译些资料,也许是一种最佳的选择。1970 年,周恩来总理在接待拉美外宾时,多次听到在拉美有许多家庭几乎都挂游击英雄切·格瓦拉的像,在拉美其影响比毛泽东还大,"游击中心"理论广为传播。总理向外交部有关人员提问:什么叫"游击中心",其理论要点是什么?可因大家忙于运动而无人知晓。得知该消息后,我们就组织室内人员查找资料,同时开始对一屋子满是尘土的外文报刊加以整理,送图书馆装订成册。最初从报刊上找到一些格瓦拉论游击战方面的文章,以及对其观点的各种评论。我们据此编写了"游击中心论"及其主要观点的简报,交上海外办,并转交中央。从此开始上海外办需要什么有关拉美的资料,我们及时提供,并随时把有关拉美的新动态、新信息写成简报送上海外办。

随着我国外交工作的深入发展,需要我们提供的拉美信息越来越多。另外,大量书刊经过整理,发现有不少书可翻译出版。于是,主要由程博洪先生挑选,我配合组织人力翻译。室内人员不够,征得领导同意,把历史系所有懂外文的老先生:周谷城、田汝康、靳文翰、耿淡如、章巽等著名教授都组织到拉美室参加翻译。同时,经上海外办推荐,把当时在工厂劳动的林无畏、慈文华、黄奋、陆定纲等外事系统老翻译先后调入复旦拉美室工作。从古巴的《波西米亚》杂志上翻译《格瓦拉在玻利维亚的日记》开始，随后翻译英文和俄文版的《格瓦拉传》《拉丁美洲游击运动》和西班牙文的格瓦拉的《游击战》等书，并同上海译文出版社联系出版。①

9 月 13 日，杨人楩②去世，享年 70 岁。

10 月 1 日，贺昌群③去世，享年 70 岁。

1974 年甲寅　先生七十七岁

4 月 25 日，陈守实④去世，享年 81 岁。

1975 年乙卯　先生七十八岁

7 月 9 日，因病医治无效，先生在上海光华医院逝世。

---

① 陈才兴：《深情的回眸　无限的企盼》，复旦大学退休教职工管理委员会等编：《心印复旦园》，复旦大学出版社，2007 年，第 123—124 页。
② 杨人楩（1903—1973），1926 年毕业于北京师范大学英语系。1934 年留学英国牛津大学，获文学士学位。1937 年回国后任教于武汉大学历史系。新中国成立后任职于北京大学历史学系。著有《圣鞠斯特》《高中外国史》等，译有《法国大革命史》《英帝国主义压迫下之中国》《世界文化史略》等。
③ 贺昌群（1903—1973），四川马边人。1922 年入商务印书馆编译所。1931 年后，历任河北女子师范大学、浙江大学、中央大学教授。新中国成立后，曾任南京图书馆馆长、中国科学院历史研究所研究员等。著有《魏晋清谈思想初论》《论两汉土地占有形态的发展》等，译有《西域之佛教》《中国语言学研究》等。
④ 陈守实（1893—1974），江苏武进人。1927 年毕业于清华大学研究院国学门。曾任南开大学、大夏大学、安徽大学、中山大学、暨南大学等校教授。新中国成立后任复旦大学历史系教授、中国古代史教研室主任。著有《中国古代土地关系史稿》等。

邹兆辰在《从耿淡如到张广智——西方史学史学科建设的代际传承》中指出,先生付出的艰辛努力,初步奠定了中国人自己的西方史学史学科体系。兹录该文第一节:《中国西方史学史学科建设的开拓者:耿淡如》如下:

耿淡如的名字在一般史学工作者特别是年轻的史学工作者中,或许不是一个如雷贯耳的名字。但是,他在他那一代学人中,却是一位备受尊敬的老学者。他在20世纪的30~50年代,在国际政治领域、世界中世纪史教学领域,都是一位权威学者。到20世纪60年代,他又开始了对西方史学史学科建设的开拓。

耿淡如,1898年3月出生于江苏省海门县的一个农家,父母都是不识字的普通农民。7岁时入私塾受教。1908~1917年,在家乡海门念小学和中学。1917年考入复旦大学文科,1923年以优异成绩从复旦大学毕业,获"茂才异等"金牌。1923~1929年,在海门中学和复旦大学附中任教。1929年,在一位热心教育的同乡富商的帮助下赴美留学,进哈佛研究院,攻读政治历史与政治制度,1932年毕业获硕士学位,并归国回上海,任复旦大学政治系教授。1933年起任光华大学教授,曾任政治系主任,讲授过政治学原理、欧洲外交史、西洋通史、国际公法等课程。新中国成立后,经院系调整到复旦大学历史系任教授,在世界上古史教研室工作。1964年,开始招收世界中古史研究方向和西方史学史方向的研究生。"文革"时遭受迫害,被关入牛棚。1975年7月9日逝世,享年77岁。

耿淡如先生的西方史学史学科建设工作是从20世纪60年代初才开始的。当时,耿先生已经过了花甲之年。为什么他能够在这一个中国学人十分陌生的新领域里进行开拓呢?从60年代初到"文革"前夕,只有几年的时间,他为这个学科的建设做了些什么工作？他所作的工作对这个学科的建设有什么影响？这就是我们首先要探讨的问题。

第一，耿淡如先生在世界史方面深厚的学术积淀。

耿淡如先生回国后在政治系任教授，写了大量国际问题研究的文章，除讲授政治学的课程外，也开始了"西洋通史"的教学。当时的中国，没有世界史学科，所谓"西洋通史"课也就是世界史的教学，这表明他从 20 世纪 30 年代初就开始了世界史的教学。当年，曾经在光华大学"借读"的何炳棣先生写道："教西洋史的耿淡如是翻译名家。"①这表明，35 岁的耿淡如先生不仅已经开始讲授世界史，而且已经在翻译外国名著上很有影响。

在教学和翻译工作之外，耿淡如从 1933 年起开始从事国际问题的研究与写作。1933 年 4 月，他就在《外交评论》上发表《太平洋委托治理地问题之另一观察》一文，以后陆续在《东方杂志》《新中华》《复旦学报》等刊物发表文章，并在《正言报》《新中华》等报纸上刊发时评。2000 年，耿淡如的儿子和学生为纪念他百年诞辰，曾把他发表的有关国际问题的评论文章辑录成《耿淡如先生国际论文集》（上、下册），计有 190 余篇，近百万字。当时《外交评论》对耿文的评价是："耿淡如先生研究国际关系，观察明确，别有见地。"张广智先生在《西方史学史散论》中，从耿先生的大量国际问题评论文章中，选取了 11 篇，包括《美国对华政策之核心》《太平洋日本委托治理地之争端》《美国与国际法庭》《埃及反英运动之检讨》《〈法意〉中所论之中国政制》《达达尼尔海峡设防问题》《巴力斯坦事件之剖视》《美国中立法之回顾与前瞻》《西欧公约问题》《五年来之欧洲政局》《太

---

① 张广智编：《耿淡如先生学术编年》，载《西方史学史散论》，第 339 页。

平洋公约问题》等。他所写的这些文章,所论述的都是国际关系问题上的一些前沿问题,确实是"观察明确,别有见地"。正如张广智先生评论说:"在我看来,他是一位具有历史学家底色的国际关系史研究专家,有精湛的历史学,尤其是世界历史方面的素养,无论是东亚形势、欧美政局,还是西亚非洲事端,论前瞻必先回顾,说现在务述往事,因此其文深入而不表象,厚重而不肤浅,以此迥异于泛泛而论、言而无史的文章。"①确实如张广智所评论,耿淡如先生在他人生精力最充沛、思维最敏捷的时期,把他所学的知识(包括世界历史的知识),全部用于对国际政治问题的研究与述评。没有充分的世界历史知识和广阔的国际视野、敏锐的国际问题判断能力,是不可能从事这项工作的。

在从事国际政治研究的同时,耿淡如先生也在翻译事业上取得丰硕成果。耿淡如先生对外语的把握有着特殊的天赋。据张广智先生回忆:耿先生通晓多门外语,如英文、法文、德文、西班牙文,还有拉丁文等。20世纪50年代初,为了在教学与科研中更好地向苏联历史科学学习,先生决心自学俄文。通过自学,他很快掌握了俄文,并在教学科研中迅即发挥了作用。去世前两年,他因重病住院治疗。在病房里,他不顾病痛的折磨,坚持自学日语,很快能阅读相关文献。他认为任何一门外语,都可以通过自学解决。这种惊人的学习和掌握外语的能力,不能不令人叹服。

从青年时代起,耿先生就把掌握外语的超常能力运用到翻译工作的实践中。

1933年9月,他与沙牧卑合译的美国历史学家海斯等

---

① 张广智编:《垂范学林,名满天下》,载《西方史学史散论》,第322—323页。

著的《近世世界史》由上海黎明书局出版。之所以选择这部书,是因为该书"属于通史一类,搜集广播,而无散漫支离之弊,洵通史中之佳作。"他的译风"平实畅达",由此奠定了他翻译家的地位。

20世纪50年代,由于教学的需要,耿淡如先生据俄文原版大学教材和相关资料,翻译并编写出世界中世纪史讲义。后来他为了给高年级学生开设"近代国际关系史"选修课,又据俄文翻译了三册共60万字的《世界近代史文献》,其中第二卷1957年由高等教育出版社出版。这一年,耿先生还翻译了苏联史学家斯卡士金编的《世界中世纪史参考书指南》。1959年5月,他与黄瑞章共同编译并注释的《世界中世纪史原始资料选辑》,由天津人民出版社出版。该书包括世界中世纪史原始资料15篇,可供高校学生学习世界中世纪史时参考。

他翻译的美国历史学家汤普逊的《中世纪经济社会史》上、下册分别于1961年、1963年由商务印书馆出版,2011年由商务印书馆作为"汉译世界学术名著丛书"之一再版。1962年,他开始翻译英国历史学家古奇的名作《十九世纪历史学与历史学家》,部分译作油印刊出,供历史系学生阅读。该书在"文革"前已经译就,但未能出版,直到1989年才由商务印书馆作为"汉译世界学术名著丛书"出版。他还参与翻译了英国历史学家汤因比的《历史研究》(下册),1964年出版。

除了翻译作品之外,耿淡如先生在20世纪50年代还发表了一些世界史方面的教学参考文章,如1956年在《历史教学》上发表的《英国圈地运动》,1957年发表的《尼德兰革命》,等等。此外,他也有编写教材的经验,如1936年与王宗武合作编著的《高级中学外国史》上、中、下三册,由南

京正中书局出版。1954 年他主持编写的《世界中古史》交
流讲义,由高等教育部代印。该讲义虽然是根据苏联学
者科斯敏斯基关于世界中世纪史的相关论著编译而成,但书
末附有耿淡如编写的 20 章内容撮要。这说明,他是具有编
写各类教材经验的一位学者。

　　总之,到 1961 年高等学校文科教材编写会议时,耿淡
如先生已经是"垂范学林,名满天下"的著名学者。虽然他
没有编写过西方史学史的教材,而且当时还有多位与耿先
生有着相似经历和学术影响力的学者健在,但他确实是这
个领域中德高望重、成就最丰的学者。他受命主持西方史
学史教材的编写确实是最合适的选择。

　　第二,耿淡如先生对史学史学科性质的定位。

　　1961 年 4 月,高等学校文科教材编写会议在北京召开。
会议制订了历史专业教学方案和历史教材编选计划,耿淡
如先生被列为全国科学规划的世界史学史项目主持人。当
时,哲学社会科学领域出现了一种求新务实的学术环境,直
接催生了史学界关于史学史问题的大讨论。新中国成立以
后,还没有统一编写史学史教材的先例。史学史学科的性
质如何界定,史学史应该如何分期,史学史应该包括哪些内
容,甚至史学史能不能成为一门独立的学科,这些问题都需
要讨论。只有把学科建设的基本理论搞清楚,才能引导学
科建设走上正确的道路。耿淡如先生积极参加了讨论,并
且做出了自己的回答,这就是他 1961 年 10 月发表在《学术
月刊》上的文章《什么是史学史?》。此文在史学史学科本身
的发展史上是一篇重要的文章,直到 21 世纪都还受到高度
重视。张广智先生也对此文的内容进行过解读。这里根据
笔者阅读的体会,重新梳理一下。

　　在国外的史学史领域,对于史学史学科的性质有不同

的见解。耿淡如先生认为,西方学者多是把史学史作为历史编纂学。如英国著名历史学家古奇认为:史学史即历史编纂学,它是为了教导和训示作者的同时代人或后辈而编成的并具有或多或少文艺形式的历史事件的叙述。耿先生认为,这意味着大多数英美学者把史学史归结为历史编纂学史的,他们直接使用"历史编纂学"来代替"史学史"这个名词,并按照这个框架来编写。耿先生认为,苏联历史学家的定义完全不同。他举瓦因什坦在《中世纪史学史》里提出的定义:史学史应该——在和社会发展联系下——研究历史科学的发展,表现在历史学派、历史思潮和所有历史概念体系之合乎规律性的交替,也应该研究历史科学对制定最重要的社会观念方面之影响。另一位苏联学者齐霍米罗夫则认为:史学史是科学,研究人类社会发展的知识积累史、历史研究方法的改进史、各种学派在解释阶级斗争的社会现象方面之斗争史、历史发展规律的揭露史,以及马克思列宁主义历史科学对资产阶级伪科学的胜利史。耿淡如先生倾向于苏联学者的定义,认为他们清楚地指出了史学史应该包括什么,研究什么。他们肯定史学史是一种科学,认定史学史的研究应该在和社会发展联系下揭露社会发展的规律性,并找出史学发展的规律性。

在分析了苏联史学工作者关于史学史的定义以后,耿淡如对史学史的对象与任务提出了若干独立的见解,其中主要有:史学史应该分马克思主义的史学史和前马克思主义的史学史;史学史应该分析历史家、历史学派在思想领域的斗争;史学史应该阐明自身的发展规律;史学史应是历史学的历史,不是历史家的传记汇编和目录学;史学史应和历史哲学史和社会思想史有区别;史学史应该包括历史编纂和历史研究;史学史应结合其他学科来研究;史学史应该总结过去的史学成绩；史学史应该以研究历史的同一方法论来研究；史学史应该对错误的史学思想、流派进行批判。虽然受到了苏联史学家对该问题认识的影响，但可以明显地看出，耿淡如先生已经以马克思主义的史学思想为指导，对史学史学科的研究对象和任务提出了非常清晰的思想路线。这一思想路线对于即将到来的中国的史学史学科建设具有极其重要的指导意义。

　　第三，耿淡如先生对西方史学史学科建设的实践与基本理念的确立。

　　1961年4月的高等学校文科教材编写会议确定耿淡如先生为全国科学规划的世界史学史项目主持人后，1961年底外国史学史教材编写会议在上海召开。这次会议是对4月会议的具体落实。参加会议的有北京大学、复旦大学、武汉大学、中山大学、南京大学、杭州大学、华东师范大学等校的教师。与会者认为，应该把外国史学史列入高校历史系的教学计划中，外国史学史主要指西方史学史。会议决定由耿淡如先生主持编写《外国史学史》，由田汝康主持编译《西方史学流派文选》。以此为开端，耿淡如先生开始了西方史学史学科的建设工程。其中主要有两个方面：

　　一方面是为外国史学史教材的编撰准备资料。

　　开始一门新学科的建设往往是从编写教材开始，而编写教材必须从准备资料开始。西方学者和苏联学者在资料的积累上比我们早，为我们提供了可以参考的资料，但不能拿过来就用，所以工作就必须从编译资料开始。耿淡如先生这时已经年过花甲，凭借着熟练掌握外语的优势，既翻译英文的资料，也翻译俄文的资料。他从科特维尔的《历史研究》中摘录了关于修昔底德《伯罗奔尼撒战争史》、李维《罗马史》、奥古斯丁《上帝国》(即《上帝之城》)的资料；他从科斯敏斯基的《中世纪史学史》中摘录了关于奥古斯丁的历史概念、马基雅维里的政治思想与历史著作、维柯《新科学》、伏尔泰历史家地位、兰克历史家地位的资料;从卡尔顿的《历史学导论》中摘录了关于卡尔顿的生活与著作的资料;从凯尔恩斯的《历史哲学》中摘译了关于斯宾格勒的文化形态学的资料;从 B.E.施密特的《近代欧洲若干历史家》中摘录了克罗齐的历史概念的资料;等等。没有这些资料的编译,也就没有后来教材的编写。耿先生把它称为"垦荒者"的工作。他辛勤摘录的这些资料,从 1964 年起就收藏在复旦大学历史系的资料室,今天我们还可以见到耿先生所进行的这些"垦荒者"的工作足迹。

另一方面是进行本科生的教学和研究生的培养。

编写一部适合各高校历史系教学用的教材不是一蹴而就的工作,但它可以从本系教学实践开始。在"文化大革命"开始以前的几年中,耿先生已经给本科生上这门课了。20 世纪 60 年代初,张广智作为本科生系统、完整地听了耿先生上的这门课。1964 年他考取耿先生的研究生以后,又以"助教"的身份参与了最后一次教学。1964 年,耿先生开始了研究生的培养工作,这也是西方史学史学科建设的重要内容。

耿淡如先生在给本科生上"西方史学史"的过程中,建立了自己的西方史学史体系。我们从张广智先生在《西方史学史散论》一书中所披露的耿淡如先生 1964 年给本科生讲课的笔记《古希腊史学述略》、1961 年撰写的《世界史学史大纲》中的《世界中世纪史学提纲》、1962 年 2 月 1 日在《文汇报》发表的《资产阶级史学流派与批判问题》、1962 年 6 月 14 日在《文汇报》发表的《西方资产阶级史家的传统作风》等论著中可以大致看出他的西方史学史教学体系的基本架构。他不是按照英美等学者主张的那样,把西方史学史讲成西方历史编纂学史,也不是把它讲成西方史学家传记汇编、西方史学著作介绍一类的课。他是按照与人类社会发展一般规律相平行的趋势,讲述史学发展的历史。他首先讲述了古代东方的史学,认为它是古希腊史学的前奏;接下来讲古希腊史学,认为它在西方史学的新陈代谢中处于很关键的地位,是西方史学的基础与源头。在古希腊史学中,他重点介绍了希罗多德、修昔底德、色诺芬三位史学家。然后介绍了希腊化时期的史学。这次上课,耿淡如讲到古罗马为止。从复旦大学历史系资料室收藏的《世界史学史大纲》来看,他在1961年底拟定的教学大纲中,计划接着讲世界中世纪史学,包括封建主义史学、人文主义史学(文艺复兴时代)、资产阶级史学初步形成三个阶段。接着一个重要部分是讲资产阶级史学,这一部分从文艺复兴运动开始,讲到第一次世界大战以前。他要对这一阶段西方史学的总体发展进行分析,然后要对西方史学的各种流派进行介绍与批判。通过介绍政治修辞派与博学派、伏尔泰与兰克等西方有代表性的史家,来分析西方史学家的传统作风。在20世纪60年代初的几年里,耿淡如先生的西方史学史课并没有上几轮,但他所开创的西方史学史的基本教学体系被他当年的研究生、改革开放以后复旦大学历史系西方史学史教学的继承者张广智所采纳。张广智除了他自己的教材《克丽奥之路:历史长河中的西方史学》外,还有2000年出版的受到教育部推荐的教材《西方史学史》。这个教材直到2018年第四版,仍然延续了这个体系。甚至我们也可以说,2021年复旦大学出版社出版的六卷本《西方史学通史》也延续了这个基本的体系。这个体系,就是复旦大学历史系西方史学史教学与科研的传统,如果可以称为“复旦学派"或"耿淡如学派"的话,那它的基本思想路线就在于此。

我们可以概括地说,所谓"耿淡如学派"的基本思想路线就是摒弃西方学者把史学史看成与历史编纂学史同一的概念,也不把它当成史家传记汇编或史学著作题解一类的学科,而是主张在马克思主义思想的指导下,在人类社会发展普遍规律的基础上探讨历史学自身的发展规律。这其中包括不同时期、不同流派史学家的史学思想变化发展,历史编纂学和史学研究方法的进步,以及不同史家、流派的学术风格,等等。对西方史学家的学术成就要充分介绍、肯定,对于其历史观方面的错误要进行必要的批判。耿淡如的史学思想,在 20 世纪 60 年代,除了受到西方史学家的学术思想的影响外,也受到当时苏联学者观点的启示,但他的思想是有中国特点的,表现在他对西方史学家的态度更科学、更客观,没有把苏联学者的"阶级斗争"理论滥用到史学史领域。正是由于这种有中国特点的马克思主义的史学思想路线,在改革开放以来的 40 多年中,复旦学派学人在西方史学史的研究上才能获得比当年耿淡如先生想象的更大的新成就。①

---

① 邹兆辰:《从耿淡如到张广智——西方史学史学科建设的代际传承》,《史学理论与史学史学刊》2020 年上卷。

附录一　耿淡如先生著述编年①

1919 年

《择配的研究》,《大公报》1919 年 2 月 17 日第 7 版(耿佐军译);后收入李永春编:《湖南新文化运动史料①》,湖南人民出版社,2011 年,第 572—573 页。

《青年问题》,《民国日报·觉悟》(上海)1919 年 12 月 21、25、26、27、28 日第 8 版(耿佐军)。

1920 年

《对于卢梭自然教育之批评》,《建设》第 1 卷第 6 期(耿佐军)。

WHAT A FOOLISH QUARREL!《复旦》第 9 期(Kan Tsou Chung[耿佐军])。

PERSONAL NOTES,《复旦》第 9 期(Kan Tsou Chung[耿

---

① 前已有华东师范大学李少辉 2018 年的硕士论文《耿淡如史学研究》做过先生的著述目录,目录整体较为完备,但有缺失,本目录建立在此基础上。先生生平发表文章绝大部分署名"耿淡如",亦署名有"耿佐军""耿澹如""淡如""澹如",亦有英文署名"Kan Tsou Chung"和"T.C. KENG"。此外,先生 1946、1947 年大量的国际关系方面的文章为《新闻报》和《正言报》上的社评,未有署名。目录按照年代先后排列,每年之下先著作后文章,如无著作,则按照文章发表的先后排列。

佐军])。

WHAT SOCIAL ACTIVITIES WE NEED AT PRESENT,《复旦》第 9 期(Kan Tsou Chung[耿佐军])。

DISCUSSION ON THE GREEK EDUCATIONAL PHILOSOPHY,《复旦》第 9 期(Kan Tsou Chung[耿佐军])。

RACE IMPROVEMENT,《复旦》第 10 期(Kan Tsou Chung[耿佐军])。

THE VALUE OF STUDYING HISTORY,《复旦》第 10 期(Kan Tsou Chung[耿佐军])。

1922 年

《农业合作社对于消费者的利益》,《民国日报·平民》1922 年 10 月 28 日第 3 版(E.E. Miller 著,耿佐军译)。

《从合作主义上讨论国际的权利》,《民国日报·平民》1922 年 11 月 18 日第 1 版(Charles Glde 著,耿佐军译)。

1923 年

HOW TO HARMONIZE INTEREST AND EFFORT IN THE SECONDARY SCHOOL,《复旦》1923 年第 16 期(T.C. KENG[耿佐军])。

ECONOMIC INTERPRETATION OF CHINESE SOCIAL IN-STITUTIONS,《复旦》1923 年第 16 期(T.C. KENG[耿佐军])。

AN ANALYTIC STUDY OF THE PHILOSOPHY OF WANG YANG MING,《复旦》1923 年第 17 期(Kan Tsou Chung[耿佐军])。

Preface,《复旦年刊》第 5 期(T.C. KENG)

Valedictory of the Class of 1923,《复旦年刊》第 5 期(T.C. KENG)

Senior Song,《复旦年刊》第 5 期(T.C. KENG)

Chen Sue Ying,《复旦年刊》第 5 期(T.C. KENG)

Hau Hao Bai,《复旦年刊》第 5 期(T.C. KENG)

Yu Yu,《复旦年刊》第 5 期(T.C. KENG)

1933 年

《近世世界史》,(上海)黎明书局,1933 年 9 月 10 日初版,1934 年 9 月再版(与沙牧卑合译)。

《太平洋委托治理地问题之另一观察》,《外交评论》第 2 卷第 2 期;后收入《耿淡如先生国际论文集(上册)》(私印本),2000 年,第 1—9 页。

《〈法意〉中所论之中国政制》,《光华大学半月刊》第 2 卷第 4 期,又刊《复旦学报》1936 年第 3 期;《华年》1937 年第 6 卷第 28 期;后收入《耿淡如先生国际论文集(上册)》,第 128—134 页;收入耿淡如著,张广智编:《西方史学史散论》,复旦大学出版社,2015 年,第 35—38 页。

《美国对华政策之核心》,《外交评论》第 2 卷第 6 期;后收入周鲠生等著:《近代各国外交政策》,正中书局,1934 年,第 13—28 页;收入《耿淡如先生国际论文集(上册)》,第 10—21 页;收入耿淡如著,张广智编:《西方史学史散论》,第 3—9 页。

1934 年

《太平洋日本委托治理地之争端》,《外交评论》第 3 卷第 1 期;后收入梁鋆立等著:《最近国际法上几个重要问题》,正中书局,第 117—142 页;收入《耿淡如先生国际论文集(上册)》,第 22—41 页;收入耿淡如著,张广智编:《西方史学史散论》,第 10—20 页。

《法国国难史中之一页》,《光华大学半月刊》第 2 卷第 9 期。

《职团国之基本理论》,《政治学报》第 4 期。

《新书介绍与批评:〈欧洲新政府〉》,《光华大学半月刊》第 3 卷第 2 期。又刊《中央日报》1934 年 11 月 16 日第 3 张第 3 版。

《新书介绍与批评:〈国际政治〉》,《光华大学半月刊》第 3 卷第 3 期。又刊《中央日报》1934 年 12 月 12 日第 3 张第 3 版。

《福尔特与孔子》,《光华大学半月刊》第 3 卷第 3 期;又改题目以《福尔特与孔子之政治思想》,《政治期刊》1935 年第 4 期。

《各界人士意见特辑　二九》,《外交评论》第 3 卷第 11、12 期;后收入《耿淡如先生国际论文集(上册)》,第 42—46 页。

1935 年

《欧洲新政府》,商务印书馆,1935 年(王宗武译述,耿淡如校订)

《美国与国际法庭》,《外交评论》第 4 卷第 2 期,后收入《耿淡如先生国际论文集(上册)》,第 47—56 页;收入耿淡如著,张广智编:《西方史学史散论》,第 21—27 页。

《美国拒绝参加世界法庭之检讨》,《光华大学半月刊》第 3 卷第 6 期。

《意阿事件之透视》,《光华大学半月刊》第 3 卷第 7 期。

《意阿冲突之分析》,《外交评论》第 4 卷第 3 期;后收入《耿淡如先生国际论文集(上册)》,第 57—65 页。

《欧洲局势的新动向——法国霸权的动摇与"新均势"的酝酿》,《光华大学半月刊》第 3 卷第 8 期。

《十年来之欧洲》,《光华大学半月刊》第 3 卷第 9、10 期;又刊《政治学报·十周年纪念特刊》第 5 期。

《日美外交的症结》,《日本评论》第 6 卷第 5 期。

《英美日太平洋上竞争之透视》,《时事月报》第 12 卷第 6 期。

《意阿冲突与殖民政策》,《东方杂志》第 32 卷第 20 号;收入

《耿淡如先生国际论文集（上册）》，第94—105页。

《国社党与反犹运动》，《东方杂志》第32卷第22号；后收入《耿淡如先生国际论文集（上册）》，第81—93页。

《意阿冲突的开始及其调解的经过》，《光华大学半月刊》第4卷第1期；又刊《上海青年》第35卷第37—38期；《时事月报》第13卷第5期；后收入王鉴献编：《上海青年会智育演讲第三辑意阿问题》，1935年，上海青年会智育部，第33—47页。

《英国地中海政策之剖视》，《光华大学半月刊》第4卷第3期。

《意阿战争与英国地中海政策》，《外交评论》第5卷第5期；后收入外交评论社主编：《外交丛书　意阿问题与国际关系》，正中书局，1936年，第91—106页；收入《耿淡如先生国际论文集（上册）》，第94—105页。

《英埃纠纷之回顾与前瞻》，《光华大学半月刊》第4卷第5期。

1936年

《高级中学外国史》（上中下三册），正中书局，1935年12月至1936年8月出版。上册，1935年12月初版，1941年8月一九版，1942年11月四三版，1946年7月平一版，1946年8月沪二三版，1946年11月沪四五版，1947年4月沪六〇版，1948年4月修正沪九版；中册，1936年7月初版，1938年2月十二版，1941年4月一七版，1946年6月沪一五版，1946年11月沪四六版，1947年4月沪五六版；下册，1941年4月一五版，1946年3月沪七版，1946年11月沪一九版。

《委任统治问题》，商务印书馆，1936年（王宗武著，耿淡如校订）。

《埃及反英运动之检讨》，《东方杂志》第33卷第1号；后收入《耿淡如先生国际论文集（上册）》，第 106—116 页；收入耿淡如著，张广智编：《西方史学史散论》，第 28—34 页。

《国联之严重的试验》，《东方杂志》第 33 卷第 1 号（Alfred Zimmern 著，耿淡如译）。

《文明之危机》，《东方杂志》第 33 卷第 2 号（H.G. Wells 著，耿淡如译）。

《意大利职团制之实施》，《东方杂志》第 33 卷第 4 号（Odn Por 著，耿淡如译）。

《德国外交政策之前瞻与后顾》，《外交评论》第 6 卷第 1 期；后收入外交评论社主编：《希特勒执政后之德意志》，正中书局，1937 年，第 1—13 页；收入《耿淡如先生国际论文集（上册）》，第 117—127 页。

《美国中立法案之剖视》，《时事月报》第 14 卷第 3 期；又刊《每周一篇》1936 年第 1 卷第 11 期。

《美国的中立政策》，《光华大学半月刊》第 4 卷第 6 期。

《国联之真实弱点》，《东方杂志》第 33 卷第 6 号（H. A. Smiths 著，耿淡如译）。

《莱茵区德军驻防问题》，《东方杂志》第 33 卷第 7 号；后收入《耿淡如先生国际论文集（上册）》，第 135—148 页。

《英国与制裁》，《东方杂志》第 33 卷第 8 号（Sisley Huddleston 著，耿淡如译）。

《德意志之财政危机》，《东方杂志》第 33 卷第 9 号（Herman Hernes 著，耿淡如译）。

《达达尼尔海峡设防问题》，《东方杂志》第 33 卷第 11 号；后收入《耿淡如先生国际论文集（上册）》，第 149—162 页；收入耿淡如著，张广智编：《西方史学史散论》，第 39—47 页。

《一九三六年之法国陆军》，《东方杂志》第 33 卷第 11 号（General René Tournés 著，耿淡如译）。

《国联对意制裁失败之原因》,《光华大学半月刊》第 4 卷第 1 期。

《国联制裁之总检讨》,《时事月报》第 14 卷第 6 期,又刊《每周一篇》1936 年第 1 卷第 23 期。

《意大利合并阿国之前因后果》,《东方杂志》第 33 卷第 12 号;后收入《耿淡如先生国际论文集(上册)》,第 163—180 页。

《巴力斯坦犹亚民族纠纷之分析》,《东方杂志》第 33 卷第 12 号(Julius Branthal 著,耿淡如译)。

《集体的不安全》,《东方杂志》第 33 卷第 13 号。

《巴力斯坦事件之剖视》,《东方杂志》第 33 卷第 15 号;后收入《耿淡如先生国际论文集(上册)》,第 181—198 页;收入耿淡如著,张广智编:《西方史学史散论》,第 48—59 页。

《战争不可避免乎》,《东方杂志》第 33 卷第 15 号(Maxwell Garnett 著,耿淡如译)。

《德奥协定与欧洲局势》,《东方杂志》第 33 卷第 17 号;又刊《每周一篇》1936 年第 1 卷第 34 期;后收入《耿淡如先生国际论文集(上册)》,第 212—224 页。

《英法关系论》,《东方杂志》第 33 卷第 17 号(Emile Mireaux 著,耿淡如译)。

《从洛桑会议到蒙德娄会议》,《外交评论》第 7 卷第 2 期;后收入《耿淡如先生国际论文集(上册)》,第 199—211 页。

《美国新政之典型》,《东方杂志》第 33 卷第 18 号(Paul T. Homan 著,耿淡如译)。

《罗斯福与兰登之总统竞选》,《东方杂志》第 33 卷第 19 号(S.K. Ratcliffe 著,耿淡如译)。

《法国的外交政策》,《东方杂志》第 33 卷第 20 号。

《西班牙内战与不干涉协定》,《外交评论》第 7 卷第 3 期;后收入《耿淡如先生国际论文集(上册)》,第 225—233 页。

《德俄关系与远东危局》，《东方杂志》第 33 卷第 21 号；后收入《耿淡如先生国际论文集（上册）》，第 234—246 页。

《苏维埃的战争哲理》，《东方杂志》第 33 卷第 21 号（D.F. White 著，耿淡如译）。

《比利时宣布中立之前因后果》，《东方杂志》第 33 卷第 22 号；又刊《文摘》第 1 卷第 1 期；后收入《耿淡如先生国际论文集（上册）》，第 247—259 页。

《西班牙内战与不列颠政策》，《东方杂志》第 33 卷第 23 号（F.A. Voigt 著，耿淡如译）。

《德意志承认意并阿国之剖视》，《中国国际联盟同志会月刊》第 1 卷第 7 期。

《伦敦不干涉委员会之剖视》，《时事月报》第 15 卷第 6 期。

《日本与菲律宾》，《东方杂志》第 33 卷第 24 号（Willard Prace 著，耿淡如译）。

《书报评介 What Next in Europe?》，《外交评论》第 6 卷第 5 期。

《德意志的外交政策》，《光华大学半月刊》第 4 卷第 9 期。

《英埃关系之演变》，《光华大学半月刊》第 5 卷第 1 期。

《地中海英意关系的调整与世界局势》，《东方杂志》第 33 卷第 24 号；又刊《文摘》1937 年第 1 卷第 1 期；后收入《耿淡如先生国际论文集（上册）》，第 260—273 页。

《土耳其设防海峡之意义》，《政治学报》第 6 期。

《英埃条约之背境及其意义》，《时事月报》第 15 卷第 4 期。

1937 年

《国联制裁问题》，商务印书馆，1937 年（汪辑熙著，耿淡如校）。

《罗约国会议问题之回顾与前瞻》，《东方杂志》第 34 卷第 1

号;又刊《文摘》第 1 卷第 2 期;后收入《耿淡如先生国际论文集（上册）》,第 274—287 页。

《奥国将变成德意志乎?》,《东方杂志》第 34 卷第 1 号（Elizabeth Wishemann 著,耿淡如译）。

《一年来之国际政治》,《时事月报》第 16 卷第 1 期。

《比利时外交政策之新动向》,《光华大学半月刊》第 5 卷第 5 期。

《国际政治之新趋势》,《东方杂志》第 34 卷第 2 号（Alfred Zimmern 著,耿淡如译）。

《英意地中海协定与欧洲政局》,《外交评论》第 8 卷第 1 期;后收入《耿淡如先生国际论文集（上册）》,第 288—298 页。

《比利时的新政策》,《东方杂志》第 34 卷第 3 号（Betty Barzin 著,耿淡如译）。

《民主政治下的第三阶级:消费者》,《东方杂志》第 34 卷第 4 号（Robert S. Lynd 著,耿淡如译）。

《美国中立法之回顾与前瞻》,《东方杂志》第 34 卷第 5 号;后收入《耿淡如先生国际论文集（上册）》,第 299—313 页;收入耿淡如著,张广智编:《西方史学史散论》,第 59—67 页。

《英美谅解果可能乎》,《东方杂志》第 34 卷第 5 号（R. B. Buell 著,耿淡如译）。

《美国中立政策之剖视》,《复中半年刊》第 1 期。

《太平洋局势之变动》,《东方杂志》第 34 卷第 6 号（A. V. Alexander 著,耿淡如译）。

《西班牙之将来》,《东方杂志》第 34 卷第 7 号（J. Castillejo 著,耿淡如译）。

《葡萄牙最近之内政与外交》,《外交评论》第 8 卷第 3 期;又刊于《大美晚报》1937 年 4 月 8 日第 3 版;后收入《耿淡如先生国际论文集（上册）》,第 329—336 页。

《德意志要求殖民地问题》,《东方杂志》第 34 卷第 7 号;后收入《耿淡如先生国际论文集(上册)》,第 314—328 页。

《英国扩军与世界和平》,《时事月报》第 16 卷第 4 期。

《英国国防计划之意义及其影响》,《光华大学半月刊》第 5 卷第 7 期。

《比利时与中立》,《东方杂志》第 34 卷第 8 号(C.C. Hyde 著,耿淡如译)。

《法国左右派冲突之分析》,《绸缪月刊》第 3 卷第 8 期。

《西欧公约问题》,《新中华半月刊》第 5 卷第 9 期;后收入《耿淡如先生国际论文集(上册)》,第 348—357 页;收入耿淡如著,张广智编:《西方史学史散论》,第 68—73 页。

《意南协定与欧洲政局》,《东方杂志》第 34 卷第 9 号;后收入《耿淡如先生国际论文集(上册)》,第 337—347 页。

《英帝国会议与国防政策》,《东方杂志》第 34 卷第 10 号(H.V. Hodson 著,耿淡如译)。

《欧洲局势的展望》,《东方杂志》第 34 卷第 11 号(Sir Charles E. Hobhouse 著,耿淡如译)。

《英美合作之可能性》,《光华半月刊》第 5 卷第 10 期。

《新洛迦诺公约与比利时的中立》,《新中华半月刊》第 5 卷第 11 期;后收入《耿淡如先生国际论文集(上册)》,第 358—365 页。

《德意志与日内瓦:一个新解决》,《东方杂志》第 34 卷第 12 号(Maxwell Garnett 著,耿淡如译)。

《地中海均势局面之移动》,《东方杂志》第 34 卷第 13 号(Hector C. Bywater 著,耿淡如译)。

《太平洋公约问题》,《新中华》第 5 卷第 14 期;后收入《耿淡如先生国际论文集(上册)》,第 384—392 页;收入耿淡如著,张广智编:《西方史学史散论》,第 85—90 页。

《最近之英帝国会议》,《时事月报》第 17 卷第 1 期。

《五年来之欧洲政局》,《外交评论》第 9 卷第 1 期;后收入《耿淡如先生国际论文集(上册)》,第 366—383 页;收入耿淡如著,张广智编:《西方史学史散论》,第 74—84 页。

《英帝国之生命线》,《东方杂志》第 34 卷第 14 号(H. Th. De Booy 著,耿淡如译)。

《法兰西殖民地政策》,《东方杂志》第 34 卷第 15 号(Jean-Yves Le Branchu 著,耿淡如译)。

《一年来之欧洲政治》,《中国青年》第 1 卷第 7 期。

《莱茵问题与欧洲政局》,《政治学报》第 7 期。

《英国对于西班牙之政策》,《东方杂志》第 34 卷第 16—17 号(D. Grabam Hutton 著,耿淡如译)。

《一九三七年之美国中立法案》,《东方杂志》第 34 卷第 18—19 号(J.W. Garner 著,耿淡如译)。

《日本趋入险境》,《东方杂志》第 34 卷第 20—21 号(Harison Brown 著,耿淡如译);后收入张仲实等著:《战时小丛刊之四十七　走上绝路的日本》,战时出版社,1930 年,第 88—92 页。

《英政府的外交政策》,《东方杂志》第 34 卷第 22—24 号(Robert Boothby 著,耿淡如译)。

《达达尼尔海峡之新地位》,《华年》第 6 卷第 7 期。

《西班牙内战中的国际公法问题》,《华年》第 6 卷第 13 期。

《意并阿国的承认问题》,收入时事问题研究会编:《时文》,瑞华印务局,1937 年,第 1—8 页。

1939 年

《张伯伦新外交与欧洲前途》,《现代中国》1939 年第 1 卷第 3 期;又刊《文撷半月刊》1939 年第 1 卷第 1 期。

《美国中立法案之修改问题》,《东方杂志》第 36 卷第 9 号

（Clyde Eagleton 著,耿淡如译）。

《欧洲外交上之大会战》,《东方杂志》第 36 卷第 10 号。

《英意在近东之均势》,《东方杂志》第 36 卷第 10 号(Tomaso Sillani 著,耿淡如译)。

《德波关系与欧局危机》,《东方杂志》第 36 卷第 12 号。

《希特勒与民主政治》,《东方杂志》第 36 卷第 12 号(C 著,耿淡如译)。

《埃伦特岛设防与北欧诸国中立问题》,《东方杂志》第 36 卷第 13 号。

《南斯拉夫与反侵略阵线》,《东方杂志》第 36 卷第 13 号(C.F. Melville 著,耿淡如译)。

《全能阵线的真面目》,《新闻报》1939 年 6 月 5 日第 21 版(耿淡如讲,陆永明记)。

《全能阵线之形成及其影响》,《东方杂志》第 36 卷第 15 号。

《英国与新西班牙》,《东方杂志》第 36 卷第 15 号(Robert Sencourt 著,耿淡如译)。

《俄国之外交政策》,《东方杂志》第 36 卷第 17、18 号(Gregory Bienstock 著,耿淡如译)。

《加拿大之外交政策》,《东方杂志》第 36 卷第 19 号(H. Noel. Field House 著,耿淡如译)。

《英苏谈判之回顾与前瞻》,《国际月刊(上海)》第 1 卷第 2 期。

《最近德波关系之剖视》,《选萃月刊》第 1 卷第 3 期。

《一年来之欧洲政治》,《中国青年》第 1 卷第 7 期。

《美国修改中立法问题》,《中国青年》第 1 卷第 9 期。

1940 年

《欧洲大战与美国》,《东方杂志》第 37 卷第 1 号。

《充实政治学系之意见》,《光华大学十六周纪念特刊》,第 4 页。

1942 年

《印度国民会议派的性格与机构》,《大亚洲主义与东亚联盟》1942 年第 1 卷第 3 期(署名澹如)。

1945 年

《联合国与集体安全制》,《知识》第 4 期。

《美国对华政策之瞻望》,《知识》第 9 期。

《远东与近东问题》,《新时代》第 1 卷第 4 期。

《从惩办奸逆说起》,《新时代》第 1 卷第 6 期。

《日德战犯审判的看法》,《综合》第 1 卷第 3 期。

《民主宪政之基本条件》,《平论半月刊》第 2 期。

《对日之思想缴械工作》,《平论半月刊》第 4 期。

《对于联合国筹备会的期望》,《平论半月刊》第 7 期。

《从本质上讨论政治》,《青年日报·政治周刊》1945 年 10 月 3 日。

《何谓国际政治》,《正言报·国际评论》1945 年 10 月 6 日第 4 版。

《国际会议与国际武器》,《正言报·国际评论》1945 年 10 月 13 日第 4 版。

《美国外交动向之今昔观》,《正言报·国际评论》1945 年 10 月 27 日第 4 版。

《从家政谈到国政》,《前线日报》1945 年 12 月 12 日第 7 版。

1946 年

《海峡问题的剖视》,《建国》1946 年创刊号。

《对于联合国大会应有的认识》,《正言报》1946 年 1 月 17 日第 1 版;后收入《耿淡如先生国际论文集(下册)》,第 4—7 页(此篇为社评,未有署名)。

《联合国大会的棘手问题》,《正言报》1946 年 1 月 18 日第 1 版;后收入《耿淡如先生国际论文集(下册)》,第 13—15 页(此篇为社评,未有署名)。

《发刊语》,《政治系刊》1946 年创刊号。

《环绕在太平洋四周的国际形势》,《正言报》1946 年 1 月 21 日第 1 版;后收入《耿淡如先生国际论文集(下册)》,第 16—19 页(此篇为社评,未有署名)。

《论法国政局及其前途》,《正言报》1946 年 1 月 28 日第 1 版;后收入《耿淡如先生国际论文集(下册)》,第 19—22 页(此篇为社评,未有署名)。

《伊朗与希腊问题的解决》,《正言报》1946 年 2 月 9 日第 2 版;后收入《耿淡如先生国际论文集(下册)》,第 22—25 页(此篇为社评,未有署名)。

《关于荷印事件的一场舌战》,《正言报》1946 年 2 月 16 日第 2 版;后收入《耿淡如先生国际论文集(下册)》,第 25—27 页(此篇为社评,未有署名)。

《反对雅尔达秘密协定》,《正言报》1946 年 2 月 23 日第 2 版;后收入《耿淡如先生国际论文集(下册)》,第 28—30 页(此篇为社评,未有署名)。

《印度问题的前瞻》,《正言报》1946 年 2 月 25 日第 2 版;后收入《耿淡如先生国际论文集(下册)》,第 31—33 页(此篇为社评,未有署名)。

《国际形势最近的发展》,《正言报》1946 年 2 月 26 日第 2 版;后收入《耿淡如先生国际论文集(下册)》,第 34—37 页(此篇为社评,未有署名)。

《中法新约与两国关系的前瞻》,《正言报》1946 年 3 月 3 日第 2 版;后收入《耿淡如先生国际论文集(下册)》,第 37—39 页(此篇为社评,未有署名)。

《国际形势的演进》,《新闻报》1946 年 3 月 9 日第 1 版;后收入《耿淡如先生国际论文集(下册)》,第 211—213 页(此篇为社评,未有署名)。

《怎样打开国际的僵局?》,《正言报》1946 年 3 月 11 日第 2 版;后收入《耿淡如先生国际论文集(下册)》,第 40—43 页(此篇为社评,未有署名)。

《国际政治之新路》,《新闻报》1946 年 3 月 16 日第 1 版;后收入《耿淡如先生国际论文集(下册)》,第 214—216 页(此篇为社评,未有署名)。

《急管繁弦的中东局势》,《正言报》1946 年 3 月 17 日第 2 版;后收入《耿淡如先生国际论文集(下册)》,第 43—45 页(此篇为社评,未有署名)。

《国际政治的分野》,《正言报》1946 年 3 月 19 日第 2 版;后收入《耿淡如先生国际论文集(下册)》,第 45—48 页(此篇为社评,未有署名)。

《几个国际问题》,《新闻报》1946 年 3 月 20 日第 1 版;后收入《耿淡如先生国际论文集(下册)》,第 216—219 页。

《英印关系的展望》,《新闻报》1946 年 3 月 20 日第 1 版;后收入《耿淡如先生国际论文集(下册)》,第 219—222 页(此篇为社评,未有署名)。

《英印谈判与印度独立》,《正言报》1946 年 3 月 27 日第 2 版;后收入《耿淡如先生国际论文集(下册)》,第 48—51 页(此篇为社评,未有署名)。

《联合国安全理事会的当前难关》,《正言报》1946 年 3 月 30 日第 2 版;后收入《耿淡如先生国际论文集(下册)》,第 51—53 页

（此篇为社评，未有署名）。

《伊朗问题的新发展》，《正言报》1946 年 4 月 5 日第 2 版；后收入《耿淡如先生国际论文集（下册）》，第 53—56 页（此篇为社评，未有署名）。

《安全理事会的曙光》，《新闻报》1946 年 4 月 6 日第 1 版；后收入《耿淡如先生国际论文集（下册）》，第 222—224 页（此篇为社评，未有署名）。

《论美国的外交政策——读杜鲁门总统陆军节演辞》，《正言报》1946 年 4 月 8 日第 2 版；后收入《耿淡如先生国际论文集（下册）》，第 56—58 页。

《从国联末次会议想到联合国的前途》，《正言报》1946 年 4 月 12 日第 2 版；后收入《耿淡如先生国际论文集（下册）》，第 59—61 页（此篇为社评，未有署名）。

《关于西班牙问题的争辩》，《正言报》1946 年 4 月 14 日第 2 版；后收入《耿淡如先生国际论文集（下册）》，第 61—63 页（此篇为社评，未有署名）。

《四强外长会议的前夕》，《正言报》1946 年 4 月 19 日第 2 版；后收入《耿淡如先生国际论文集（下册）》，第 64—66 页（此篇为社评，未有署名）。

《英帝国会议与世界》，《正言报》1946 年 4 月 24 日第 2 版；后收入《耿淡如先生国际论文集（下册）》，第 67—69 页（此篇为社评，未有署名）。

《祝望国际法庭的成功》，《新闻报》1946 年 4 月 24 日第 1 版；后收入《耿淡如先生国际论文集（下册）》，第 225—227 页（此篇为社评，未有署名）。

《四国外长会议开幕》，《新闻报》1946 年 4 月 25 日第 1 版；后收入《耿淡如先生国际论文集（下册）》，第 228—230 页（此篇为社评，未有署名）。

《注视纽约与巴黎的两场外交战》,《正言报》1946年4月30日第2版;后收入《耿淡如先生国际论文集(下册)》,第69—72页(此篇为社评,未有署名)。

《夜长梦多的四国外长会议》,《正言报》1946年5月7日第2版;后收入《耿淡如先生国际论文集(下册)》,第72—75页(此篇为社评,未有署名)。

《欧洲和平一周年》,《新闻报》1946年5月8日第1版;后收入《耿淡如先生国际论文集(下册)》,第231—233页(此篇为社评,未有署名)。

《左右摆荡的法国政局》,《正言报》1946年5月9日第3版。

《法国制宪与政局》,《重庆中央日报》1946年5月12日。

《透漏曙光的巴黎外长会议》,《正言报》1946年5月12日第2版;后收入《耿淡如先生国际论文集(下册)》,第76—78页(此篇为社评,未有署名)。

《美国对世界的责任》,《正言报》1946年5月14日第2版;后收入《耿淡如先生国际论文集(下册)》,第78—81页(此篇为社评,未有署名)。

《法国的政局》,《中央日报》(贵阳)1946年5月16日第3版。

《英内阁白皮书与印度独立》,《中华时报》1946年5月19日第2版(署名澹如)。

《美总统对工潮的紧急措置》,《正言报》1946年5月28日第2版;后收入《耿淡如先生国际论文集(下册)》,第81—83页(此篇为社评,未有署名)。

《撤换佛朗哥政权!》,《正言报》1946年6月4日第3版;后收入《耿淡如先生国际论文集(下册)》,第83—85页(此篇为社评,未有署名)。

《英苏关系——从伦敦祝捷典礼说起》,《正言报》1946年6月12日第2版;后收入《耿淡如先生国际论文集(下册)》,第86—88

页(此篇为社评,未有署名)。

《四国外长会议与廿一国和会》,《正言报》1946 年 6 月 15 日第 2 版;后收入《耿淡如先生国际论文集(下册)》,第 88—91 页(此篇为社评,未有署名)。

《四国外长会议重开》,《新闻报》1946 年 6 月 15 日第 1 版;后收入《耿淡如先生国际论文集(下册)》,第 234—236 页(此篇为社评,未有署名)。

《亚洲属地的独立问题》,《新闻报》1946 年 6 月 18 日第 1 版;后收入《耿淡如先生国际论文集(下册)》,第 236—239 页(此篇为社评,未有署名)。

《原子能会议与美国提案》,《正言报》1946 年 6 月 23 日第 2 版;后收入《耿淡如先生国际论文集(下册)》,第 91—94 页(此篇为社评,未有署名)。

《否决权与国际争议——从西班牙问题说起》,《正言报》1946 年 6 月 30 日第 2 版;后收入《耿淡如先生国际论文集(下册)》,第 94—96 页(此篇为社评,未有署名)。

《法国外交政策的回顾与前瞻》,《正言报》1946 年 7 月 14 日第 2 版;后收入《耿淡如先生国际论文集(下册)》,第 97—99 页(此篇为社评,未有署名)。

《四国外长会议闭幕》,《新闻报》1946 年 7 月 14 日第 1 版;后收入《耿淡如先生国际论文集(下册)》,第 228—230 页(此篇为社评,未有署名)。

《最近的英法关系》,《新闻报》1946 年 7 月 20 日第 1 版;后收入《耿淡如先生国际论文集(下册)》,第 243—245 页(此篇为社评,未有署名)。

《英国最近的外交动态》,《新闻报》1946 年 7 月 27 日第 1 版;后收入《耿淡如先生国际论文集(下册)》,第 246—248 页(此篇为社评,未有署名)。

《祝望巴黎和会》,《新闻报》1946年7月29日第1版;后收入《耿淡如先生国际论文集(下册)》,第248—251页(此篇为社评,未有署名)。

《看土耳其的政治榜样!》,《正言报》1946年7月26日第2版;后收入《耿淡如先生国际论文集(下册)》,第99—102页(此篇为社评,未有署名)。

《我国在欧洲和会的任务——并寄语王外长》,《正言报》1946年7月29日第2版;后收入《耿淡如先生国际论文集(下册)》,第102—104页(此篇为社评,未有署名)。

《二十一国和平会议展望》,《正言报》1946年7月30日第2版;后收入《耿淡如先生国际论文集(下册)》,第105—107页(此篇为社评,未有署名)。

《公开合约与公开和会》,《正言报》1946年8月2日第2版;后收入《耿淡如先生国际论文集(下册)》,第107—109页(此篇为社评,未有署名)。

《分析五国和约草案》,《新闻报》1946年8月3日第1版;后收入《耿淡如先生国际论文集(下册)》,第251—253页(此篇为社评,未有署名)。

《和会表决制的相持不下》,《正言报》1946年8月10日第2版;后收入《耿淡如先生国际论文集(下册)》,第109—112页(此篇为社评,未有署名)。

《剑拔弩张的海峡问题》,《正言报》1946年8月16日第2版;后收入《耿淡如先生国际论文集(下册)》,第115—117页(此篇为社评,未有署名)。

《蒙特娄公约的修正问题》,《新闻报》1946年8月17日第2版;后收入《耿淡如先生国际论文集(下册)》,第254—256页(此篇为社评,未有署名)。

《印度前途》,《正言报》1946年8月20日第2版;后收入《耿淡如先生国际论文集(下册)》,第 112—114 页(此篇为社评,未有署名)。

《近东的紧张局势》,《正言报》1946 年 8 月 24 日第 2 版;后收入《耿淡如先生国际论文集(下册)》,第 117—120 页(此篇为社评,未有署名)。

《印度临时政府成立以后》,《正言报》1946 年 8 月 28 日第 2 版;后收入《耿淡如先生国际论文集(下册)》,第 120—122 页(此篇为社评,未有署名)。

《巴黎和会中的我国提案》,《新闻报》1946 年 9 月 7 日第 2 版;后收入《耿淡如先生国际论文集(下册)》,第 256—259 页(此篇为社评,未有署名)。

《厌战心理与战争——和裴斐教授商榷的一点》,《侨声报》1946 年 9 月 8 日第 2 版。

《美国的近东中东政策》,《新闻报》1946 年 9 月 23 日第 5 版;后收入《耿淡如先生国际论文集(下册)》,第 259—262 页(此篇为社评,未有署名)。

《关于华莱士的辞职》,《新闻报》1946 年 9 月 23 日第 5 版;后收入《耿淡如先生国际论文集(下册)》,第 262—264 页(此篇为社评,未有署名)。

《观摩英国精神》,《新闻报》1946 年 10 月 9 日第 5 版;后收入《耿淡如先生国际论文集(下册)》,第 265—267 页(此篇为社评,未有署名)。

《巴勒斯坦问题的现阶段》,《新闻报》1946 年 10 月 9 日第 5 版;后收入《耿淡如先生国际论文集(下册)》,第 268—270 页(此篇为社评,未有署名)。

《鞑靼尼尔海峡的争议》,《新闻报》1946 年 10 月 12 日第 5 版;后收入《耿淡如先生国际论文集(下册)》,第 270—273 页(此篇为社评,未有署名)。

《检视巴黎和会的工作》,《新闻报》1946 年 10 月 17 日第 5 版;后收入《耿淡如先生国际论文集(下册)》,第 273—277 页(此篇为社评,未有署名)。

《法国第四共和宪法》,《新闻报》1946 年 10 月 18 日第 5 版;后收入《耿淡如先生国际论文集(下册)》,第 277—279 页(此篇为社评,未有署名)。

《联合国第二次大会开幕》,《新闻报》1946 年 10 月 23 日第 5 版;后收入《耿淡如先生国际论文集(下册)》,第 427—422 页(此篇为社评,未有署名)。

《坚决反对内河航行之开放》,《正言报》1946 年 10 月 25 日;后收入《耿淡如先生国际论文集(下册)》,第 122—124 页。①

《四国外长会议的难题》,《新闻报》1946 年 11 月 6 日第 5 版;后收入《耿淡如先生国际论文集(下册)》,第 236—239 页(此篇为社评,未有署名)。

《太平洋岛屿的处置》,《新闻报》1946 年 11 月 10 日第 5 版;后收入《耿淡如先生国际论文集(下册)》,第 280—282 页(此篇为社评,未有署名)。

《法国新宪法的研讨》,《改造杂志》1946 年创刊号;又刊《中报》(徐州)1947 年 2 月 10 日第 2 版;后收入徐时中编:《革命建国丛书　宪法论文选辑》,新中国出版社,1947 年,第 330—341 页。

《国民待遇与最惠国条款——讨论中美商约中的规定》,《新闻报》1946 年 11 月 12 日第 5 版;后收入《耿淡如先生国际论文集(下册)》,第 285—288 页。

《国民待遇与最惠国条款(续)——讨论中美商约中的规定》,《新闻报》1946 年 11 月 13 日第 5 版;后收入《耿淡如先生国际论文集(下册)》,第 288—291 页。

---

① 《正言报》此日无此文。

《美国拟定世界裁军草案》,《新闻报》1946 年 11 月 14 日第 5 版;后收入《耿淡如先生国际论文集(下册)》,第 292—294 页(此篇为社评,未有署名)。

《五强会商否决权问题》,《新闻报》1946 年 11 月 20 日第 5 版;后收入《耿淡如先生国际论文集(下册)》,第 294—297 页(此篇为社评,未有署名)。

《英埃修约与开罗暴动》,《新闻报》1946 年 12 月 1 日第 5 版;后收入《耿淡如先生国际论文集(下册)》,第 297—299 页(此篇为社评,未有署名)。

《裁军与安全制》,《新闻报》1946 年 12 月 5 日第 5 版;后收入《耿淡如先生国际论文集(下册)》,第 299—302 页(此篇为社评,未有署名)。

《英美对德占领区的新政》,《新闻报》1946 年 12 月 7 日第 5 版;后收入《耿淡如先生国际论文集(下册)》,第 302—305 页(此篇为社评,未有署名)。

《国际局势好转》,《新闻报》1946 年 12 月 11 日第 5 版;后收入《耿淡如先生国际论文集(下册)》,第 305—307 页(此篇为社评,未有署名)。

《印度的独立问题》,《新闻报》1946 年 12 月 15 日第 5 版;后收入《耿淡如先生国际论文集(下册)》,第 308—310 页(此篇为社评,未有署名)。

1947 年

《一年来的国际政治》,《正言报·元旦增刊》1947 年 1 月 1 日第 1 张第 3 版;后收入《耿淡如先生国际论文集(下册)》,第 1—4 页(署名"澹如")。

《土耳其外交政策的动向》,《正言报》1947 年 1 月 5 日第 2 版;后收入《耿淡如先生国际论文集(下册)》,第 125—127 页(此篇为社评,未有署名)。

《展望美国第八十届国会》,《新闻报》1947 年 1 月 5 日第 9 版;后收入《耿淡如先生国际论文集(下册)》,第 310—314 页(此篇为社评,未有署名)。

《美国当前的两大问题》,《新闻报》1947 年 1 月 10 日第 9 版;后收入《耿淡如先生国际论文集(下册)》,第 314—316 页(此篇为社评,未有署名)。

《最近的苏联与英美》,《新闻报》1947 年 1 月 13 日第 9 版;后收入《耿淡如先生国际论文集(下册)》,第 317—320 页(此篇为社评,未有署名)。

《范登堡演辞与世界和平》,《正言报》1947 年 1 月 14 日第 2 版;后收入《耿淡如先生国际论文集(下册)》,第 127—129 页(此篇为社评,未有署名)。

《普遍裁军问题的剖视》,《改造杂志》1947 年第 2 期。

《对德问题的危机》,《新闻报》1947 年 1 月 18 日第 9 版;后收入《耿淡如先生国际论文集(下册)》,第 320—323 页(此篇为社评,未有署名)。

《法国政治的动向》,《新闻报》1947 年 1 月 19 日第 9 版;后收入《耿淡如先生国际论文集(下册)》,第 324—326 页(此篇为社评,未有署名)。

《四强对德的新形势》,《新闻报》1947 年 1 月 30 日第 9 版;后收入《耿淡如先生国际论文集(下册)》,第 326—329 页(此篇为社评,未有署名)。

《伦敦的外交活动》,《新闻报》1947 年 2 月 6 日第 9 版;后收入《耿淡如先生国际论文集(下册)》,第 329—332 页(此篇为社评,未有署名)。

《联合国机构的工作——从杜鲁门致国会咨文看去》,《正言报》1947 年 2 月 7 日第 2 版;后收入《耿淡如先生国际论文集(下册)》,第 130—131 页(此篇为社评,未有署名)。

《对德和会程序应由五国协商》,《正言报》1947 年 2 月 10 日第 2 版;后收入《耿淡如先生国际论文集(下册)》,第 133—135 页(此篇为社评,未有署名)。

《巴勒斯坦会议的失败》,《正言报》1947 年 2 月 16 日第 2 版;后收入《耿淡如先生国际论文集(下册)》,第 135—137 页(此篇为社评,未有署名)。

《太平洋岛屿托管问题》,《新闻报》1947 年 2 月 28 日第 5 版;后收入《耿淡如先生国际论文集(下册)》,第 332—335 页(此篇为社评,未有署名)。

《英法缔结五十年盟约》,《新闻报》1947 年 3 月 3 日第 5 版;后收入《耿淡如先生国际论文集(下册)》,第 335—337 页(此篇为社评,未有署名)。

《希腊内战与英美动向》,《新闻报》1947 年 3 月 6 日第 5 版;后收入《耿淡如先生国际论文集(下册)》,第 338—340 页(此篇为社评,未有署名)。

《太平洋岛屿托管与中国》,《新闻报》1947 年 3 月 10 日第 2 版;后收入《耿淡如先生国际论文集(下册)》,第 341—343 页(此篇为社评,未有署名)。

《希腊问题的严重性》,《新闻报》1947 年 3 月 14 日第 2 版;后收入《耿淡如先生国际论文集(下册)》,第 343—345 页(此篇为社评,未有署名)。

《美国积极性的新外交政策》,《正言报》1947 年 3 月 14 日第 2 版;后收入《耿淡如先生国际论文集(下册)》,第 138—140 页(此篇为社评,未有署名)。

《英法同盟与欧洲问题》,《改造杂志》1947 年 3 月 15 日第 4 期。

《雅尔达密约与德国问题》,《正言报》1947 年 3 月 21 日第 2

版;后收入《耿淡如先生国际论文集(下册)》,第 140—143 页(此篇为社评,未有署名)。

《对于泛亚洲会议的期待》,《正言报》1947 年 3 月 25 日第 3版;后收入《耿淡如先生国际论文集(下册)》,第 143—145 页(此篇为社评,未有署名)。

《美国的新外交政策》,《新闻报》1947 年 3 月 26 日第 2 版;后收入《耿淡如先生国际论文集(下册)》,第 346—348 页(此篇为社评,未有署名)。

《祝望新印度共和国》,《正言报》1947 年 3 月 28 日第 2 版;后收入《耿淡如先生国际论文集(下册)》,第 146—148 页(此篇为社评,未有署名)。

《正视对日合约》,《正言报》1947 年 3 月 30 日第 2 版;后收入《耿淡如先生国际论文集(下册)》,第 148—150 页(此篇为社评,未有署名)。

《从援助希土说到联合国机构》,《正言报》1947 年 4 月 10 日第 2 版;后收入《耿淡如先生国际论文集(下册)》,第 150—152 页(此篇为社评,未有署名)。

《德波问题与华氏呼吁》,《正言报》1947 年 4 月 13 日第 2 版;后收入《耿淡如先生国际论文集(下册)》,第 153—155 页(此篇为社评,未有署名)。

《法国合并萨尔问题》,《新闻报》1947 年 4 月 14 日第 5 版;后收入《耿淡如先生国际论文集(下册)》,第 348—349 页(此篇为社评,未有署名)。

《外长会议的僵局》,《正言报》1947 年 4 月 20 日第 2 版;后收入《耿淡如先生国际论文集(下册)》,第 155—157 页(此篇为社评,未有署名)。

《请以英国为例》,《正言报》1947 年 4 月 22 日第 2 版;后收入《耿淡如先生国际论文集(下册)》,第 158—160 页(此篇为社评,未有署名）。

《论杜鲁门主义》,《正言报》1947 年 4 月 25 日第 2 版;后收入《耿淡如先生国际论文集(下册)》,第 160—162 页(此篇为社评,未有署名)。

《从杜鲁门演辞观白宫政策》,《正言报》1947 年 4 月 27 日第 2 版;后收入《耿淡如先生国际论文集(下册)》,第 163—166 页(此篇为社评,未有署名)。

《还都以来的外交》,《正言报·庆祝国府迁都一周年纪念特刊》1947 年 5 月 5 日第 3 版(署名"澹如")。

《看法国政局》,《新闻报》1947 年 5 月 9 日第 5 版;后收入《耿淡如先生国际论文集(下册)》,第 350—351 页(此篇为社评,未有署名)。

《英外相贝文的警告》,《新闻报》1947 年 5 月 17 日第 5 版;后收入《耿淡如先生国际论文集(下册)》,第 352—353 页(此篇为社评,未有署名)。

《五十初度同学公宴赠赋》,《申报》1947 年 5 月 21 日第 9 版。

《义大利组阁问题》,《新闻报》1947 年 5 月 24 日第 5 版;后收入《耿淡如先生国际论文集(下册)》,第 354—356 页(此篇为社评,未有署名)。

《从法义阁潮看欧洲政局》,《新闻报》1947 年 5 月 26 日第 5 版;后收入《耿淡如先生国际论文集(下册)》,第 356—358 页(此篇为社评,未有署名)。

《朝鲜问题与美苏关系》,《亚洲世纪》1947 年第 1 卷第 2 期。

《欧洲的均势战》,《新闻报》1947 年 6 月 12 日第 5 版;后收入《耿淡如先生国际论文集(下册)》,第 358—360 页(此篇为社评,未有署名)。

《纵观国际近势》,《新闻报》1947 年 6 月 14 日第 5 版;后收入《耿淡如先生国际论文集(下册)》,第 360—364 页(此篇为社评,未有署名)。

《可虑的欧洲极化形势》,《正言报》1947年6月15日第2版;后收入《耿淡如先生国际论文集(下册)》,第166—168页(此篇为社评,未有署名)。

《美总统与国会的冲突》,《新闻报》1947年6月20日第5版;后收入《耿淡如先生国际论文集(下册)》,第365—367页(此篇为社评,未有署名)。

《正视美国远东政策》,《正言报》1947年6月29日第2版;后收入《耿淡如先生国际论文集(下册)》,第168—171页(此篇为社评,未有署名)。

《政治系概况》,《光华大学廿二周六三纪念特刊》,第22—23页。

《巴黎三外长会议的透视》,《正言报》1947年7月3日第2版;后收入《耿淡如先生国际论文集(下册)》,第171—174页(此篇为社评,未有署名)。

《巴黎会议的暗礁》,《新闻报》1947年7月3日第5版;后收入《耿淡如先生国际论文集(下册)》,第367—371页(此篇为社评,未有署名)。

《巴黎会议失败后》,《正言报》1947年7月4日第2版;后收入《耿淡如先生国际论文集(下册)》,第174—176页(此篇为社评,未有署名)。

《全欧会议开幕》,《新闻报》1947年7月12日第2版;后收入《耿淡如先生国际论文集(下册)》,第371—373页(此篇为社评,未有署名)。

《瞭望欧局》,《新闻报》1947年7月15日第2版;后收入《耿淡如先生国际论文集(下册)》,第373—376页(此篇为社评,未有署名)。

《召开对日和约会议》,《正言报》1947年7月19日第2版;后收入《耿淡如先生国际论文集(下册)》,第 177—179 页(此篇为社评,未有署名)。

《英国工党往何处去?》,《新闻报》1947 年 8 月 2 日第 2 版;后收入《耿淡如先生国际论文集(下册)》,第 377—379 页(此篇为社评,未有署名)。

《南保协定与巴尔干新形势》,《正言报》1947 年 8 月 5 日第 2 版;后收入《耿淡如先生国际论文集(下册)》,第 179—182 页(此篇为社评,未有署名)。

《印度独立之后》,《正言报》1947 年 8 月 16 日第 2 版;后收入《耿淡如先生国际论文集(下册)》,第 182—184 页(此篇为社评,未有署名)。

《从荷印争执看联合国》,《新闻报》1947 年 8 月 30 日;后收入《耿淡如先生国际论文集(下册)》,第 379—381 页(此篇为社评,未有署名)。

《泛美会议闭幕》,《新闻报》1947 年 9 月 2 日第 2 版;后收入《耿淡如先生国际论文集(下册)》,第 381—383 页(此篇为社评,未有署名)。

《评杜鲁门泛美会议演说》,《新闻报》1947 年 9 月 4 日第 2 版;后收入《耿淡如先生国际论文集(下册)》,第 384—386 页(此篇为社评,未有署名)。

《联合国否决权问题》,《新闻报》1947 年 9 月 10 日第 2 版;后收入《耿淡如先生国际论文集(下册)》,第 386—388 页(此篇为社评,未有署名)。

《联合国的存亡关头》,《新闻报》1947 年 9 月 23 日第 2 版;后收入《耿淡如先生国际论文集(下册)》,第 388—391 页(此篇为社评,未有署名)。

《巴勒斯坦的分治计划》,《正言报》1947 年 10 月 5 日第 2 版;后收入《耿淡如先生国际论文集(下册)》,第 184—186 页(此篇为社评,未有署名)。

《欢迎英议会访华团》,《正言报》1947年10月12日第2版;后收入《耿淡如先生国际论文集(下册)》,第189—192页(此篇为社评,未有署名)。

《希腊问题的危机》,《新闻报》1947年10月17日第2版;后收入《耿淡如先生国际论文集(下册)》,第391—393页(此篇为社评,未有署名)。

《美国外交政策的估计与剖析》,《新闻报》1947年10月18日第2版;后收入《耿淡如先生国际论文集(下册)》,第393—397页(此篇为社评,未有署名)。

《吁请外交家保持"外交风度"》,《正言报》1947年10月26日第2版;后收入《耿淡如先生国际论文集(下册)》,第186—189页(此篇为社评,未有署名)。

《法国新阁的危机》,《新闻报》1947年10月27日第2版;后收入《耿淡如先生国际论文集(下册)》,第397—399页(此篇为社评,未有署名)。

《二十三国关税协定的签订》,《正言报》1947年11月1日第3版;后收入《耿淡如先生国际论文集(下册)》,第192—194页(此篇为社评,未有署名)。

《四外长代表商谈德奥合约》,《正言报》1947年11月9日第2版;后收入《耿淡如先生国际论文集(下册)》,第195—197页(此篇为社评,未有署名)。

《检视美国的援外政策》,《正言报》1947年11月13日第2版;后收入《耿淡如先生国际论文集(下册)》,第197—199页(此篇为社评,未有署名)。

《从马赛工潮看法国的政潮》,《正言报》1947年11月15日第2版;后收入《耿淡如先生国际论文集(下册)》,第199—201页(此篇为社评,未有署名)。

《对德奥合约,勿容再拖!》,《正言报》1947 年 11 月 29 日第 2 版;后收入《耿淡如先生国际论文集(下册)》,第 201—204 页(此篇为社评,未有署名)。

《欧亚安定不可分割》,《正言报》1947 年 12 月 1 日第 2 版;后收入《耿淡如先生国际论文集(下册)》,第 204—205 页(此篇为社评,未有署名)。

《法义政局与四外长会议》,《新闻报》1947 年 12 月 6 日;后收入《耿淡如先生国际论文集(下册)》,第 400—402 页(此篇为社评,未有署名)。

《迅速召开对日和会预备会议》,《正言报》1947 年 12 月 7 日第 2 版;后收入《耿淡如先生国际论文集(下册)》,第 206—208 页(此篇为社评,未有署名)。

《瞭望伦敦外长会议》,《新闻报》1947 年 12 月 10 日第 2 版;后收入《耿淡如先生国际论文集(下册)》,第 402—404 页(此篇为社评,未有署名)。

《美国与巴拿马》,《正言报》1947 年 12 月 26 日第 2 版;后收入《耿淡如先生国际论文集(下册)》,第 209—211 页(此篇为社评,未有署名)。

《伦敦会议破裂以后》,《新闻报》1947 年 12 月 20 日第 2 版;后收入《耿淡如先生国际论文集(下册)》,第 405—407 页(此篇为社评,未有署名)。

《希腊的"自由民主政府"》,《新闻报》1947 年 12 月 27 日第 2 版;后收入《耿淡如先生国际论文集(下册)》,第 408—410 页(此篇为社评,未有署名)。

1948 年

《世界无廉价的和平——读杜鲁门总统演说》,《新闻报》1948 年 3 月 19 日第 2 版;后收入《耿淡如先生国际论文集(下册)》,第

413—415页(此篇为社评,未有署名)。

《柏林的危局》,《新闻报》1948年4月5日第2版;后收入《耿淡如先生国际论文集(下册)》,第415—416页(此篇为社评,未有署名)。

《展望义大利大选》,《新闻报》1948年4月19日第2版;后收入《耿淡如先生国际论文集(下册)》,第417—419页(此篇为社评,未有署名)。

《义大利的动向可见》,《新闻报》1948年4月21日第2版;后收入《耿淡如先生国际论文集(下册)》,第419—421页(此篇为社评,未有署名)。

《义大利与西欧联盟》,《新闻报》1948年4月24日第2版;后收入《耿淡如先生国际论文集(下册)》,第421—423页(此篇为社评,未有署名)。

《美苏之间的搏斗》,《申论》第1卷第1期(耿淡如摘译)。

《人心思变,可以变矣!》,《申论》第1卷第2期。

《美国大选与民主党》,《新闻报》1948年7月3日第2版;后收入《耿淡如先生国际论文集(下册)》,第423—425页(此篇为社评,未有署名)。

《从法国政潮看世局》,《新闻报》1948年7月22日第2版;后收入《耿淡如先生国际论文集(下册)》,第425—428页(此篇为社评,未有署名)。

《爆炸性的柏林危机》,《申论》第2卷第1期。

《展望韩国新政府》,《申论》第2卷第5期。

《看联大,论世局》,《申论》第2卷第11期。

《英国外交的动向》,《新闻报》1948年10月26日第2版;后收入《耿淡如先生国际论文集(下册)》,第410—412页。

《一日千里:美国第三党运动的初步总结》,《自由丛刊》1948年第15期(华莱士著,澹如译)。

1954 年

《世界中古史》,中央人民政府高等教育部代印,后附《世界中古史二十章撮要》(耿淡如编);《撮要》收入耿淡如著,张广智编:《西方史学史散论》,第 93—109 页。

1955 年

《世界中古史(V—XV 世纪)》,复旦大学历史系,1955 年 7 月印(耿淡如编)。

1956 年

《英国圈地运动》,《历史教学》1956 年第 12 期。

1957 年

《世界近代史文献》(第二卷),莫洛克等主编,耿淡如译,高等教育出版社,1957 年。

《世界中世纪史参考书指南》,斯卡士金编,耿淡如译,复旦大学历史系藏,1957 年。

《尼德兰革命——性质和历史意义》,《历史教学》1957 年第 4 期。

《问题解答:世界史上的"帝国"与"王国"有何区别?》,《历史教学》1957 年第 6 期。

《世界中世纪史原始资料选辑(一)——关于法兰克王国的封建社会》,《历史教学》1957 年第 8 期(与黄瑞章合译)。收入耿淡如、黄瑞章译:《世界中世纪史原始资料选辑》,天津人民出版社,1959 年,第 1—7 页。

《世界中世纪史原始资料选辑(二)——关于庄园经济查理大帝关于管理庄园的诏令》,《历史教学》1957 年第 9 期。收入耿淡如、黄瑞章译:《世界中世纪史原始资料选辑》,第8—20页。

《世界中世纪史原始资料选辑(三)——关于农奴的地位及领主和附庸间的关系》,《历史教学》1957年第10期。收入耿淡如、黄瑞章译:《世界中世纪史原始资料选辑》,第21—31页。

《世界中世纪史原始资料选辑(四)——关于拜占庭的阶级斗争》,《历史教学》1957年第12期。收入耿淡如、黄瑞章译:《世界中世纪史原始资料选辑》,第32—41页。

1958 年

《革命干劲和科学研究的关系》,《复旦》1958年1月30日第2版。

《世界中世纪史原始资料选辑(五)——关于基辅公国的封建分裂》,《历史教学》1958年第1期(与黄瑞章合译)。收入耿淡如、黄瑞章译:《世界中世纪史原始资料选辑》,第42—54页。

《世界中世纪史原始资料选辑(六)——关于伊斯兰教和大食帝国》,《历史教学》1958年第3期。收入耿淡如、黄瑞章译:《世界中世纪史原始资料选辑》,第55—70页。

《世界中世纪史原始资料选辑(七)——关于西欧城市反封建主的斗争》,《历史教学》1958年第4期(与黄瑞章合译)。收入耿淡如、黄瑞章译:《世界中世纪史原始资料选辑》,第71—82页。

《世界中世纪史原始资料选辑(八)——关于拜占庭的农村公社　拜占庭帝国的农业法》,《历史教学》1958年第5期。收入耿淡如、黄瑞章译:《世界中世纪史原始资料选辑》,第83—94页。

《一年来关于思想改造和科学研究的收获》,《复旦》1958年5月27日第3版。

《世界中世纪史原始资料选辑(九)——关于西欧行会制度》,《历史教学》1958年第6期。收入耿淡如、黄瑞章译:《世界中世纪史原始资料选辑》,第95—107页。

1959 年

《世界中世纪史原始资料选辑》,耿淡如、黄瑞章译,天津人民出版社,1959 年 4 月初版,1960 年 5 月重印。

《评汉森的"美国经济"》,《现代外国哲学社会科学文摘》1959 年第 3 期(William Fellner 著,耿淡如译)。

《汉森教授论美国经济革命》,《现代外国哲学社会科学文摘》1959 年第 3 期(K.K. Kurihara 著,耿淡如译)。

《砚田上也来翻一翻吧!》,《复旦》1959 年 5 月 2 日第 3 版。

《印度国际研究学院举行会议讨论文明间的接触》,《现代外国哲学社会科学文摘》1959 年第 6 期(耿淡如摘译)。

《西藏在中英关系中 1767—1842 年》,《现代外国哲学社会科学文摘》1959 年第 7 期(Alistair Lamb 著,耿淡如译)。

《社会学研究中的继续性与变更》,《现代外国哲学社会科学文摘》1959 年第 8 期(Robin M. Williams, Jr 著,耿淡如译)。

《科学史的教学问题》,《现代外国哲学社会科学文摘》1959 年第 10 期(René Taton 著,耿淡如译)。

《关于科学史任务与方法的国外著作(1945—1958 年)》,《现代外国哲学社会科学文摘》1959 年第 11 期(耿淡如摘译)。

《第四次世界政治科学大会概况》,《现代外国哲学社会科学文摘》1959 年第 12 期(耿淡如摘译)。

《关于科学研究的体会》,《复旦》1959 年 12 月 31 日第 5 版。

1960 年

《关于 20 世纪英国的最近论著(上)》,《现代外国哲学社会科学文摘》1960 年第 7 期(Henry R. Winkler 著,耿淡如译)。

《关于 20 世纪英国的最近论著(下)》,《现代外国哲学社会科学文摘》1960 年第 8 期(Henry R. Winkler 著,耿淡如译)。

《印度史学的近况》,《现代外国哲学社会科学文摘》1960 年第 9 期(A.K. Warder 著,耿淡如译)。

《海叶克:〈自由的宪法〉》,《现代外国哲学社会科学文摘》1960 年第 11 期(耿淡如摘译)。

1961 年

《中世纪经济社会史(300—1300 年)》(两册),汤普逊著,耿淡如译,商务印书馆,1961 年 9 月—1963 年 1 月初版,1983 年、1997 年、2011 年重印。

《世界中世纪史学史提纲》,收入耿淡如著,张广智编:《西方史学史散论》,第 189—194 页。

《什么是史学史?》,《学术月刊》1961 年第 10 期;复旦大学历史系上海校友分会编:《笃志集:复旦大学历史系七十五年论文选》,上海古籍出版社,2000 年,第 46—56 页;复旦大学历史系编:《切问集》上卷,复旦大学出版社,2005 年,第 64—71 页;瞿林东编:《中国史学史研究》,湖北教育出版社,2006 年,第 83—92 页,王育济主编:《中国历史评论》第五辑,上海文化出版社,2014 年,第 86—97 页;董立河编:《〈史学史研究〉文选·史学理论卷》,华夏出版社,2017 年,第 336—343 页;耿淡如著,张广智编:《西方史学史散论》,第 175—181 页。

《美国国际法学会第 53、54 次年会概况》,《现代外国哲学社会科学文摘》1961 年第 2 期(耿淡如摘译)。

《新首领与经理革命》,《现代外国哲学社会科学文摘》1961 年第 3 期(耿淡如摘译)。

《论汤因比的历史哲学》,《现代外国哲学社会科学文摘》1961 年第 3 期(Pitirim A. Sorokin 著,耿淡如译)。

《尼布尔同莫根索、凯南关于民族利益与政治现实主义的"辩论"》,《现代外国哲学社会科学文摘》1961 年第 6 期(Robert

C. Good 著,耿淡如译)。

《什么是正义》,《现代外国哲学社会科学文摘》1961 年第 8 期(Hans Kelsen 著,耿淡如译)。

《历史中的相对主义》,《现代外国哲学社会科学文摘》1961 年第 10 期(Raymond Aron 著,耿淡如译)。

《关于巴斯摩尔论历史的客观性一文的讨论》,《现代外国哲学社会科学文摘》1961 年第 10 期(耿淡如摘译)。

1962 年

《资产阶级史学流派与批判问题》,《文汇报》1962 年 2 月 11 日第 3 版;收入耿淡如著,张广智编:《西方史学史散论》,第 195—200 页。

《西方资产阶级史家的传统作风》,《文汇报》1962 年 6 月 14 日第 3 版;收入耿淡如著,张广智编:《西方史学史散论》,第 201—204 页。

《拿破仑对历史研究的见解——世界史谈片》,《文汇报》1962 年 10 月 14 日第 3 版。

1963 年

《外国史学史》(未刊),古奇著,耿淡如译,复旦大学历史系资料室藏。

《历史解释》,《现代外国哲学社会科学文摘》1963 年第 3 期(Morton White 著,耿淡如译)。

1964 年

《西方史学史文献摘编》,收入耿淡如著,张广智编:《西方史学史散论》,第 205—254 页。

《历史研究》(下册),汤因比著,索麦维尔节录,曹未风、周煦良、耿淡如、章克生、张师竹、徐孝通、刘玉麟、林同济、丁彦博、王造时合译,上海人民出版社,1964 年 3 月初版,1986 年 12 月重印。

《美国福利国家:既不是意识形态也不是乌托邦》,《现代外国哲学社会科学文摘》1964 年第 5 期(Heinz Eulau 著,耿淡如译)。

1965 年

《古希腊史学述略》,收入耿淡如著,张广智编:《西方史学史散论》,第 182—188 页。

《历史上的边疆问题》,《现代外国哲学社会科学文摘》1965 年第 1 期(Owen Lattimore 著,耿淡如摘译)。

《中国研究(汉学)与社会科学关系的讨论》,《现代外国哲学社会科学文摘》1965 年第 5 期(耿淡如摘译)。

附录二　什么是史学史？

耿淡如

一、概念的合浑

　　什么是史学史这一问题，今天还在讨论之中，尚未有满意的答复。第一，因为这是一门比较年轻的学科，还没有经过充分的研究。第二，因为马克思主义史学史截然不同于资产阶级的史学史，需要建设一个新的史学史体系。

　　"史学史"这个词可能是从外文译来的，或者可以说相等于英文"Historiography"、俄文"Историография"、法文"Historiographe"、德文"Historiographie"，这些词，在外文用法里有时指"史学"，有时指"史学的发展史"。比如，在菲脱的《新史学史》(Geschichete der neueren historiographie)，这个词意味着"史学"。在《张伯氏百科全书》中古奇(G.P. Gooch)所写的史学史，是用"Historiography"词目的。也许为了名词上的合浑，在《英国大百科全书》与《美国大百科全书》，以"历史"(History)作为词目而没有"史学"("Historiography")这个词目的。在美国出版了三本关于史学史类型的著作，它们也都用"史学史"这个书名。绍特威尔(Shotwell)的著作，叫做《历史的历史》。巴恩斯(Barnes)与汤普逊(Thompson)的著作都用《历史编纂学的历史》作为书名；在这些作家看来，史学史等于历史编纂学史。如果这样地了解史学史，那么史学史将变成历史著作的目录与历史家的传略了。

在苏联史学史类型的著作里,有的用"史学史"(Историография)的名称,如瓦因什坦(О.Л. Вайнштейн)所编写的"中世纪史学史"(1940年出版)。有的用历史科学史的名词,如齐霍米罗夫(М.Н. Тихомиров)主编《苏联历史科学史大纲》(第一卷于1955年出版)。最近苏联科学院出版了《中世纪论文集》第18卷,关于中世纪史学的专号,在论文中使用"Историография"这个词。由此可见,苏联关于史学史类型的著作是一向以史学(Историография)或历史科学为标题的。看来史学与历史科学两个词现在已经混用了。

于是,我们所说的"史学史"意味着什么呢? 是历史科学史,还是历史学科史? 这个问题的解答,须取决于对历史学的概念和史学史的内容。还让我们先看看关于史学史的现有定义吧。

二、现有的定义

史学史,顾名思义,当然是以历史的发展为基础的,正像物理学史是以物理学的发展为基础的那样。可是在历史学方面,为了下史学史的定义,首先要决定什么是历史? 其次要决定什么是历史学? 对于历史与史学怎样理解,对于史学史也怎样下定义。反过来,历史家对于史学史的定义也可以反映出他们对这些问题的见解。

英国著名的资产阶级史学家古奇(G.P. Gooch)关于史学史的定义是:"史学史即历史编纂学;它是涉及那些为了教导或训示作者的同时代人或后辈而编成的并具有或多或少文艺形式的历史事件的叙述。"(见《张伯氏百科全书》卷Ⅶ:页16)这定义的后一部分就是资产阶级史学家关于历史的传统概念,即历史是带有文艺性并有教育意义的历史记录,因此历史家可根据自己的价值观念,选择某些史事来编写有教育意义的故事。它否定了历史发展的规律性,意味着历史是一堆"偶然现象"。因而在这个意义上,历史当然不是科学,而有些像文学而不是文学。因此,这定义的前一部分也只能把史学史归结为历史编纂学史。所以,英美作家大多直接地使用历史编纂学来替代史学史这名词,并且按照这个框框儿来编写的。

苏联历史家的定义完全与此不同。瓦因什坦在所著《中世纪史学史》里说:"史学史应该——在和社会发展联系下——研究历史科学的发展,表现在历史学派、历史思潮和所有历史概念体系之合乎规律性的交替,也应该研究历史科学对制定最重要的社会观念方面之影响。"另有齐霍米罗夫主编的《苏联历史科学史大纲》内,我们看到有一个较多综扩性的定义:"史学史(Историография)是科学,研究人类社会发展的知识积累史、历史研究法的改进史、各种学派在解释阶级斗争的社会现象方面之斗争史、历史发展规律的揭露史以及马克思列宁主义历史科学对资产阶级伪科学的胜利史。"

这后两个定义已清楚地指出了史学史应该包括些什么,研究些什么。它们肯定史学史是一种科学。此与古奇的定义不同者一。它们认定史学史的研究应该在和社会发展联系下揭露社会发展的规律性,因而找出史学发展的规律性。此其二。它们要求史学史应论述各个不同学者或学派在史学思想领域内所进行的阶级斗争以及他们的新陈代谢的过程。此其三。齐霍米罗夫的定义又强调指出史学史应叙述马克思主义历史科学对资产阶级伪科学胜利的过程。此其四。这样看来,马克思主义史学史与资产阶级史学史是名同而实不相同的两回事。另一方面,瓦因什坦的定义是为中世纪史学史而作,齐霍米罗夫的定义是为苏联历史科学史而作,如果应用到一般史学史或历史科学通史方面,它们还是不够的。

三、对象与任务

关于史学史的问题主要是在确定它的对象与任务方面。苏联科学院历史研究所史学史委员会曾于 1961 年 1 月召开了扩大会议。该会议规定每个月第一个周三集会,因而定名为"史学史周三会"（Историографическая Среда）。在第一次会议上,就把这一问题提出讨论。这次讨论的综合报道发表于《历史问题》杂志 1961 年 6 月号。兹摘译其要点如下:

> 在会上主席提出两点意见:(1)史学史是属于意识形态的领域,有其自己的特征与分期,在研究苏联历史科学史上应特别注意列宁著作与党的文献以及和反马克思主义者所进行的顽强斗争。但非马克思主义的历史家著作也是研究的对象。(2)史学史研究者应注意历史科学史与一般社会史的关系、历史家的活动与世界观以及史学评价的问题。有人指出,史学史的对象是研究国家历史的发展。它的任务是研究科学发展的规律性。有人主张,史学史应在思想意识、阶级斗争与社会的物质生活联系下来研究历史家的遗产,并应指出有关历史家的阶级地位与政治面貌。有人认为,史学史著作应包括历史研究方法的发展问题。有人主张,史学史与历史科学史应作为两种不同的学科,历史科学史是社会思想史的一部分。但有人反对说:历史科学史的对象已由其名称的本身规定,用不到再作特殊的定义。史学史与历史科学史之间没有什么区别。此外,史学史与史料学也是不能分开的。还有人反对把史学史作为一门独立的科学,认为它是一门辅助性的历史学科。它的主要任务是协助解决历史科学上的问题。有人发表意见说:从马克思主义兴起以来,历史科学史是历史唯物主义和各种形式的唯心主义在社会政治思想发展领域内的斗争史。

从这些意见里，可以看出苏联历史工作者对史学史的一些分歧看法。现在让我们结合这些意见和上引的苏联学者的定义，就下列几方面来讨论吧。

（一）史学史上除按照一般通史的分期外，应另把史学发展阶段分为两大时期：前马克思主义前科学时期和马克思主义科学时期。

史学的发展阶段和社会的发展阶段是分不开的。毫无疑问，那按照生产关系的发展而划分的历史时期是可以应用到史学史上的。可是在历史科学发展史上，在19世纪中期出现了一个最重要的转折点，就是马克思主义的兴起。从此历史在历史唯物主义的指导下，开始成为真正的科学。正像列宁正确地指出的那样，"马克思以前的'社会学'和历史学至多是搜集了片段的未加分析的事实，描述了历史过程的个别方面"。①马克思主义的奠基人马克思和恩格斯建立了他们的科学理论并制定了在历史科学领域内的基本原则，标志着在意识形态内全世界历史的转折点，在历史知识领域内是本质上一个崭新的、不同于以前的时期。所以，为了在史学史上强调指出历史唯物主义对各种唯心主义的斗争、马克思主义历史科学对资产阶级伪科学的胜利，所说的分期似乎是必须添加的。

（二）史学史应反映出社会上的阶级斗争，但不是叙述阶级斗争的本身，而是分析历史家、历史学派在思想领域内的斗争。

史学史是以历史为基础的。"迄今存在过的一切社会的历史都是阶级斗争的历史。"②"阶级斗争，一些阶级胜利了，一些阶级消灭了。这就是历史，这就是几千年的文明史。"③历史是

---

① 《列宁全集》第21卷，第38页。
② 马克思、恩格斯：《共产党宣言》。
③ 《毛泽东选集》第4卷，第1491页。

阶级斗争史,史学史也同样是阶级斗争史。历史家记录这些阶级斗争的事实或编写他们的历史时,是具有一定的世界观,站在一定的阶级立场上,决不是像资产阶级所谓"公平无私"的。他们的著作决不会是所谓客观的叙述。所以,社会上阶级斗争怎样尖锐,史学史上的阶级斗争也怎样激烈。但史学属于思想意识的领域,只能在和社会阶级矛盾与斗争形势结合下来研究史学流派或个别作家之间的斗争以及他们所反映出来的社会根源、阶级本质与政治面貌。有人认为史学史内也应论述阶级斗争事件的本身,这是不合于历史与史学分工之原则的。

(三)史学史和历史科学一样应阐明其自身的发展规律性。

一般认为史学开始于希腊。有人说,希腊人不是最早开始记录历史事件,但他们是最先应用批判方法的;这是他们之所以被认为史学之创始者。史学史内应说明史学的起源与发展、史学派别的新陈代谢以及唯心主义史学的破产与历史唯物主义史学的胜利。史学史的发展与历史科学的发展同样是具有规律性的。史学史一方面应研究历史的发展规律,另一方面应揭露历史科学自身的发展规律。例如,人文主义史学推翻了封建宗教主义的史学,法国启蒙时期的唯理主义史学接替了"博学派"(考证学派)的史学,历史唯物主义的史学战胜了唯心主义的史学。唯心主义史学家认为历史是一堆杂乱的偶然事件。勒尼尔(G. Renier)在其《历史的目的与方法论》(1950年出版)中,完全否认历史过程的客观规律,从而主张科学遇见不可能是历史研究的结果;历史一般不是能够反映客观真实的科学。像勒尼尔这一流的历史家既不承认历史的发展规律性,自然也否定史学史的发展规律性。事实上他们是不能承认历史发展的规律性。承认这一点,即等于说,资本主义必然灭亡。因此,目前资产阶级历史家以主观的方式偷偷地换了客观的历史规律,他们妄图利用历史资料或伪造的资料来辩解垂死的资本主义制度。所以,资产阶级史学思想现已走入了死胡同。

(四)史学史应是历史科学的历史,而不是历史家的传记集和目录学。

我们知道史学的发展是合乎规律性的,所以一个学派接替另一个学派决不是偶然事件。对于一个历史学派或倾向的形成,必须加以全面考察并说明它们兴起的条件。由于这个缘故,在史学史上不应一个又一个地叙述历史家及其著作。如果这样做,史学史会变成大历史家传记汇编或历史著作的目录学了。顺便说说,资产阶级史学史常有这样的编法。因此我们应该把有代表性的历史家归入一定的范畴,并使他们的著作系统化。但这还是不够的。应该进一步根据历史主义来揭发他们的进步性和反动性,估计他们著作的贡献,以及他们对当时代和后代所产生的影响如何。

(五)史学史应和历史哲学史或社会思想史有区别。

史学史果然是属于思想意识领域内的历史,但不是一般叙述历史哲学的或社会思想的历史。它应通过具体历史著作或历史上争论的问题来说明历史家或历史学派的思想意识,无论进步的或反动的。它和历史哲学与社会思想史有联系也有差别。史学史在叙述思想方面的主要任务是:研究历史家或历史学派对整个过程或个别历史事件所采的解释方法与立场观点,因而估计它们的作用。它不是一系列理论与名词的堆积。

(六)史学史应包括历史编纂与历史研究两者在内。

我们不能同意美国资产阶级史学家以历史编纂学或历史的历史来代替史学史,也不能同意瑞士资产阶级作家菲脱(Fueter)的说法:他在其《新史学史》序言里提出,史学史只应包括历史编纂(Geschichtschreibung),而不是提供历史科学的其他方面,后者他称之为"历史研究"(Geschichtsforschung)。但我们并不是说,历史编纂和历史研究在史学史中不是占着重要地位。在编纂方面,历史体例不断地演变着:从纪事史到编年史再到纪事本末体等;叙述文体也同样地起着变化:从史诗到散文而散文中又从修词叙述到朴素叙述法;又在研究方面,研究的技术、组织与领导也越来越多改进;这一切都是可以反映出历史科学发展过程上的成就的。

（七）史学史应结合其他有联系的科学来研究。

历史科学的发展是和整个社会的发展、它的文化、它的意识形态紧密地结合着的,因而史学史的研究者应注意到其他科学领域的成绩与思潮。历史科学是研究整个社会的发展过程的。所以,就本质来说,史学史不能也不该孤立地去研究。历史科学的发展和其他社会科学一样是由社会的经济基础来规定的。生产关系的变更决定着社会思想意识的变更。"社会存在怎样,社会物质生活条件怎样,社会观念、理论、政治观点和政治制度也就会怎样。"[1]所以,经济、政治、法律、哲学等科学的发展,对史学的研究工作,具有重大意义。而且历史科学的研究技术、史料的数量与范围、研究工作的组织与领导也是依靠其他科学的成绩、整个的生产水平与政治制度的。

（八）史学史应总结过去史学的成绩。

马克思主义史学兴起前,历史不得认为是科学。但这不是说以前的历史研究上的成绩可以忽视的。马克思主义的历史科学是从利用和改造它一切过去的成绩而来的。所以,史学史应根据历史主义,就是按当时代的条件来估计过去历史家与史学派所作出的成绩,决不像现代资产阶级那样用"近代化"方法来讨论过去事件的。史学史应总结过去历史家的遗产。当然要用批判与继承的方法,汲取其精华,抛弃其糟粕。这里也应指出:

---

① 《苏联共产党(布)历史简明教程》,第151页。

史学史也和历史一样可分为国别史学史或断代史学史,也可综合地去研究,作为世界史学通史。由于各国史学的发展很不平衡,它可采用比较方法,在和社会发展状态联系下,来阐明各国或各时代史学发展的异同点以及它们之间的相互影响。例如在中古时期,阿拉伯的史学对欧洲史学的影响。

(九)史学史应以研究历史的同一方法论来研究。

史学史的对象不同于历史。但它和历史完全一样,是以历史唯物主义与辩证唯物主义为其理论与方法论的基础的。资产阶级的历史编纂学或历史的历史是以唯心主义的理论为基础的,所以它们的史学史不是属于科学范畴的。资产阶级史家不仅不谈而且反对历史唯物主义的理论与方法论,而且提出他们的所谓"方法论"。这种方法包括年代研究法(分为史前期、上古、中古、近代史)、地理研究法(分为自然地理和政治地理)、社会研究法(分为政治、军事、社会、经济史)等(见《张伯氏百科全书》,卷Ⅶ,同名词目)。

(十)史学史对资产阶级伪史学应进行坚决的斗争。

我们在史学史中应特别强调马克思主义历史科学对资产阶级伪科学斗争之胜利过程。在 19 世纪 90 年代以后,列宁进一步发展了马克思主义历史科学的理论。在十月革命以后,社会主义由胜利走到胜利。历史科学亦不断地取得辉煌成就。现在资产阶级历史家还力图作垂死挣扎,提出各式各样的荒谬理论,我们应该对他们进行坚决的斗争。1959 年苏联出版了《批判伪史学》(Против Фапъ-снфикации Истории)一书,在那里严峻地批判了当前资产阶级的史学,特别是美国资产阶级的史学。这种批判资产阶级史学流派的工作,是当前史学史上一个头等重要的任务。

上面所谈的只是史学史的内容应该是什么,而且也谈得不深不透。至于史学史是什么这个问题依然未曾解决。要确定一个国家史学史的内容,已有困难;如果要确定世界史学史的内容,困难当然更多。可是为了提高历史教学的质量,为了批判资产阶级的伪史学,这门科学刻不容缓地需要建设起来。我们应不畏艰难,不辞劳苦,在这个领域内做些垦荒者的工作。我之所以提出本问题,不是妄图解答而是希望大家来研究、讨论并共同解决这个问题。比如垦荒,斩除芦荡,干涸沼泽,而后播种谷物;于是一片金色草原将会呈现于我们的眼前!

——原刊《学术月刊》1961 年第 10 期

附录三　垂范学林,名满天下

——简论耿淡如先生的学术贡献

张广智

　　斯人已逝,遗篇留芳。耿淡如先生扎根在中国现代学术的土壤上,观其一生,他"谦虚治学,谦虚做人"①,"垂范学林,名满天下"②,且始终与上海接壤、与复旦结缘。不是吗? 即使在重回故里、屡执教鞭的时候,在远渡重洋、留学异邦的时候,在战火纷飞、遗落"孤岛"的时候。因之,他的学术贡献,都被定格在"上海·复旦"上;研泰西,以寻梦天涯;究万邦,以瀛寰回眸。践行"博学而笃志",求索"切问而近思"③,此乃吾师也。

　　这篇"简论",以先生学术人生之进程,亦即文集之顺序书写。让我们首先把时间切换到20世纪30年代初。

一、国际关系史研究之成就

　　太阳刚刚下了地平线,软风一阵一阵地吹上人面,风吹来外

---

① "谦虚治学,谦虚做人。"这是耿师为人处世之哲学,他以此经常教导我们,这也成了编者毕生的格言。

② "垂范学林,名满天下。"复旦大学国政系建系五十周年,在正校门两侧橱窗展览半个世纪业绩,这是用于展板上的语句。在这一栏目上,介绍的先贤除耿师外,还有三人:梅汝璈、张明养、林同济。

③ "博学而笃志,切问而近思。"复旦校训,典出《论语·子张篇》。

滩公园里的音乐,暮霭挟着薄雾,笼罩了外白渡桥……①

　　这是作者茅盾在《子夜》一开篇中描写的,"这天堂般五月的傍晚"。1932 年 5 月,正是申城好风景。时年 34 岁的耿淡如,留美归来,风尘仆仆,全然无视这都市的美景,脱下哈佛的硕士服,直奔母校,开启了任职复旦四十余年的教授生涯。翌年,他又被沪上的光华大学等高校聘为教授。

　　他在哈佛研究院专攻政治制度与政治历史②,归国后开设政治学原理、欧洲外交史、国际公法、西洋通史等课程。与此同时,他学以致用,倾心对国际关系史展开了研究,成绩斐然。据2000 年耿氏后人及门生辑集的《耿淡如先生国际论文集》③(上、下册),计有 190 余篇,近百万字,卓然自成一家,当时《外交评论》对其有评价:"耿淡如先生研究国际关系,观察明确,别有见地。"④且看如下史实。

　　"史海拾贝",倘以本书所辑录的 11 篇国际关系论文,从各篇中撷拾一段,稍作分析,上述《外交评论》对耿氏之评价,当是实至名归。

　　他在《美国对华政策之核心》一文中指出:"任何一国的外交政策,必基于其国家利益,此为一定的原则。国际间外交局势,虽云波诡谲,纵横捭阖,似不可捉摸;然分析其利害,权衡其轻重,亦可得其进展之途径。"⑤作者开门见山,一语道破了美国对华政策之要害,是为了维护其"国家的利益",这也是解开当今纷繁复杂国际关系迷局之津逮。

――――――――――

①　"太阳刚刚……外白渡桥",均辑录自茅盾《子夜》第一章开篇。茅盾的《子夜》,写于 1931 年 10 月至 1932 年 12 月,小说开头对 20 世纪 30年代初上海 5 月份的描写,当适合耿师归国抵沪时的情景。

②③　参见《耿淡如先生学术编年(简编)》。

④　参见《外交评论》1933 年第 5 期。

⑤　载《外交评论》1933 年第 6 期。

他在《太平洋日本委托治理地之争端》一文中指出:"一九三一年九月十八日东北事变发生,正如晴天霹雳,和平理想因而烟消云散。日本露骨表示其蔑视条约上之义务,所谓《九国公约》《四国公约》《国联约章》《非战公约》视其废纸,猛力进行其侵略政策。"①1944年,他被驻沪日本宪兵司令部关押与审讯,其因盖出于抗战前先生所写的诸多篇章中,揭露日本帝国主义侵略之本质,刺痛了敌人的心脏,故借此加害于先生。

他在《美国与国际法庭》一文中指出:"现在太平洋上之风云日紧,日本之对美威胁,未尝稍减于战前德国之对英威胁,故美国恐难长此保持其孤立之政策,他日受环境所迫,终将舍孤立而谋国际合作,毅然加入国际法庭与国际联盟,以制当世之黩武主义者。此为研究国际政治者所不可不注意之未来局面也。"②这是该文之结语。这个"结语",建立在详尽的分析基础上,诸如:美国民众之心态、历届总统之主张、国际形势之展望等,因而论从史出,言必有据,给人以充分的说服力。

他在《埃及反英运动之检讨》一文中指出:"国家在沦亡之后,欲向帝国主义者用示威运动,争取独立,其势难若登天。因此,民族在危急存亡的时期,不得不用全力以维持其独立。若国家独立一旦失去后,而欲图恢复,却是不易的事件。"③作者在这里揭示了一个真理:被压迫的民族,为了独立与自由,施舍如梦,乞求无用,唯有"不屈不挠,继续奋斗",这里所论的埃及反英运动是如此,其他遭受压迫的弱小民族也是如此。

他在《〈法意〉中所论之中国政制》一文中指出:"孟氏不忍国事之日趋于卑劣,人民之久陷于泥犁,然欲直言之而不可得,

---

① 载《外交评论》1934年第1期。
② 载《外交评论》1935年第2期。
③ 载《东方杂志》1936年第1号。

乃指桑骂槐,借东方政制以泄其忿恨抑郁之气耳。"①就其狭义
上而言,此文当属政治思想而非国际关系,然其文之中法比较,
广义上亦为后者所包含。且不管这些,这里一个有趣的问题是:
同为18世纪法国启蒙时代思想家伏尔泰,与孟德斯鸠相反,对
中国古老文明百般推崇,无限向往,"指桑赞槐",欲借中华文明
之荣光,以映照法国专制政体之弊端。然殊途同归,孟氏对中国
政治"骂"也好,伏氏对中华文化"赞"也罢,一褒一贬,都与两者
的思想联绵,也为18世纪法国的启蒙运动和时代需要所牵引。

　　他在《达达尼尔海峡设防问题》一文中指出:"历史犹如车
轮,往往走入旧轨。法俄互助协定之批准,是回复战前之法俄同
盟;德意志之废止《洛迦诺公约》,是回复战前德国西疆之坚固防
御,土耳其之设防海峡,亦是回复战前之封闭原则;凡此皆为未
来大战之序幕。故土耳其之设防海峡,实含有深远的意义,未可
以寻常事件目之也。"②作者所揭示的历史重蹈覆辙,乃考察国
际政治变幻和国际关系莫测之要则也,世人当不可遗忘。

　　他在《巴力斯坦事件之剖视》一文中指出:巴力斯坦亚剌伯
人与犹太人之冲突:大部导源于巴力斯坦之特殊地位;另一症结
为犹、亚两民族主义的潮流之激涨;犹、亚两民族之冲突植根于
巴力斯坦之特殊制度;又在于英政府之措施,"一个政府对付两
个对峙的民族,使之和谐相处同一的政治区域中,却是一件极
困难的事件。"③作者对巴力斯坦事件之剖视,条分缕析,切中肯
綮,探求因果,于细微中见真相,于历史中解困惑,令人叹服。

---

① 载《复旦学报》1936年第3期。孟德斯鸠之《法意》,乃孟氏名著,现通译为《论法的精神》。
② 载《东方杂志》1936年第11号。
③ 载《东方杂志》1936年第15号。文中"巴力斯坦",现通译为"巴勒斯坦","亚剌伯"通译为"阿拉伯"。

　　他在《美国中立法之回顾与前瞻》一文中指出:"总之,避免战争之最好方法,为协力阻止战事之发生。国际和平端赖国际间共同制止侵略国家之强暴行为。设美国拒绝与其他国家合作,阻止战争之发生,则美国虽有详密的中立法,亦依然在于不安全与危险的状态中。临近房屋都是极易燃烧,而自己信赖其住所之不易着火性质,而对于大火之爆发,不予以戢止,此亦属危险的事情。即使其住所果然不易着火,但居于周围火焰之空气中,亦难于忍受,势将起而参加救火的工作,可断言也。"①作者以这个妙喻,生动且深刻地揭示了美国中立法之伪装,之虚言,真是入木三分。

　　他在《西欧公约问题》一文中指出:"所以西欧公约问题解决之前,再须有进一步的谈判。其实现之期,尚有待焉。不过欧洲之局势,系于该公约之能否成立,以欧洲之和平,系于德法之关系;而德法之关系,则又以西欧莱茵问题为枢纽;此为留心国际政治者所应注意之事实。"②作者明察秋毫,鞭辟入里地道出了未来欧洲政局变化之症结,这不仅为留心国际政治者所关注,而且还更应为研究国际政治者所探究。

　　他在《五年来之欧洲政局》一文中指出:"现代欧洲局势之变更,以德法关系为转枢。法德处于敌对状态,则欧洲局势变为危殆;反是,设两国言归于好,则变为平静。"③作者开篇的这番话,即德法关系与西欧局势乃至整个欧洲局势之关系,接续上文(《西欧公约问题》),由此展开,纵谈"欧洲政局",展望未来,条理清晰,一目了然。

　　他在《太平洋公约问题》一文中指出:"太平洋之局势,现已变

---

① 载《东方杂志》1937 年第 5 号。
② 载《新中华》1937 年第 9 期。
③ 载《外交评论》1937 年第 1 期。

为机阱不安……不幸伦敦海约之墨汁未干,而太平洋之风云顿起。太平洋突然变为不太平之洋面,谁为厉阶,孰令致之?""诸公约被其(日本)一手捣毁……日本已显然不愿放弃其侵略的政策,又反对任何他国调解中日冲突的争端。"①作者此文写于 1937 年 6 月 25 日,离中日战局全面爆发尚不足半月,远东局势非常紧张,靠太平洋公约之建议,不能"减低太平洋之险恶风波",断不能阻止日本帝国主义吞并中国的狼子野心。倘联系上文(《太平洋委托治理地之争端》),先生于 1944 年被日寇加害,就更可见其因了。

由此再通览耿师关于国际关系与国际政治的其他文稿,在我看来,他是一位具有历史学家底色的国际关系史研究专家,有精湛的历史学,尤其是世界历史方面的素养,无论是东亚形势、欧美政局,还是西亚北非事端,论前瞻必先回顾,说现在务述往事,因此其文深入而不表象,厚重而不肤浅,以此迥异于泛泛而论、言而无史的文章。

其次,他具有敏锐的眼光与独到的见解。这也归之于他的学术积累与知识储备。由他的这些篇什可知,先生熟谙西方学术名著,了解国际法,又关切天下大事,观察国际风云变幻,这从上述介绍的 10 篇论文中,笔者所摘引的段落中,字字珠玑,确可观其真知灼见、在在多有了。

此外,他于国际关系史研究的另一特色是写了大量的时论,仅从辑录的《正言报》与《新闻报》初步统计有 160 余篇,是关于 1946—1948 年间国际形势的评论文章。②在耿师那里,时论(政论)即史论,值得后人从史学意义上汲取它的营养,这在当代西方史学中被称为"即时史",它不是研究"已完成的变化",而是

---

① 载《新中华》1937 年第 14 期。

② 参见《耿淡如先生国际论文集》(国际时论部分,1946—1948 年),繁体,上海,2000 年,未刊。

研究"正在发生的变化"①,也就是被恩格斯称作为"活的历史"。②察耿氏对1946—1948年的国际上"正在发生的变化"进行研究,确是一部"活的历史"。

耿师关于国际关系史的研究,从1933年开始至20世纪40年代末。他在这一领域的研究工作,集中全力,足足耕耘15年,取得了丰硕的成果,为20世纪20年代前后才开始进行的中国国际关系史研究③,作出了卓越的贡献,无愧于后人"名满天下"的赞誉。时易人移,在50年代初,他随即在世界史的另一层面,开创基业,这就是世界中古史。

二、世界中古史基业之进展

1949年新中国的成立,不仅开始了中国历史的新进程,也开创了耿淡如先生的人生新篇章。一个从旧社会走过来的知识分子,痛感自己落后,跟不上时代前进的步伐,迫切需要改造自我,改造思想,这种"思想症候"成了当时"耿淡如们"的一种集体无意识。1951年8月,他去苏州,在华东人民革命大学政治研究院学习,耿氏在此时写的《自传》曰:"在解放后,我力求改造自我,努力工作。两年以来,通过马列主义的学习与新民主主义的教育,我的世界观与人生观,我的行动与思想,都已大大地变了。"对于来这里学习,他真诚地写道:"能有学习机会,将可更进一步

①　[法]让·拉库蒂尔:《即时史学》,载 J.勒高夫:《新史学》,姚蒙编译,上海译文出版社,1989年,第227页。

②　恩格斯语,见《马克思恩格斯选集》第1卷,人民出版社,1972年,第601页。马克思适时地将1851年12月至1852年3月这一时期发生的事件,写成了《路易·波拿巴的雾月十八日》这一名著,被恩格斯称之为"当前的活的历史"。

③　参见石磊:《国际关系史研究概述》,载陈启能主编:《建国以来世界史研究概述》,社会科学文献出版社,1991年,第616页。

地改造自己,也可更忠实地服务人民了。"

是的。1951 年 1 月,他作别苏州,虎丘的塔影早已化为遗梦,寒山寺的钟声也成了一种遥远的回响。此刻,他怀揣着"努力工作"的迫切愿望,一心要"忠实地服务人民",回到院系调整后的复旦历史系,根据工作需要,专事世界中古史的教学与研究。自此,他在 20 世纪 50 年代,为中国的世界史,尤其是世界中古史基业的打造,作出了重大的贡献。

是时,中国现代史学发生了重大的变革,其中一个重要的变化是,从吸取西方资产阶级史学向引进苏版马克思主义史学的转变。追溯历史,中国的马克思主义史学于 20 世纪 20 年代发端之际,受到了域外的而主要是俄苏史学的影响;随着中国马克思主义史学于 20 世纪 50 年代初进入勃发时期,苏联史学更是以迅猛之势传入中国,深刻地影响了新中国的史学发展。"以俄为师"、"向苏联学习",这是 50 年代初国人的共同心理指向。就历史学界而言,也是如此。其时,大量的俄文历史著作(包括史学理论、俄苏历史、世界历史等方面)移译成中文出版;苏联历史学家来华讲学,举办研究班,传播他们的学术观点;留苏学生归国后,在高校与研究机构中起中坚作用,如此等等。

我以为,在当时条件下,中国引进苏联史学,有其历史必然性,对人们学习马克思主义,推进新中国的史学建设和马克思主义史学的发展,无疑起到了积极的进步作用,对尚处在奠基阶段的中国世界史学科,也是如此。当然,对苏联史学要作具体分析,一概肯定全盘接受与全盘否定,都为我们所不取。一般说来,苏联史学的消极面在世界史方面要比本国史方面少,就前者言,古希腊罗马史、中世纪史和十月革命前俄国史研究,苏联史家都贡献了许多有价值的著作,取得了令国际史学家所认可的成果①,这就无怪乎

---

① 参见陈启能等著:《苏联史学理论》,经济管理出版社,1996 年,第 7—9 页。

苏联科学院主编的多卷本《世界通史》第一卷甫一问世，就得到了中国学者的广泛赞誉和高度评价。①事实上，这也是苏联史学在某些领域（比如世界史）上领先，中国学人真诚服膺的心态的流露。对此，说它"邯郸学步"也好，仿效照搬也好，依据那时中国的世界史研究的实情，无论如何都应当说是一个不错的选择。

为此，学习俄语在当时也成了一种时尚。就在50年代初，耿师以花甲之年，以一个年轻人的积极性，刻苦地自学俄语。在先生看来，从事世界史，要多学几门外语，倘仅为书面阅读着想，任何一门外语，都可以自学。确是这样，通过自学，他很快地掌握了俄文，并在教学科研中迅即发挥了作用，为正在新兴的世界史学科奠基。当然，因浸沉俄译而给他带来文风等方面的变化，这种隐匿的变化往往是消极的。在此，毋需赘说。

总体说来，在中国的世界史学科中，以世界中古史最为薄弱。在整个50年代，先生为复旦历史系世界中古史的基业，也为我国的世界中古史成长，做了许多基础性的工作。

世界中古史的史科建设。其中最主要的是与黄瑞章共同译注《世界中世纪史原始资料选辑》②。本书包括关于世界中世纪史原始资料15篇，所有史料均从俄文中世纪史典籍中选译，各篇都有编译者的引言及附注，以说明中世纪西方封建社会中的若干重要问题，比如农奴制度、庄园经济、行会制度、农民起义、资产阶级形成等问题，系统地阅览，不仅书中史料可供教学与研究者引用，而且也可知晓编译者的学术眼光与学术观点。该书出版之前，已有书中的前9篇在当时《历史教学》上刊发，成书后，一时竟成了这一学科中人研究与教学上的"案头书"。

① 参见齐思和等：《历史科学进展的丰碑》，文中用词多用最高级的，比如"空前的""巨大的"贡献，载1959年11月21日《人民日报》。
② 《世界中世纪史原始资料选辑》，天津人民出版社，1959年。

在 1957 年,他除公开出版译著《世界近代史文献》(第二卷)外,还内部刊印译自苏联历史学家斯卡斯金编的《世界中世纪史参考书指南》①,这是一本选书广泛、颇具实用价值的工具书,倘修订重印,也是益于当今的世界中古史研究。

世界中古史的教材建设。其中最主要的是编译《世界中古史》讲义。②该书根据苏联最为权威的世界中世纪史专家,比如科斯敏斯基、斯卡斯金、谢缅诺夫等人关于世界中古史的相关论著编译,细察随处可见编译者的主体意识,而这种识见,又充盈于耿氏写的各章内容提要中。全书分两个单元:公元 5 世纪至公元 11 世纪末,是为封建制的形成时期,此为第一单元;第二单元自公元 11 世纪至公元 15 世纪末,这是封建制的发展时期。就其内容来看,所谓封建制的形成与发展,指的是西欧社会。然编者声明在先:世界中世纪史的东方部分,因系上另有亚洲史课程开设,本讲义略去,故它与"欧洲中心论"还不相联。在 50 年代前期特定的语境下,《世界中古史》作为由高教部代印的交流讲义,在当时历史系世界史的教学中,起到了相当的积极作用,这种作用直到 1962 年推出了周一良、吴于廑主编的四卷本《世界通史》之前。

需要指出的一点是,在由复旦大学历史系重印的《世界中古史》书名后,另标出 5—15 世纪,在中古与近代断限上,与当时苏联学界流行的 17 世纪英国资产阶级革命说不同,讲义编者采 15 世纪末,这个思想,可以追溯到耿师在 20 世纪 30 年代出版的《高级中学外国史》之见,并与之相连接。③

① 复旦大学历史系资料室藏本。

② 由中央人民政府高等教育部代印,1954 年,乃当时高校交流讲义。

③ 参加耿淡如、王宗武编著:《高级中学外国史》(中册),正中书局,1936年,第 71 页。

世界中古史的人才建设。考察50年代高校历史系，复旦历史系世界中古史，老中青三代，中年陶松云是留苏师从柯斯敏斯基的门生，青年黄瑞章是本系培养留校的俊彦，这种梯队是令人羡慕的。此外，耿师于50年代就开始招收中古史研究方向的研究生，带出了一批这一学科的传人，比如陈曦文（在首都师大历史系）、杨群章（在西南大学历史系）、盛祖绳（在上海大学历史系）等都各有成就。

还要补白的是，编者在搜集耿师关于世界中古史的材料时，竟意外地发现了由先生手绘的世界中古史教学地图20余幅，其手工之精细、临摹之逼真，着实令人叹为观止。

作为中国世界史研究初创时期的第一代先贤①，先生为世界中古史打造基业，虽无引领潮流之壮言，也无震撼史坛之巨著，默默奉献，作出了在那个时代条件下，所能作出的重大贡献。只有那些对历史唯物主义一知半解且"左"得可爱的人，才会无视我们的前辈创业时的艰辛，不屑先贤所做的点点滴滴。笔者在此之愚见，也适用于上文耿师关于国际关系史的研究，下文关于西方史学史的奠建。

三、西方史学史学科之奠基

余生也晚，当我于1959年9月进复旦大学历史学系就读的时候，耿师已步入花甲之年，在那时，作为学生的我，听到关于这位老人最多的声音却是："耿老不服老。"

---

① 当代中国世界史研究大家齐世荣先生在十年前召开的"中国世界史研究论坛首届年会"上，曾列数19世纪末出生的几代著名世界史专家，在第一代人，列举李泰棻（1896年生）、陈翰笙（1897年生）、沈刚伯（1897年生）、刘崇铉（1897年生）、周谷城（1898年生）、耿淡如（1898年生）、周传儒（1900年生）等。参见《攀登世界史研究的高峰》，载《历史教学问题》2005年第3期。

先生真的是不服老的。自20世纪60年代初开始全力于西方史学史的教学与研究工作，直至"文革"被迫中止，这五六年间，他为这一学科的奠立，作出了开创者的贡献，时已在先生之晚年，也就是他学术旅程中的第三阶段，时间最短，但其学术贡献最大，且其影响也最为深远。

耿师在60年代初的这一学术转向是与当时特定的学术背景有关的。从总体上看，在整个50年代，我国对西方史学的输入基本上处于封闭与半封闭的状态，对西方史学大多采取摒弃的态度，如对兰克的客观主义史学、对汤因比史学、对鲁滨逊史学等进行的批判，都是显例。在这种情况下，政治气候对人的制约是可以想象的，开展西方史学史的教学与研究工作，是十分困难的。

但在1961年前后，党中央开始纠正工作中存在的一些问题，在经济、政治、文化等各个方面采取了相应的调整措施。在学术文化政策上，重申"双百方针"，贯彻"三不主义"，使当时整个哲学社会科学领域出现了一种求新务实的学术氛围，哲学上的"合二而一论"、文艺领域内的"人性论"与"时代精神汇合论"等新论竞相提出，无不对史学界产生重大的影响，遂催发了60年代初科学史学思潮的萌发。

科学史学思潮推动了历史研究的发展，也引发了对历史学自身的反省，"史学史热"因此而兴起，中国史学界开展了关于史学史问题的大讨论，"南耿北齐"①正是在这一学术背景下，成了促进这次讨论的中坚人物，也正是在这个时候，他为西方史学史做了不少奠基性的工作。

1. 重视西方史学史的学科建设。

耿师在60年代开展的史学史问题的大讨论中，提出了许多

———————

① 指复旦大学的耿淡如、北京大学的齐思和。

有益于发展这一学科建设的设想,1961 年,他发表《什么是史学史?》①一文,提出"需要建设一个新的史学史体系",并结合西方史学的实例,对史学史的对象与任务作了广泛的探讨,纵论了包括史学史的分期、史学史的内容、史学史的方法论、史学与其他学科的关系等 10 个方面的问题。这些问题即使在今天看来,也不乏参考价值。

从 1961 年开始,他为历史系本科生开设外国(西方)史学史一课,系统讲授自古迄今的西方史学的发展过程,揭橥史学流派与史学思想的流变,评述重要史家与史著的成就,以及史学方法的进步。

1964 年,他招收了国内首名西方史学史专业方向的研究生,开当今招收西方史学史专业研究生之先河。

2. 主编《外国史学史》教材。

1961 年底,为贯彻高教部关于编写文科教材的精神,在上海召开了外国史学史教材编写会议,与会学者有:北京大学的齐思和和张芝联、武汉大学的吴于廑、南京大学的蒋孟引和王绳祖、中山大学的蒋相泽、杭州大学的沈炼之、华东师范大学的王养冲和郭圣铭、复旦大学的耿淡如和田汝康等人,会议一致决定由耿师任《外国史学史》这部教材的主编(这里所说的外国史学史,实际是西方史学史)。

此次会议结束后,他即有计划地积极工作起来,当时《文汇报》曾以"耿淡如积极编写外国史学史教材"为题②,专门刊发消息,报道先师老而弥坚、奋发工作的情形。此项工作因"文革"而被迫中止。

---

① 载《学术月刊》1961 年第 10 期。
② 载《文汇报》1961 年 8 月 28 日。

3. 对西方名著的移译。

耿师通晓多种外国语,计有英文、俄文、德文、法文、西班牙文、拉丁文等。早年就译有海斯和蒙的《近世世界史》。①50 年代译有《世界中世纪史原始资料选辑》②、苏联学者阿·伊·莫洛克的《世界近代史文献》③,60 年代译有美国历史学家汤普逊的《中世纪经济社会史》(上下卷)④、英国历史学家古奇的史学史名著《十九世纪历史学与历史学家》⑤等。

此外,他为了配合《外国史学史》教材的编纂、配合历史系课程的学科建设,还有计划地继续选译西方著名史家或流派的个案资料,内部刊印成《西方史学史文献摘译》分发给学生使用;同时,又不时在《现代外国哲学社会科学文摘》上发表许多译文,介绍西方史学。他还与曹未风等人集体翻译过汤因比的《历史研究》一书。⑥

作为中国的西方史学史学科的先行者,先师的贡献从总体上体现在前述三个方面,也表现在下述他研究西方史学的方法

---

① 黎明书局,1933 年,与沙牧卑合译。

② 天津人民出版社 1959 年出版,与黄瑞章合译。

③ 高等教育出版社 1957 年出版。

④ 商务印书馆 1961、1963 年出版。

⑤ 此书乃先师在 60 年代初就开始翻译,记得先生家里有一台老式的中文手工打字机,译完一章,即打印一章。在我读研究生时,先师命我据原文做校对工作。此书商务印书馆早已向先师组译,因"文革"而中断,直至 1989 年才出版。

⑥ 汤因比《历史研究》一书,中译本(上、中、下三册)乃据美国学者 D. C.索麦维尔的节录本翻译而成的,1959 年至 1964 年由上海人民出版社分册陆续出版,日后又不断再版,坊间流传甚广。先生参与翻译的是该书的下册,译者除曹未风与先师外,还有周煦良、林同济、王造时等名家。近有刘北城、郭小凌据 1972 年单卷英文版合译的中文本,上海人民出版社 2000 年出版。

上，这里所说的方法，不是具体的技术性的方法，他与先师对西方史学的总体认识是密切相关的，因此，通过对这些方法的揭示，也可看出他的史学思想，并能进一步了解与认识他对中国的西方史学史研究的贡献。

这里依据先生生前所发表的论著、未刊讲稿与札记等第一手资料①，作出归纳。限于篇幅，也限于我的识见，在此只能暂列十条，略作铺叙，稍作说明。

1. 历史研究务必求实。

这是历史研究的基本准则，是现代历史科学工作者所应恪守的基本准则，也是先师所反复教导我们的。记得他曾说过，历史学与说谎无缘，应与真实结伴，那些歪曲事实、炮制谣言并进而诬蔑丑化他人的人，不但永远成不了气候，到头来，反成了被历史嘲弄的小丑。这真是至理名言。他说这番话的时候，是1964年秋我下乡参加"四清"运动前夕的一次谈话中，他似乎隐约预感到"文革"中那种肆意糟蹋历史的丑陋行为。

说真的，他很崇拜兰克，称其为西方最伟大的历史学家，他对兰克在《拉丁和条顿民族史》一书的序言中所标榜的那句名言"我的目的仅仅在于陈述实际发生的事情而已"（即"如实直书"）很欣赏，在实践中也是这样做的。先师对我的作业批改极其认真，颇有兰克的那种辨析考证一丝不苟的遗风。一次，我写了一篇关于近代西方史学的札记交给先生，只见他在我的稿纸边贴满了小纸条。纠谬与批注的文字写得密密麻麻，如今重读这篇还珍藏在我书柜中的习作，又忆及先师的求实的研究历史

---

① 先生的讲稿，我有三个未刊版本：1961年2月24日开始的外国史学史讲稿，这是我在复旦大学历史系二年级的下学期读书时的课堂笔记；1963年历史系学生的听课笔记；1965年12月15日开始的外国史学史讲稿，这是我读研究生并任他助教时的随堂听课笔记。

的方法,我感悟到,这真是他留给我的,也是后学的一笔无形的思想遗产。

2. 弄清概念的基本含义,应是从事研究工作的第一步。

他讲授西方史学史一课,每章必先讲引论,交代本章所要陈述的一些概念及其含义。在该课的总论中,必先讲什么是历史? 什么是历史学? 什么是史学史? 这一点给我留下了深刻的印象。在20世纪60年代初关于史学史的那场讨论中,前面提及的那篇《什么是史学史?》的论文,即是从语义学的角度,对"史学史"这一概念进行了详细的考辨。这种厘清概念含义的精确性,阐明它的内涵与外延,对从事某一门学科的研究工作是必要的,尤其在学术讨论与学术争鸣中更为必要,否则各说各的,各行其是,交流与沟通都谈不上,遑论学术事业的发展了。

3. 要熟读原著,认真领悟原著的精神。

他在为本科生讲授每一个国家或地区的史学时,总是对学生这样说:"你们不要满足于我的这些介绍,要自己找原著来读,找不到全书,找选本来看看也好。"记得他在为我们这一届本科生上西方史学史这门课时,开列了许多西方古典史学名著,是时恰逢三年困难时期,我每天一上完课就泡在图书馆开架阅览室里,入神地阅读着西方古典史学名著,在希罗多德与修昔底德所描述的世界里徜徉,获得了极大的精神生活上的满足,似乎暂时忘却了那时物质生活方面的匮乏。

他认为,这种方法对于研究生更应如此了。他在为我设置的几门专业课中,都提出了"阅读原著,进行批判研究"的学习要求。事实证明,通过阅读原著,批判研究,进行独立思考,是一种值得倡导与发扬的好的学习方法。我现在在指导研究生时,也恪守师训,严格地要求他们这样做,不尚空言,一切从原著出发。

4. 结合时代背景与社会特征来考察史学的发展。

马克思主义的唯物史观要求我们,史学不是脱离政治与经济发展的空中楼阁，当然它也不可能与政治和经济的发展同步进行，史学的发展有其自身的特点，但研究史学的发展进程，倘舍去了对某一国家或地区的时代与社会发展特征的了解，那是不会得出什么正确的结论的。对此，他在课堂教学中，贯彻得很彻底。他每章必先讲时代背景，交代这个国家或地区的社会发展的方方面面，并进而分析与史学发展的关系。如说希腊社会与波斯帝国之间的矛盾以及诸城邦之间的矛盾，导致了一系列的战争与军事远征，发生了希波战争、伯罗奔尼撒战争以及亚历山大东侵等，希腊史家所记载的历史大部分是与前述几次战争有关的；如说西欧文艺复兴时期历史学的世俗化的特点，是与那时的反封建反教会斗争与人文主义思潮的勃兴不可分离的。

　　5. 注意研究西方史学的新陈代谢。

　　西方史学自古希腊奠立，历经古典史学、中世纪史学、近世史学与现代史学，犹如一条长河，在不断地流，不断地变，唯有在西方史学长河的流变中方能显见史学思想的进步、史学思潮的衍化、史学方法的革新。他在分析近代西方资产阶级史学流派的嬗变时，这样说道："最先出现了人文主义史学，继之而起的是博学派（即考证学派）。在法国大革命前夕，启蒙运动对旧制度发动了全面冲击，理性主义史学猛烈地摧毁了封建主义的史学传统。在这以后，资产阶级史学迅速发展，于是接踵而来了浪漫主义史学派、实证主义史学派、德国兰克史学派与普鲁士学派等等。"①事实上，先师对历史学新陈代谢的关注贯穿于他的全部讲课中，尤其是他在陈述西方史学新陈代谢的过程中，总结出如下文所述近代西方史学或偏于叙述，或偏于考证的"钟摆现象"，令我迄今难忘。

---

①　耿淡如：《资产阶级史学流派与批判问题》，载《文汇报》1962年2月11日。

6. 注意历史学家类型的分析。

我以为,在史学史的研究中,本条与下一条是较能体验先师的个性特点的。这里先说他对历史学家类型的分析,在他看来,西方历史学家一般可以分成四种类型,这就是:(1)历史思想家或历史哲学家,如圣·奥古斯丁、伊本·卡尔顿、维科、黑格尔、汤因比等人;(2)历史著作家(或称历史编纂家),如修昔底德、塔西佗、吉本、兰克等人。这是大量的;(3)历史编辑家,如主编《德意志史料集成》的佩尔兹、魏芝等人;(4)历史文学家,如希罗多德、马考莱、卡莱尔等人。不管这种分类是否贴切,但有一点正如他所经常告诫我的,我们学习西方史学史,不仅要知道每一个历史学家的阶级属性,这在当时是必须时刻强调的,而且还应留意对他们进行类型的分析,这样就可以进一步认清西方史学的流变与每一位史家的本质特性。难道不是这样吗?

7. 注意历史学家作风的分析。

耿师所说的史家之"作风",实际上指的是历史学家对下列问题的回答:历史是论证还是叙述? 用比喻的说法,历史是法院还是戏院? 史家是绘图家还是摄影师? 这分明说的是历史学家的史学观。他在《西方资产阶级史家的传统作风》一文中,讨论了近世西方历史学家在论证与叙述之间,"像钟摆那样回荡着,摆来摆去",他用文艺复兴时代的政治修辞派与博学派、伏尔泰学派与兰克学派为例,作了具体的论证。他说这种"钟摆现象"的产生,"取决于资本主义的发展与政治斗争的形势,也取决于史家所属的类型"。①这是很有见地的一家之言。后来,我根据先师的启示,对这种"钟摆现象"有所"发挥",在一些论著中写出了自己的学习心得。

---

① 耿淡如:《西方资产阶级史家的传统作风》,载《文汇报》1962年6月14日。

8. 采用标本与模型研究的方法。

他最后一次讲授西方史学史,在结束导论时这样说道:"在研究西方史学史时,我们可以采用标本和模型研究的方法。比如,在古代希腊,我们可以选修昔底德作为标本;在古代罗马,我们可以选李维作为标本。这种方法,即类似于我们所说的以点带面,从中可以找出史学发展的共性与特征。"先师所说,对于西方史学史的入门者尤具方法论的意义。20世纪70年代末,当我重操旧业,无论在西方史学史的教学还是研究工作中,都是根据这一做法,选择"标本",找准"模型",以重点史家或学派作为"突破口",不断求索,以求不断有所进步。

9. 介绍先于批判。

在他从事西方史学史教学与工作的年代,正是中国学术界"极左"思想盛行、动辄就被扣上资产阶级反动学术思想的帽子而给予严厉批判的时代,但在实际上这种批判只是以简单的政治否定来取代学术研究。对来自域外的西方史学更是不作具体的分析,有的甚至对被批判的对象还没搞清楚,就不分青红皂白,一棍子打死。他在这种时代的学术气氛下,却毅然提出了进行学术批判的"四项工作原则":(1)要了解史学发展的一般情况;(2)挑选批判的对象;(3)要研究被批判对象的著作,认真考察他们的资料来源;(4)要了解被批判对象的阶级立场、思想根源、生活及时代背景。总之,他指出:"为了批判,介绍工作也是必须进行的。"①换言之,介绍先于批判,批判也应该还其原来的科学意义,而决不是棍棒相加与恶语相向。现在回想起来,这是何等不易啊,从先生身上,它所反映的分明是一代中国学人一身正气和高尚品格。

---

① 　耿淡如:《资产阶级史学流派与批判问题》,载《文汇报》1962年2月11日。

10. 习密那尔方法是一种培养历史学专业人才的有效方法。

"习密那尔"(Seminar),意谓专题研究或讨论,德国史坛巨匠兰克用这种方法培养历史学的专门人才获得了成功,成为后世历史教学方法的典范。先师对此亦心向往之,并在实际教学中加以贯彻,他以前培养世界中古史专业的研究生,采用这种方法,对我的培养也是这样。他为我开设的三门专业课,其学习方式无一不是采用座谈方式,通常的顺序是这样的:先师每次提出要讨论的题目,然后布置要看的书目,隔一周(或两周),先由我报告读书心得,他当中不时提问,穿插讲解,然后有几句小结之类的话,再布置下一次的讨论题目……如此循环不已,学生就在这样的"习密那尔"的学术效应中增长才智,培养独立思考、独立进行科学研究工作的能力。这种培养研究生的方法,也正是我当下培养我的研究生时用心贯彻的教学方法,如我现今讲授的研究生课程"西方史学史专题研究",采用"习那密尔"的教学方法,取得了成功,学生的作业修改大多在《史学理论研究》、《史学史研究》等著名的专业刊物上发表。

耿师对西方史学的睿智,荦荦大端,以上所列,就我个人管窥所及,难免挂一漏万,难以周全。在中国的西方史学史的景苑中,他拓荒除草,辛勤耕耘,其奠基者的业绩将不会泯灭。

当我们以急匆匆的步伐,沿着耿淡如先生的人生轨迹,重寻先师所走过的路,不由深切地让我们感受到前辈创业时之艰辛,他在国际关系史、世界中古史、西方史学史这几个领域所作出的贡献,筚路蓝缕,无论在当时,还是对后世,都产生了持久而深远的影响。在风云变幻的 20 世纪,他一次又一次的学术转轨,其文脉与思想,无不折射出现代社会的曲折迤逦,并与现代中国学术相交融。由此,也让我们感悟到一位历史学家的责任担当、治史旨趣与人格魅力。写到这里,我突然想起泰西先哲黑格尔曾经说过的话:玫瑰灿烂绽放的瞬间并不逊色于高山的永恒。是的,人们当然喜好观赏"玫瑰灿烂绽放的瞬间",因为她流光溢彩;然而,我却更乐于眺望到"高山的永恒",因为他宽广无垠,犹如大漠中的驼铃,将永远指引者后来者前行。

——原刊耿淡如著,张广智编:《西方史学史散论》,第319—333页。

后　记

　　2018年，华东师大李少辉兄的硕士论文《耿淡如史学研究》后记中说："这篇论文，是我的导师张耕华教授跟张广智先生的一个约定！机缘巧合，我成为了这个约定的一部分。"是的，这话是张耕华老师在和学生聊天时所说的。记得当时张老师说，他曾答应张广智老师要让学生写一篇《耿淡如史学研究》的硕士论文，结合学生的兴趣及意愿，张老师把这个工作交给了少辉兄。张老师还说，让少辉兄先做个编年，然后去档案馆看看有什么新材料，拿着这些材料再去拜访张广智老师并请指导。

　　少辉兄多次去上海市档案馆查阅资料，再加上两位张老师的悉心指导，如期高质量地完成了硕士论文《耿淡如史学研究》。《耿淡如史学研究》分为绪论、生平与著述、世界史教材研究、西方史学史研究四个部分，附录一为耿淡如先生简谱，附录二为耿淡如先生学术编年。整体而言，少辉兄的论文，资料翔实，论证充分，洋洋洒洒，近十万言。附录一《耿淡如先生简谱》据张广智老师《耿氏简谱》增补而来，稍显不足的是，所有材料未注明来源。附录二《耿淡如先生学术编年》为少辉兄新作，略有遗漏。但无论如何，这些工作为耿淡如先生史学的后续研究奠定了良好的基础，也为我们按图索骥提供了很好的指引。

　　之所以要做一部《耿淡如先生编年事辑》，原因有二：其一，我长期关注吕思勉、蒋维乔、杨宽等史家的材料，耿先生与他们有着密切的交往，因此平时也留意搜集耿先生的材料。其二，研

究生毕业后，少辉兄任教于郑州的一所中学，已不会再继续搜集
耿先生的史料。因此，我计划进一步推进这个工作。

2023年春，我将编年初稿传给张广智老师，初稿大约有16
万字，请张老师指导。2016年5月，张老师作为答辩主席曾主持
过我的博士论文答辩。就我所知，华东师大史学理论与史学史
教研室的博士生毕业，前后几届，张老师都是答辩主席。张老师
非常高兴，他开玩笑说："你抢了我应该做的工作"。又说：我要
为你写个序，"义不容辞"。后来，张老师用他优美的文笔，写了
一篇热情洋溢的序。其中有一些溢美之辞，我愧不敢当。当谨
记张老师奖掖我的话，尤其是张老师所言耿先生的"谦虚做人，
谦虚治学"。后来在书稿进一步完善的过程中，张老师不断提供
各种材料和照片，不遗余力地指导我如何做好这个工作。在我
遇到不清楚的问题，向张老师求助时，他都会马上给予答复。张
老师建议并允许我将他的文章《垂范学林，名满天下——简论耿
淡如先生的学术贡献》作为附录之一。同时，张广智老师还给我
引介了耿淡如先生的外孙杨安平先生，杨先生鼓励我做好这个
事情，并提供宝贵的照片，供我使用。总之，如果没有张广智老
师的大力指导、支持和鼓励，这本书稿无论如何也不可能完成。

此书的出版，过程比较坎坷，但经过我们不懈的努力，终于付
印了。两位张老师的约定又向前推进了一步。本书得以顺利出
版，感谢复旦大学历史系、延安大学历史文化学院中国史学科建设
经费资助。感谢上海人民出版社领导的大力支持。感谢张广智、
张耕华、杨安平、虞云国、苏智良、杜林渊、盛晓蕾、李春博、薛丹、
徐海冰、李少辉、陶蕊、宋伟志、李敏等诸位老师的帮助。感谢编辑
邵冲老师，她的认真负责，使得本书减少了许多不必要的错误。

由于学识有限，书中难免有不成熟或者错误的地方，敬请读
者朋友们批评指正。

　　　　　　　　　　　　　　　　　　　　贾鹏涛

图书在版编目（CIP）数据

耿淡如先生编年事辑 / 贾鹏涛撰. -- 上海 ： 上海
人民出版社，2025. -- ISBN 978-7-208-19435-9

Ⅰ. K825.81

中国国家版本馆 CIP 数据核字第 2025S34M59 号

责任编辑 邵　冲
封面设计 夏　芳

耿淡如先生编年事辑
贾鹏涛　撰

出　　　版　上海人民出版社
　　　　　　（201101　上海市闵行区号景路 159 弄 C 座）
发　　　行　上海人民出版社发行中心
印　　　刷　上海商务联西印刷有限公司
开　　　本　890×1240　1/32
印　　　张　9.75
插　　　页　4
字　　　数　228,000
版　　　次　2025 年 4 月第 1 版
印　　　次　2025 年 4 月第 1 次印刷
ISBN 978‑7‑208‑19435‑9/K·3473
定　　　价　58.00 元

.